复旦大学 谷超豪　上海交通大学 冯之浚　北京大学 陈平原　北京大学 何怀宏　北京大学 乐黛云　中国人民大学 方立天
清华大学 李学勤　清华大学 彭林　北京大学 金开诚　国家图书馆 任继愈　中国科技馆 杨庆中　中国人民大学 张立文
北京大学 叶朗　复旦大学 黄霖　华东师范大学 胡晓明　中国科学院 杜石然　中国人民大学 王渝生　首都师范大学 欧阳中石
中国社会科学院 叶廷芳　北京大学 钱乘旦　华东师范大学 许纪霖　中国美术学院 许江　中国社会科学院 周国平

中国大学通识讲座 001

本书编委会 编

北京大学出版社
PEKING UNIVERSITY PRESS

图书在版编目（CIP）数据

中国大学通识讲座 001 / 本书编委会编. —北京：北京大学出版社, 2009.1
ISBN 978-7-301-13163-3

Ⅰ.中… Ⅱ.本… Ⅲ.①社会科学－中国－文集②自然科学－中国－文集 Ⅳ.Z427

中国版本图书馆 CIP 数据核字（2007）第 185231 号

书　　　名：	中国大学通识讲座 001
著作责任者：	本书编委会 编
策 划 组 稿：	王炜烨
责 任 编 辑：	王炜烨
标 准 书 号：	ISBN 978-7-301-13163-3/G·2259
出 版 发 行：	北京大学出版社
地　　　址：	北京市海淀区成府路 205 号 100871
网　　　址：	http://www.pup.cn　电子信箱：zpup@pup.pku.edu.cn
电　　　话：	邮购部 62752015　发行部 62750672　编辑室 62752824
	出版部 62754962
印 刷 者：	涿州星河印刷有限公司
经 销 者：	新华书店
	787 毫米×1092 毫米　16 开本　21 印张　285 千字
	2009 年 1 月第 1 版　2009 年 1 月第 1 次印刷
定　　　价：	39.00 元

未经许可，不得以任何方式复制或抄袭本书之部分或全部内容。
版权所有，侵权必究
举报电话：（010）62752024　电子信箱：fd@pup.pku.edu.cn

目 录

谷超豪
请勿歌仰止 雄峰正相迎 / 001

冯之浚
中国人的人生智慧 / 011

陈平原
大学还能否出现特立独行的大师 / 029

何怀宏
建设公民道德的可行之路 / 037

乐黛云
文化自觉与社会和谐 / 047

方立天
中华人文精神 / 059

李学勤
辉煌的中华早期文明 / 077

彭　林
守望中华礼仪之邦 / 097

金开诚
中华传统文化的重要思想及其古为今用 / 111

任继愈
中国哲学的特点与发展 / 127

杨庆中
我们学《易经》的什么 / 139

张立文
国学略说 / 155

目 录

叶 朗
中国传统文化中的生态意识 / 169

黄 霖
中国古代小说与当今世界文学 / 177

胡晓明
从桃花诗看中国诗的文化心灵 / 189

杜石然
中国科技潮起潮落 / 201

王渝生
科学的昨天、今天和明天 / 221

欧阳中石
文化与书法 / 237

叶廷芳
中国传统建筑的文化反思及展望 / 251

钱乘旦
资本主义发展史上的大国兴替 / 271

许纪霖
当代中国人的精神生活 / 283

许 江
中国当代视觉文化的境遇与责任 / 295

周国平
做一个有灵魂的人 / 311

请勿歌仰止 雄峰正相迎

谷超豪

复旦大学教授

>>>

谷超豪

1926年生。1953年到复旦大学任教。1988年至1993年任中国科学技术大学校长。1980年当选为中国科学院院士(学部委员),1994年当选为国际高等学校科学院院士。曾获国家自然科学二等奖和三等奖各一项、国家教委科技进步一等奖(两项)、华罗庚数学奖等多项奖励。

>>> 我小时候,深受孙中山先生一句话的影响。大体意思是青年人要立志做大事,不要立志做大官。

>>> 数学的确是各门科学的基础,也是各门科学的工具。

>>> 对于青年人,全面学会老师的治学方法和学问,是很不容易的一件事情。与此同时,还必须要有自己的创新,要有更现代化的研究领域。

非常感谢上海社会科学院让我来做一次交流,我知道这里有许多社会科学界的杰出学者和后起之秀。在这里谈学术生涯、谈学术,可能是班门弄斧。但是华罗庚先生有句话,他说"弄斧"必须"班门"。意思就是你搞学术交流一定要到强手如林的地方,这样可以学到许多东西,也可以相互交流。我今天的确也是一次班门弄斧,不妥当的地方,请大家多多指正。

我今天的演讲题目是"请勿歌仰止,雄峰正相迎"。2002年的时候我得到上海市首届科技功臣奖,很多同志祝贺我,还有同志写了一幅字"高山仰止"来称誉我。我觉得实在不敢当,所以我对他的回答是"请勿歌仰止,雄峰正相迎",后面还有很多很多高峰等着大家去攀登。我现在借这个话做我的演讲题目,实际上讲一讲我的学术生涯。毕竟我从对数学感兴趣开始到现在已有六十多年,有许多经历可以谈一谈。

一 从小立下科学救国大志向

我在小学时体会到的"大事",首先是救国。祖国处在危亡之中,要做一个爱国者,要做一个革命者。同时我也学到了一些自然科学的知识,知道科学对国家的重要意义,因而第二件大事就是学好科学,为社会做贡献。

我小时候,深受孙中山先生一句话的影响。大体意思是青年人要立志做大事,不要立志做大官。记得当时是在"九一八"事变之后,学校里面爱国主义气氛非常强烈,许多课程,包括历史、语文等等,都讲到中华民族一百多年以来受到欺负、压迫的历史。同时,语文教材不是当时的标准教材,而是选自邹韬奋先生创办的读书生活社出的一本书,叫《给年少者》。里面宣传了爱国思想、抗日思想、进步思想,是一本很进步的书。在学校的礼堂里面,有许多标语,很重要的一条就是孙中山先生的这句话。我当时体会到的"大事"是什么呢?首先是救国。祖国处在危亡之中,要做一个爱国者,要做一个革命者,像孙中山先生那样。小学时,我也念到了一些自然科学的知识,知道了科学对国家的重要意义,因而第二件大事就是学好科学,为社会做贡献。小小的心灵的确有这样一个想法:将来要做大事,大事就是救国,就是发展科学。以后的环境也帮助我朝这两个方面发展。

我进中学时正是1937年卢沟桥事变以后。当时温州抗日气氛非常强烈,有许多抗日宣传活动,很多中学生都参加了宣传和募捐工作。有一批老大哥们,包括我的哥哥,那时参加了中国共产党,并向青少年灌输革命的思想,引导我们念马列主义的书,比如毛泽东的《论持久战》、艾思奇的《大众哲学》等等,给我们很大的教育,使我们相信了马克思主义,向往中国共产党。当时党的组织也吸收青少年参加,我的一个同学冯增荣,比我低一班,年龄比我大一岁,介绍我入党。我那时还是个小孩子,但也参加了抗日宣传,参加了学习进步思想的读书会,同时帮老大哥们传递信息,做交通员。

1943年,我所在党支部的书记被捕。他坚持原则,保存了党的机密。所以我没有被暴露,但组织关系却断了。当时党的指导方针是保存力量,潜伏起来,等待时机。我按照这个方针,考上了浙江大学龙泉分校,离开温州去学习。但我还是坚持了自己的政治方向。抗战胜利以后,情况发生了变化,昆明"一二·一"运动以及重庆的旧政协等等斗争影响了全国,浙江大学的进步学生运动也逐渐兴起。1946年上半年,我联系了一些思想相同的同志,包括温州中学的同学薛天士同志和杭州高中毕业的吴士濂同志。我们共同发起组织了一个学生团体,叫"求是学社",来推进进步活动。我们得知坚强的民主斗士马寅初先生来到浙江杭州,求是学社派我和另一位社员王万里去拜访马先生,请他到浙江大学演讲。当时举行了一场很有影响的演讲会,由吴士濂主持。马先生在会上号召同学们起来反对国民党的官僚资本,影响很大。现在很多同志的回忆录里都提到了这次报告。另外就是推动了6月13日杭州的反内战游行,这也是在全国比较早的大规模反内战活动。请了马寅初先生来参加,吴士濂作为学联主席,负责游行的指挥。随后又发动了一系列的进步学生运动,包括1947年初的抗议美军暴行的示威游行,1947年的"五二〇"反饥饿、反内战运动。特别是于子三同志被杀害以后,在全国爆发了影响很大的抗议活动。我作为积极分子,作为学生会负责人之一,参加了这些运动,做了一定的工作,得到了党组织的充分肯定,并和温州地区的党组织取得了联系,后来又和杭州地下党建立了组织关系。

二 从事数学研究的动力

从事学术工作,兴趣非常重要。产生了兴趣之后,会感到这是非常有意义,非常乐意去做的事情,不做反而不高兴。

虽然从初中到大学期间,我从事了许多革命活动,但我并没有放弃对数学的学习,不仅课内成绩好,而且阅读了不少课外书,还修习了几门物理课程,成为苏步青先生、陈建功先生重视的学生。大学毕业后不久,我在数学研究上也取得了进展,完成了第一批有系统性的论文。新中国成立后的五十多年中,我虽然也承担了一些别的任务,但都没有放弃数学,做到了教学和研究不断线,取得了新进展。下面我要谈一谈研究数学的动力问题。

第一,兴趣。从事学术工作,兴趣是非常重要的,你如果对它不是非常感兴趣的话,夜以继日、从不放松的思考和钻研是一件很苦的事情。反之产生了兴趣之后,会感到这是非常有意义、非常乐意去做的事情,不做反而不高兴。我对数学的兴趣是从小学开始培养起来的。小学里面,念了循环小数,一被三除,除不尽。除不尽的话怎么办?循环。循环小数里有个无限的概念,无限的东西不能完全实现,但可以想象,还可以用记号"·"表示,点一点,就可以把这个事情表现出来,我觉得这里面奥妙无穷,很有兴趣。到了小学六年级的时候,要做许多算术应用题,譬如说童子分桃、鸡兔同笼等等。什么是童子分桃呢? 有一篮桃子,一群小朋友,一个人分三个,还多出七个,若要一个人四个,还不够三个,问有多少小孩、多少桃子? 又如鸡兔同笼,笼子里有鸡、有兔,有脚50只,有头20只,问有多少只鸡、多少只兔?这类问题我都感兴趣,要动脑筋,也不容易,当时出版了"升学指导"一类的书,对这些问题一一列了公式,背出来后可以应考,但当时我认为这不是办法。刚好我在我哥哥的书橱里找到了中学代数教科书。用了未知数 x、y,把方程式一列,方程一解,答案就出来了。我就感觉非常高兴。后来念了初中,念了高中,看了课外书,兴趣更大了,特别是我初步了解到微积分,没有微积分的思想,就无法理解速度。我们念物理,有速度,有加速度,一个东西掉下来,不是等速度,有重力加速度,等速运动很好理解,速度等于距离除以时间。而加速运动,速度不断在变,不断地变速度,什么是速度? 就不大容易想清楚。只有用了微积分的思想,才能把它弄清楚。我对数学的兴趣又进了一步。

第二，数学是各门科学的基础，又是重要的工具。凭兴趣学习和研究数学，凭形势需要做革命工作，这似乎是两条不相交的平行线，这两件事在解放后开始统一起来。1951年《人民日报》"五四"社论号召"革命青年要向科学进军"，我就感到可以理直气壮地研究数学了。恩格斯在马克思墓前的演说中说：在马克思看来，科学是一种在历史上起推动作用的、革命的力量。任何一门理论科学中的每一个新发现——它的实际应用也许还根本无法预见——都使马克思感到衷心喜悦，而当他看到那种对工业、对一般历史发展立即产生革命性影响的发现的时候，他的喜悦就非同寻常了。这使我体会到两点：一是科学的任何发现都有作用，任何的科学钻研都是有价值的。二是如果能够和社会发展联系起来，这个价值就更大了。

我在新中国成立后长期探究数学到底有什么用的问题。在学术界曾有说法，"数学是科学的女皇和仆人"，我对这话的理解是数学的确是各门科学的基础，也是各门科学的工具。后来我又知道马克思的一段话："一门科学只有成功地运用数学时，才算达到了真正完善的地步。"这段话见于拉法格的回忆录。我觉得这句话分量非常重。各门科学，用了数学，可以严格化，可以数量化，成为定量的科学，能够进行严格的推断和预测。近年来，形成了这样一个观点，数学已经发展成为一门庞大的科学，称为数学科学。它不属于自然科学，也不属于社会科学，而是和它们并立的。过去说数学属于自然科学。为什么呢？数学的应用绝大部分是在自然科学里面，力学、物理、工程等。但是现代科学的发展，使数学的应用完全不能局限于自然科学里面。经济学，许多人文科学，都要用到数学，数学工具也大为推广。有了计算机，大量过去解决不了的计算，现在都有可能了。还有统计学，过去数学基本上用演绎的方法，统计学就是归纳的方法。过去数学都是完全确定论，用了概率统计，偶然性就进来了。如果说一个问题知道一部分因素，资料并不是很完全，也不是束手无策，而是可以进行适当的推断，虽不是那么确定，但是一定的可靠性的推论可以得出来。这些工具的添加，数学的科学内容不断扩充,数学的范围也不断同各门学科交叉,成为各门科学的基础,因此数学科学已经并列于社会科学、自然科学。不管是做基础研究还是做应用研究,不管是做交叉研究还是做纯粹研究,数学都很重要。

第三,数学是极富创新性的科学。恩格斯曾经讲过一段话,他认为数学不是凭空想象出来的。数学是客观事物的抽象,与客观事物的联系非常紧密。同时,他又认为数学是门创造的科学。他提到了人类精神的创造。数学充满了精神的创造,悟性的创造。这段话充分说明了数学的实质,是真正的唯物辩证的思想。唯物,讲求现实来源;辩证,重视思维的创造、悟性的创造。的确,在虚数、微积分之后,数学还有许多伟大的创造,如群论、黎曼几何、微分方程等等。这些领域中的每一重大进步,都需要"悟性的创造",都会使思维的境界有新的开拓,解决问题有新的工具。虽然投身于科学研究很艰苦,但我也从中不断地享受到创造的乐趣、成功的乐趣。

三 继承、发展和创新

对于青年人,全面学会老师的治学方法和学问,是很不容易的一件事情。与此同时,还必须要有自己的创新,要有更现代化的研究领域。

1953年院系调整之后,我到了复旦大学,开始将主要精力放在数学研究和教学上面。复旦大学党委对青年教师很重视,成立了骨干教师小组,经常在一起交流思想,总结我们的一些想法,进行教育。党委书记杨西光同志和王零同志多次主持座谈,强调继续向前辈老师学习,对前辈老师要尊重,不要以为自己成长起来了,老师的学问都已经学到了。党委这点对我们影响很大,虽然比较成熟了,进入研究领域了,但是全面学会老师的治学方法和学问,还是很不容易的一件事情。向老师学习成为我们重要的一个方面。党委还指出另外一个方面,老师从事的学科领域,也有可能一部分不是当前学术的主流了,或者当前学术界不注意这一问题了,青年人必须要有自己的创新,必须要有自己更现代化的研究领域,要有自己创新的内容,自己要带领出一支新的学术队伍。

1957年至1959年我到苏联去进修,有两方面的任务:一方面把苏步青先生指导的微分几何继续深入,结合当前重要的方向,加以发展。另一方面开辟新的领域,把偏微分方程的研究开展起来,当时苏联人造卫星上天成为举世瞩目的重要事件,我感觉到空气动力学应该是值得注意的,觉得应该联系空气动力学,以之为研究偏微分方程的切入点。与传统的做法不同,我先去学空气动力学,从莫斯科大学开设的大学生课程念起,终于知道其中还有许多基本的数学问题有待解决。回国之后,我带领年轻人研究这些问题,在两年内就做出了领先于世界的成果,并形成了一支坚强的队伍。当时的一个指导原则就是我应该把自己所学到的东西尽快告诉青年人,并且应该把自己的心得,把自己的研究方法,把有价值的问题告诉学生。要把好的问题交给年轻人去做,促进和帮助他们尽快成长,我自己可以抽出力量去从事其他方面的工作和开辟新的研究领域。这样,我们这个集体占领的阵地会越来越多,我的研究也会有新的发展空间。几十年来我也一直是这样做的。除了数学之外,我还开设了力学课程,也开过计算数学、数学物理的课程。听过我的课或受过我影响的学生中,有些已成为世界级水平的专家,比如偏微分方程领域的李大潜、洪家兴、陈恕行等。还有许多人活跃在各条科研、教学战线,成了骨干。

回顾这一生,我还是比较满意地实现了继承、发展、创新的原则,并将为此继续努力。

中国人的人生智慧

冯之浚
上海交通大学教授

>>>

冯之浚

北京交通大学、上海交通大学、上海大学教授,博士生导师。民盟中央副主席。主要有《软科学纲要》、《科学与文化》、《循环经济导论》、《循环经济与文化模式》等著作。

>>>"以佛修心,以道养身,以儒治世",成为中国知识分子的修行处世之道。

>>>天人关系是研究知天的问题,也是探索人生意义的问题。

>>>人与人的关系,是讲人要知人,最终目标是实现人际和谐,解决人文危机。

>>>中国文化和人生智慧强调做人要自知。

中国传统文化的一个显著特点,是对人生智慧的关注和思考。中国人生智慧极富特色,究其根底是研究人与自然、人与人、人与自我的关系。对此,儒、道、佛三家从不同角度给予了阐释,为中国传统人生智慧提供了一个较为完整的文化图景。"以佛修心,以道养身,以儒治世",成为中国知识分子的修行处世之道。

中国传统人生智慧融儒、道、释为一体,互补相融。儒家讲入世,强调刚健有为,以天下为己任;道家讲忘世,强调清静无为,精神超脱,以柔克刚,安时处顺;佛家讲出世,强调万物皆空,排除烦恼,自度度人。儒、道、释三家在人生智慧问题上虽然有所差异,但各有特色,又互相融合,凝炼出人与自然和谐的价值取向,人与人关系的定位取舍,人与自我的精神境界的深邃追索。

21世纪人类面临着一项共同的挑战和冲突,即人与自然、人与人、人与自我的冲突,以及由此而引发的生态危机、人文危机和精神危机。现在越来越多的学者把视角投向博大深邃的中国文化和人生智慧,认为发掘中国文化和人生智慧的瑰宝,寻求可资借鉴的精神资源,对于解决人类面临的冲突和危机是十分有益的。当前,我们构建社会主义和谐社会,促进人与自然、人与人、人与自我关系的和谐发展,也要从中国文化与人生智慧中汲取营养,特别是知天、知人、知己之道。

一 中国人生智慧关注的第一个问题:人与自然的关系

自古以来,探索人与自然关系的学问,也称为天人之学,与义理之学、会通之学并称为三大学问。天人关系是研究知天的问题,也是探索人生意义的问题。在这个问题上,中国文化和人生智慧强调人与自然的统一,人的精神、行为与外在自然的一致,以及由此而达到的天道与人道的统一,从而实现完满和谐的精神追求。

随着资本主义的发展和第一次工业革命的出现,人类依靠科学技术的力量,不断发展生产力。若从历史的跨度进行比较:人类的历史约有300万年,人类的文明史约有6 000年,科学技术的历史约有2 500年,近代科学的历史约400年,现代科学技术的历史还不到100年。然而有学者估计,今天的社会在3年内所发生的变化相当于上世纪初30年内的变化、牛顿以前时代的300年内的变化、石器时代的3 000年内的变化。

科技的进步是推动社会发展的强大动力,然而也随之出现了环境污染、生态失调、能源短缺、城市臃肿、交通紊乱、人口膨胀和粮食不足等一系列问题。

20世纪70年代,发生了两次世界性能源危机,引发了人们对经济增长方式的深刻反思。1972年,联合国发表了《人类环境宣言》,强调保护环境、保护资源的迫切性。1992年,联合国环境与发展大会通过了《里约宣言》和《21世纪议程》,正式提出走可持续发展之路。

在反思人与自然关系的同时,学者们从不同的认识角度提出了改进的对策。戴利(H.Daly)等经济学家提出了稳态经济理论,他们把传统的不考虑生态影响的经济模式称为增长经济,而把根据生态和社会相结合观念而形成的经济称为稳态经济,主张在必要时应该不惜放弃短期经济增长和资源消耗以维持整个社会的长期生存和稳定,能够为全社会提供一个无限期保持下去的较高的生活水平。美国经济学家鲍尔丁(Boulding)提出了宇宙飞船理论,指出地球就像一艘在太空中飞行的宇宙飞船,要靠不断消耗和再生自身有限的资源而生存,如果不合理开发资源,肆意破坏环境,就会走向毁灭。英国经济学家史密斯(G.Simith)及一些自然科学家提出了生态蓝图理论,他们指出高度发达的工业化带来的不是社会的进步而是无穷的灾难,必须控制人口、保护资源、压缩生产,提倡一种新的生存方式。

关注天人关系是中国文化和人生智慧的显著特点。从先秦时代到明清时期,我国大多数思想家、哲学家都有自己的"天人观",这是中国传统文化的一个独特现象。纵观中国传统文化的"天人观",一是老子的"见素抱朴"、"回归自然"的"顺天说",二是荀子的"制天命而用之"的"制天说",三是《易传》提出的"天人和谐说"。百家争鸣,百花齐放,观点各有差异,但主张天人和谐是一致的,在他们看来,天与人、天道与人道,天性与人性是相类相通的,是可以统一的。

《易传》在天人关系上提出了一系列朴素而精辟的思想,主要包括:人是自然界的一部分;自然界有普遍规律,人也要服从普遍规律;人生的理想是天人和谐。在今天,这些思想,特别是"人生的理想是天人和谐"的思想依然对我们为人处世有着重要的指导意义。

《易传》主张天人和谐。要达到天人和谐,首先要解决"穷神知化"的问题。《系辞上》说："夫《易》,圣人之所以极深而研几也。唯深也,故能通天下之志;唯几也,故能成天下之务。"深,指万物变化之神妙;几,指事物运动变化的苗头。极深研几,即"穷神知化"。这就是说,无论怎样的幽深不测、怎样的变化细微,都要穷研而知之。唯此,方能通天下之志,成天下之务。在当时就能提出"穷神知化"的观点,对于人类认识自然、认识自身、揭示大自然的奥秘,无疑是一个极大的推动力量。

人既遵循自然法则,又要自强不息,有所作为,以达到天人和谐的境界。为此,《易传》又提出"裁成辅相说":"天地交泰。后(君)以财(同'裁')成天地之道,辅相天之地之宜,以左右民。"就是说应在认识自然规律的基础上,对自然加以辅助、节制或调整,使其更加符合人类的要求。"裁成辅相说"的观点,既要求深刻地认识自然,又要求能动地协调自然,朴素地表达了人与自然的辩证统一的关系。

《易传》认为人生的理想应当是与天地相合,达到天人和谐的最高境界。主张人与自然的关系"不违"、"不过",讲究天人和谐,比较正确地解决了人与自然的关系问题。

《易传》认为,自然是宇宙普遍生命大化流行的境域。由于大自然养育了人类及万物,所以天有德、有善、有"无穷极之仁"。而"仁"集中表现在大自然永恒的创造力之中,"天地感而万物化生","天地之大德曰生"。一个"生"字,概括了宇宙的根本法则,天地以此心普及万物,整个宇宙充满了生机、活力,成为生生不息、日新月异的大化流行过程,生命始终流畅不滞。

传统的"天人和谐"一方面强调天、地、人相统一;另一方面强调人的特殊性,将人与自然的关系定位在一种积极的和谐关系上,不主张片面征服自然。它肯定天道之创造力充塞宇宙,而人则"与天地合其德,与日月合其明,与四时合其序",并能够将仁的精神推而及于天下,泽及草木禽兽有生之物,达到天地万物人我一体的境界,天、地、人合德并进,圆融无间。这些思想启示我们,人生要"顺天",才能实现天人和谐的目标。

中国文化与人生智慧向来主张亲近自然，关注自然，在思考人与自然关系时，重视自然资源的作用。自然资源是自然奉献给人类的珍贵礼物，它不仅是人类赖以生存的重要基础，也是人类文化的重要载体。自然资源可以理解为自然界中具有一定的时间空间格局、对人类生存和生活直接间接地产生影响的所有自然因素的总和。自然资源包括一切具有现实价值和潜在价值的自然因素，对于人类的生存与发展、满足人类多方面的需求，有着极其重要的功用价值。除了具有显而易见的经济价值外，其功能和用途的多样性还决定了它具有生态价值和社会价值，主要体现在以下五点：

第一，自然生态为人类提供最基本的生活与生存需要的"维生价值"。第二，自然资源作为人类利用自然、改造自然的对象物，为人类提供"经济价值"；第三，自然资源为人类提供"经济"作用的同时，还提供"生态价值"。虽不能直接在市场上进行交换，体现的是潜在价值、间接使用价值，如森林所提供的防护、救灾、净化、涵养水源等生态价值；第四，自然为人类满足精神及文化上的享受而提供"精神价值"，体现的是存在价值或文化价值，如自然景观、珍稀物种、自然遗产等所体现的精神性价值；第五，自然为满足人类探索未知而提供"科学研究价值"等。人类的活动不能只顾及自然资源的经济价值，还要十分重视自然资源的生态价值、社会价值等。

要充分发挥自然资源的作用，既要通过向自然资源投资来恢复和扩大自然资源存量，又要运用生态学模式重新设计工业，还要通过开展服务和流通经济，改变原来的生产和消费方式。

二 中国人生智慧关注的第二个问题：人与人的关系

人与人的关系，是讲人要知人，最终目标是实现人际和谐，解决人文危机。人不是孤零零地生存在世上的，而是和他人一起生存在世上的。既然如此,那么人与人之间应该保持一种什么样的关系,一个人应该如何对待他人,怎样才能与他人和谐相处,就成为文化与人生领域中非常值得探讨的重要课题。在对待人与人关系的问题上,中国文化和人生智慧主张"修己以安人",通过自我完善、和谐处世,促进人与人之间的互相尊重、互相信任,最终实现社会稳定和发展的更大价值。

(一)"仁"的精神

"仁"的精神是中国文化与人生智慧的象征。"仁"不仅在各种道德中是最基本的也是最高的,而且在世俗道德生活中也是最普遍的德性标准。在《论语》中讲"仁"有104次之多,可见"仁"的重要。

"仁"既是道德规范,又是区别善恶的标准。哪些事应当做,哪些事不应当做,都要用"仁"这把尺子加以衡量。孔子还分别提出了"仁"的一些具体条目,例如恭、宽、信、敏、惠,认为"能行五者于天下为仁矣"。恭即庄重、自尊;宽即宽厚,对他人宽厚,对自己严格;信即诚实,讲信用,不说假话;敏即勤快、认真;惠即帮助他人。这五条都做到了,就是真正实践了"爱人"的信条。在爱人的基础上,形成了"老吾老以及人之老,幼吾幼以及人之幼"、"不独亲其亲,不独子其子"的宽广情怀和安老怀少的社会风尚,形成中华民族大家庭社会生活中浓郁的人文情怀和生活情趣。

在我们这个星球上,有60多亿人口,6 000多种语言,2 500多个民族,200多个国家,繁多的宗教信仰,人与人之间由于利益不同、观念不同、信仰不同,难免会发生冲突和矛盾,要实现和谐共处,必须提出取得广泛共识的"全球伦理"。1993年八九月间,为纪念世界宗教会议召集100周年,来自世界上大小120多个宗教团体的6 000余名代表在芝加哥召开了世界宗教议会大会。为建立起公认的全球伦理,代表们在大会上经过长期讨论和反复修改,通过并签署了《世界宗教议会走向全球伦理宣言》,宣言把"己所不欲,勿施于人"确定为"全球伦理",并指出"这个原则是有数千年历史的宗教和伦理传统所寻获并持守的","这个终极的、绝对的标准,适用于人生各个范畴,家庭和社会,种族、国家和宗教"。这意味着中国文化的博大精深的人生智慧已经被世界各国有识之士所接受,为全人类追求和平、美好的生活做出了重要的贡献。

(二) 和而不同

中国文化的基本特质是追求人与自然、人与人、人与自我的普遍和谐。为实现和谐的追求,中国文化提供了两大法宝:一是"和",一是"中"。

中国文化十分重视人与人和睦相处,待人诚恳、互相关心、与人为善,推己及人、求同存异,以达到人际关系的和谐。"和为贵"一词出自《论语》,孔子说,"礼之用,和为贵",主张借礼的作用来保持人与人之间的和谐关系。孟子提出"天时不如地利,地利不如人和"的思想,表达了对人与人和谐关系的追求。

在处理人际关系时,"和"与"同"是中国文化所关注的一对含义不同的范畴。早在西周末年至春秋战国时期,就有过所谓"和同之辩"。"和",是众多不同事物之间的和谐;"同",是简单的同一。《国语·郑语》记载,史伯在回答郑桓公"周其弊乎"的发问时认为,西周最大的弊端就是"去和而取同"。史伯说:"夫和实生物,同则不继。以他平他谓之和,故能丰长而物归之。若以同裨同,尽乃弃矣。"史伯区别"和"与"同"。"以他平他谓之和",就是说聚集不同的事物而得其平衡,叫做"和"。"和"能产生新事物,所以说"和实生物";"以同裨同",就是说把相同的事物叠加起来,是不能产生新事物的。"五声和,则可听;五色和,则成文;五味和,则可食。"推及施政,则必须"择臣取谏工,而讲以多物,务和同也",综合不同意见,防止偏于一端、专横独断,否则,则"天夺之明,欲无弊,得乎"?

孔子曾提出"和而不同"的著名观点。他说:"君子和而不同,小人同而不和。"他认为君子能汲取别人有益的思想,纠正其错误思想,力求公允正确,绝不盲从,这叫"和而不同";而小人只会随声附和,从不提出自己的独立见解,这叫"同而不和"。

"和"是中国文化和人生智慧的重要特征,其内涵十分丰富,充满了大智大慧的深刻哲理。"和而不同"的"和",一是主张多样,二是主张平衡,对不同的意见,不同的事物,持以宽容的态度,"同归而殊途,一致而百虑",提倡宽厚之德,发扬包容万物,兼收并蓄,淳厚中和的"厚德载物"的博大精神。就处世待人的方法论而言,和谐精神主张:一是要有独立见解,坚持己见;二是要尊重别人,求同存异;三是要通过协商方式,增进共识,取得双赢。

"和"不是"同","和"是有矛盾、有斗争的。宋代张载在《正蒙·太和篇》中讲:"有象斯有对,对必反其为;有反斯有仇,仇必和而解。"意思是说只要有一种事物、一种现象,必定有与之相对的事物和现象,二者免不了有矛盾、有斗争,最后解决的方法一定要求"和"。张载看到了宇宙世界、人间社会都是有矛盾的,但在矛盾的解决上他主张"仇必和而解",而不是"仇必仇到底"。对立和斗争不应以一方面消灭另一方面作为最终的结局,而是应相辅相成,协调配合,趋向于"阴阳合德而刚柔有体"。中国文化和人生智慧充分体现在这句"仇必和而解"之中,以和谐的方法来消除矛盾、解决矛盾,使事物向一个更新的方面来发展,最后解决的方法一定是求和,不是让矛盾冲突扩大。只有"和"才有生机和活力。这种对待矛盾的朴素的辨证思想,对于我们实现和谐人生的理想是大有裨益的。

(三)中和之境

中庸之道是儒家人生智慧的核心理论,也是处理人际关系的最高的一种思维观念和行为准则。《礼记·中庸篇》讲:"极高明而道中庸。""极高明"指的是世事洞察,万物通观;"道中庸"说的是行事圆融,不走极端。所谓"中",是说凡事应有一个适当的"度",超过这个"度",就是"过";没有达到一定的"度",就是"不及"。处理事情,要合乎这个"度",就是"执中"。"执中"就是讲究适时、适当、适度。所谓"庸",就是传统,就是规律,就是不变的法则,也就是"中"的最高表现,是实现"中"的规律法则和途径。

孔子说:"尧曰:'咨尔舜,天之历数在尔躬,允执其中,四海困穷,天禄永终。'舜亦以命禹。"又说:"舜其大知也与。舜好问而好察迩言,隐恶而扬善,执其两端,用其中于民,其斯以为舜乎。"孔子的这两段话,不但说明"中"的思想源远流长,而且强调了它的重要性。尧传舜,舜传禹,只交代一句话,就是"允执其中",并认为如此便可"天禄永终",可见"中"的重要。又说舜是大智的人,为什么说舜有大智呢?一个重要理由就是舜能够"执其两端,用其中于民",进一步说明"中"的重要以及"中"的难能可贵。

关于"中"的含义,孔子自己解释为"过犹不及"、"执两用中"、"中立不倚"。子贡问孔子:子张与子夏哪个好一些?孔子说:子张有些"过",子夏却显得"不及"。子贡说:那么,子张好些吧?孔子说:过犹不及。可见,在孔子看来,"中"就是既无"过",也无"不及"。同时,孔子认为,作为标准的"中"不是一成不变的,而是随着时间和条件的变化而变化。他说:"君子之中庸,君子而时中。"孔子言"中",并在实际生活中,灵活地运用了"中"。如在行为上,他主张中行,"不得中行而与之,必也狂狷乎!狂者进取,狷者有所不为也",认为中行是高于狂狷的修养境界。在人际关系上,他主张"无适"、"无莫"、"和而不同"、"周而不比"、"群而不党"。在待人接物上,他主张"尊贤而容众,嘉善而矜不能","泰而不骄,威而不猛"。这些都是孔子灵活运用"中"的具体表现。

有人认为"中"是一种调和论,是一种折中主义,其实不然。首先,"中"的思想含有辩证法的因素,"中"反对"过"与"不及"。其次,三代相传,只交代一句"允执其中",便可"天禄永终"。孔子还说:"天下国家可均也,爵禄可辞也,白刃可蹈也,中庸不可能也。"如此重要的德行,决不可能是指不左不右、不好不坏的圆滑处世的折中主义。再次,孔子历来痛恨搞折中主义的人,对于"同于流俗,合乎污世"的人,孔子一概斥之为"乡愿",认为他们是乱雅之郑、夺朱之紫的"德之贼"。孔子说:"君子和而不流,强哉矫!中立而不倚,强哉矫!国有道,不变塞焉,强哉矫!国无道,至死不变,强哉矫!"这就是说,一旦确立了"中"的准则,永不偏离,甚至"至死不变"。可见这"中"决不是折中主义的产物。

与"中"有关的还有"权"、"和"等概念。孔子说:"可与共学,未可与适道;可与适道,未可与立;可与立,未可与权。""权"与"中"是相互配合使用的概念,其本义是秤铊,它可随物体的轻重在秤杆上左右移动后达到平衡,可引申为变通。《孟子·尽心上》说,"执中无权,犹执一也",保持中庸而不知权变,就是执于一端。儒家提出"权"的概念作为"中"的补充,为了使人能通权达变,以利于"执中"。"和"是说"中"要达到的效果,东汉大儒郑玄对"中庸"解释道:"名曰中庸者,以其记中和之为用也。""中和"一词的含义是指按"中"的标准去做就会达到一种"和"(和谐)的状态。

中国文化所蕴涵的讲"执中"、求"致和"的人生智慧是营造和谐的人际关系、创造和谐的人文环境的基本原则。它作为一种调节社会矛盾使之达到"中和"状态的深刻哲理,为我们保持和谐人际关系、构建和谐社会提供了极有价值的精神资源。社会主义和谐社会建设遵循民主法治、公平正义、诚信友爱、充满活力、安定有序、人与自然和谐相处的原则,其中,公平正义、诚信友爱、充满活力等方面的目标汇总起来,就是和谐社会最重要的特征所在,即人与人的和谐。我们要建设的和谐社会,就是人与社会之间关系协调、人与人之间关系融洽的社会,一个重要的标志是实现人与人的和谐。为此,必须把社会的公平正义作为处理人与人之间关系的标尺,把诚信友爱作为处理人与人之间关系的基本准则,把充分激发每个人的活力作为奋斗目标,让全社会的创造力得到充分发挥,让一切创造社会财富的源泉充分涌流。

三 中国人生智慧关注的第三个问题：人与自我的关系

中国文化和人生智慧强调做人要自知。老子讲，"知人者智，自知者明"，就是说能清醒地认识自己，对待自己，才是最聪明的。人要了解自己很难，老子选择一个"明"字，有其深意。什么是"明"？"明"是对着黑来讲的，对着盲来讲的；"明"就是眼力好，盲是丧失了视力。看别人看得见，看自己看不见，这就是自我的盲区。中国文化与人生智慧要求我们要让自己走出盲区，进入自我明察中去。

（一）认识自我

认识自我的困难就在于"我"之复杂，每个人身上都有四个"我"：一是公开的我，自己知道，别人也知道的部分；二是隐私的我，自己知道，别人不知道的部分；三是背后的我，自己不知道，别人知道的部分；四是潜在的我，自己不知道，别人也不知道的部分。前两种可以说是浅层的，易于认识的，绝大部分人的盲点则在于后两种。自我感觉良好，时常沉溺于自恋幻觉中的人，是因为不知道背后的我，总将当面的恭维和逢迎的捧场视为全部的评价。自卑自贱自惭形秽者则失落于不知有潜在的我。

认识自己的一个关键是要正确分辨烦恼，不要让无谓的烦恼所遮蔽，影响了自我的判断。有心理学家对烦恼进行了数字化分析，认为人们的烦恼中，有百分之四十属于杞人忧天，百分之三十是怎么烦恼也没有用的既定事实，另外百分之十二是事实上并不存在的幻想，还有百分之十是日常生活中微不足道的小事。也就是说，我们的心中有百分之九十二的烦恼都是自寻的。

清除自我认识中的盲点，是一种积极的自我开拓。当然，即使到了生命结束的时刻,我们都无法穷尽自我,但是时时警惕自我、激励自我仍是十分必要的。唯有如此,才能使我们不枉为人,不虚此生。人类不断成长,是因为能不断认识自我,磨炼自我,提升自我,善待自我,而认识自我则是人生"自觉"的起点,人生永恒的主题。

(二) 磨炼自我

刚健有为、自强不息,是实现自我价值的起始和前提,是中国人积极人生态度最集中的理论概括和价值提炼,也是人类在认识自我之后首先要建立的立命之说。

孔子十分重视"刚"的品德,他说:"刚毅木讷近仁。"所谓"三军可夺帅也,匹夫不可夺志也",这种临大节而不夺的品质即是刚毅的生动表现。在他看来,刚毅和有为是不可分的,有志有德之人,既要刚毅,又要有历史责任感和时代使命感。"不知命,无以为君子也。"孔子提倡并努力实践为崇高理想而不懈奋斗,鄙视饱食终日无所用心的人生态度,他"发愤忘食,乐以忘忧,不知老之将至"。儒家提倡博学、审问、慎思、明辨、笃行的治学之道,主张刻苦学习,不甘人后,"人一能之,己百之;人十能之,己千之"。这些,都是刚健自强、积极有为思想的表现。

《易传》对刚健有为、自强不息的思想做出了概括的经典性的表述。《传》说:"天行健,君子以自强不息。"《系辞下》说:"天地之大德曰生。"天体运行,健动不止,生生不已,人的活动乃是效法天,故应刚健有为,自强不息。这里阐明了效法天行之健,充分发挥人的主观能动性的思想。

在物欲张扬、精神式微的今天,强调刚健有为、自强不息的精神更有现实意义,人应当立志高远,积极进取,有所作为,奋发图强,敢于面对现实,善于化解矛盾,勇于迎接挑战,在挫折面前不气馁,在困难面前不低头,不妄自菲薄,不怨天尤人。

（三）提升自我

"孔颜乐处"是儒家追求的最高精神境界，也是历代中国知识分子追求的最高精神境界。

孔子周游列国，颠沛流离，困厄万端；颜渊一箪食，一瓢饮，穷居陋巷。这本身并无乐处可言，但孔颜化解了身处逆境或物质匮乏所引起的外感之忧，使其自得其乐，体悟到一种理性的愉悦。这种快乐，乐于扬弃了外在之物、外弛之心，自我意识到自身与天道合其德，同其体，也就是体认到个体自身的内在完美，即自己所具有的真善美高度统一的自由人格。这就是一种精神境界。

人生境界是中国传统文化中的主要问题，其他问题都围绕它而来。境界说是中国人生智慧的一大特色，这里所说的境界，是一种在精神层面上对生命、生活、生存方式的升华，是中国哲学家所追求的理想人格之极致的一种精神状态、精神天地。

冯友兰先生的"人生境界说"是他哲学思想中最为珍贵的一个部分。他说："人所可能有的境界，可以分为四种：自然境界、功利境界、道德境界、天地境界。"这四种境界是人与周围各方面可能有的四种关系或四种境界。

在自然境界中的人，其行为是"顺习"的，也就是顺从自然来发挥自己的才能或遵守自己已有的习惯。在功利境界中的人，其行为是"为利"的，做事情都有他们所确切了解的目的。在道德境界中的人，其行为是"行义"的，其行为所及的对象，是利他的，有益于社会公益。在天地境界中的人，其行为是"事天"的。他不仅认识到社会的全，还进而认识到自然之全，因而，做人不但应对社会有贡献，也应对自然有贡献。

"天地境界"就是人和天地的关系，亦即哲学境界，它有自觉的超社会、为天地立心的意义，这是一种最高、最完善的境界。近代以来，在人类对待自然的态度上，绝对人类中心主义一直占据主导地位，人类被看做是判断万物的尺度，是一切事物的评判者。在这样的背景下，解读"天地境界"尤为重要。人类有责任维护环境生态的完整性,人类的首要目标必须是在分享地球有限资源的同时关心其他生物和生命。"天地境界"是说人要有自觉,在地球上只有人类才具有理解世界、超越自我的能力,有没有看到人与自然的和谐关系是人类境界的试金石,如果人类既看到了自己的利益,又看到了自然的利益,那就超越了狭隘的人生境界,进入了"天地境界"。

(四)善待自我

世界上的事物都有其正面和反面,人生也是如此,有得有失,有顺有逆,有胜有败,有进有退,有荣有辱。顺境易处,逆境难为,关键在于以什么样的态度对待顺境和逆境。自古常言不我欺,不论顺境逆境、圆缺福祸,都要理解别人,善待自己,自解得失,善处顺逆,随缘自适,用舍由时,善对名利,安心为本。这才是处理好人与自我关系的关键。

我认为要具体做到以下三个方面:

第一,进退有节,仰俯皆宽。苏轼在一首词中写到"用舍由时,行藏在我",这转引自孔子的"用之则行,舍之则藏",里面含有"进退有节,仰俯皆宽"的意思。苏轼一生坎坷,但在对待人生顺逆上,他却是中国文人当中一个典型例子。上面这句话体现了苏轼的人生态度,他圆满地融合了儒家、道家和禅宗,入则奉儒,忧国忧民;出则道禅,一身洒脱,形成了"不为外物之得失荣辱所累的超旷精神"。

孟子讲,"达则兼济天下,穷则独善其身",说的是儒家人格理想不仅是个体善的修炼,更重要的是责任感和担当意识,是济世救民。儒者对国事民瘼有真诚的关怀,努力为国家、民族和人民建功立业,即使遭到贬谪也以深沉的忧患,系念天下百姓的疾苦和国家的兴亡。同时,儒家也讲究超越精神,穷居陋巷,自得其乐,安贫乐道。"仰不愧于天,俯不怍于人",正是表现出了这种情怀。"穷则独善其身,达则兼济天下"的思想,把慎独和放达结合起来,形成了一种积极达观的人生态度,几千年来其影响始终不衰。

第二,淡泊名利,"放下为上"。面对名利,入世的儒家、忘世的道家、出世的佛家都提出了各自的解脱之道。这其中禅宗"放下"的智慧非常值得我们借鉴。禅宗有则故事:当佛陀在世的时候,有位婆罗门贵族来看望他。婆罗门双手各捧一个花瓶,准备献给佛陀做礼物。佛陀对婆罗门说:"放下。"婆罗门就放下左手的花瓶。佛陀又说:"放下。"于是婆罗门又放下右手的花瓶。然而,佛陀仍旧对他说:"放下。"婆罗门茫然不解:"尊敬的佛陀,我已经两手空空,你还要我放下什么?"佛陀说:"你虽然放下了花瓶,但是你内心并没有彻底地放下执著。只有当你放下对自我感观思虑的执著、放下对外在享受的执著,你才能够从生死的轮回之中解脱出来。"

当然,"食色,性也",儒、道、佛三家开出的药方,虽有"悬壶"之功,却乏"济世"之力,人们不可能完全摆脱名利,该忙碌的依然要忙碌,该追求的依然要追求。不过,在物欲张扬、精神式微的当下,劝人把名利看得淡一点,"空"一点,淡泊处世,清心守静,在清静中寻找舒适,在闲适中享受乐趣,使人经常调剂到一种怡乐自在的最佳状态,从这个角度看儒、道、佛三家之说,不无裨益。

第三,安心为本,豁达为上。修身之本在安心,是中国人生智慧的一大特色。禅宗二祖慧可,少为儒生,博览群书,通达老庄易学。出家以后,精研三藏内典。年约40岁时,遇天竺沙门菩提达摩,即断臂求师。《祖堂集》中记载,慧可问达摩祖师:请佛心印的法门,可以说给我听吗?达摩说:诸佛心法,并不是从别人那里得到的!他听了又问道:我心不得安宁,请大师为我说安心法门。达摩便说:你把心找出来,我便为你安心。慧可听了这话,当时便愣住了,良久,方说:找了半天心,连个影子也找不到。达摩开导他说:如能找到了,那就不是你的心了!我已经帮你安好心啦,你看到了吗?慧可恍然大悟。慧可向达摩求法,其实就是为了"安心",见师傅把自己截了回来,便把问题的实质托了出来。佛教禅宗一派传入中国,与老庄合理核心相结合,发挥了"直指人心,明心见性"的特点,形成独具特色的中国禅,表现出很高的人生智慧。禅宗主张凡事持平常心,不过分追求、过分期盼、过分喜怒哀乐,顺其自然,但求心安。如此一来,繁杂的人生问题,就变得比较简单明了。在任何环境中,人生还有一种最后的自由,就是选择自己的心态。良好的心态有利于正确对待客观事物,对健康也是有益的;不良的心态对健康有害,甚至导致疾病。据世界卫生组织的统计,全球完全没有心理疾病的人口比例只有百分之九点五。据保守估计,目前我国约2 600万人有不同程度的抑郁症。预防抑郁症的主要办法就是要缓解压力,及时调整心理上的不平衡,消除和"转化"不良心理,具体就是要能够知足常乐、达观超脱、宣泄疏导、排遣自娱。有专家指出,19世纪威胁人类最大的是肺病,20世纪威胁人类最大的是癌症,21世纪威胁人类最大的是精神疾病,这种说法值得深思。

中国文化和人生智慧所追求的目标、理想,可以用宋代大儒张载的"横渠四句"来概括:"为天地立心,为生民立命,为往圣继绝学,为万世开太平。"正是这四句话充分体现了中国古代思想家的"仁者气象"和"天地情怀"。今天我们继承中国文化与人生智慧的精髓,实现和谐人生,构建和谐社会,正是要实现这一伟大理想。

总之,中国文化和人生智慧是一个丰富的思想宝库,无论就人与自然的友好相处而言,还是就社会的和谐发展而言,抑或就个体人格的健康发展而言,人类在21世纪应更加需要借助、光大优秀的中国文化和人生智慧。

我们理当拿出自信来,从中国文化和人生智慧的人文精神、生存体验与生活睿智中寻找瑰宝,寻找生命力,为当下的生存、现实的关怀、生命的定位、处世的方法、价值的实现、精神的寄托、理想的达成,发挥其价值作用。

大学还能否出现特立独行的大师

陈平原
北京大学中文系教授

>>>

陈平原

1954年生,北京大学中文系教授、博士生导师、系主任,长江学者特聘教授。主要有《中国小说叙事模式的转变》、《触摸历史与进入五四》、《大学何为》等著作。

>>> 晚清专业化成为主流,文和学彻底分家,这是我关注的问题。
>>> 我们这一代教授还能不能成为校园里面的风景,我不敢说。
>>> 老一辈的先生特立独行。你会发现学问是一回事,做人或者说为人处世是一回事。

一 人文学和社会科学的个性与共性

上世纪 90 年代初我一个很熟悉的朋友做社会学研究,我们有一场争论。他说你们做文学、做思想的就几个人,鲁迅、沈从文,有什么好说的。这些人的论文有多大的代表性?

鲁迅在中国有多大的代表性,我相信没有一个人能回答。接下来他问我,你这个问题即使讲清楚了又有什么用? 能上升为规律吗? 我想没有人能够回答这个问题。当时我气不过,因为他说你们做文学的讲的都是没有普遍性的、不能往前推演的那种论题,我跟他讨论说,其实做社会学、经济学的,有模式、有模型、有统计,表面上很客观,其实也是根据研究者的需要而设计出来的框架。

当时我刚好听到一个笑话,有一个人说他做了统计,中国留学到美国的女孩子有一半嫁给她们的导师。根据他的抽样调查,他们学校总共有两个女生是从中国来的,其中一个嫁了她的导师。这个说法从理论上没有问题,统计没有问题,结论也很对,但是我说你的统计没有任何意义。

问题并没有解决,起码让我认识到一个问题,其实不同的学科,尤其是人文学和社会科学,它们除了理论设计、工作模型、操作方法不一样以外,还有一个根本性的问题,即如何看待个体的人?不是五千万,不是一亿,而是一个人。对这些个体的人——他们的吃喝拉撒,他们的喜怒哀乐,他们的学习、思考、表达等等,值不值得你专门做研究,人文学告诉你很重要,但社会学告诉你这不太重要,因为个别的人对于整个模型来说是没有什么意义的。

二 文和学的分开与联系

晚清专业化成为主流,文和学彻底分家,这是我关注的问题。也就是说传统中国文人,有人专攻文章,有人专攻学问,但是文和学之间有某种联系,这一点其实一直没有分开。

中国历史上很多大文人有学问,科学家也会写文章,但是随着晚清西方的制度进来以后,我们的专业分工越来越明晰,这以后就越来越偏于或文或学,文和学之间彻底分开。最后一代保留文和学兼修的,则是梁启超这些人,上世纪30年代以后进大学的基本上就是文和学分开了,到今天我们基本上也还是分开的。

当然你可以说人可以是全才,可文可学,有的人学问好,有的人文章好,没有什么问题,古代也就是这样的。清代的诗人袁枚写信给他的朋友,说人一辈子最怕没有专长,很小的时候就立志将来进入《文苑传》,想进入《文苑传》的赶快主攻诗文,最怕你犹豫不定。要建功立业,就必须这么做。

其实文和学的分开在古代有这个倾向,但不是特别明显,但到了现代以后这成为一个主流,到今天基本成为一个客观事实。当然,专业不一样,问题也不一样,问题有的明显有的不明显。专业不一样,你是做自然科学的你不会写文章,没关系,你做原子弹研究,写诗写文对你来说根本没有意义;甚至你做社会科学研究,你做经济、法律等其他研究,做人口研究,你不会写文章问题也不大;但是做人文研究的,做文学、史学、哲学的,你不会写文章那太可怕了,我关注的是这一点。现在连人文学者也都不会写文章,那问题就大了。

三 未名湖边再没有这样的风景

1998年北京大学百年校庆,我写过一篇文章《即将消逝的风景》,这篇文章在大学生中流传比较广,大学生是如何看待学校老师的,大学生是如何看待值得他们鉴赏品味的学者的?我文章里面说到除了上课以外,还有一种办法,就是"从夫子游"。

古代"从某某夫子游",不是读书,不是考试,很大程度上是跟你朝夕相处。我进北京大学的时候,刚好那一届北京大学开始招博士生,中文系只有两个博士生。我只是负责跟各个老师聊天,系里除了我的导师王瑶先生,还有四个老师指导我,四个老师各有不同的专长。我的导师告诉我你有空就找他们聊天,因为当时中国的博士制度刚刚建立,还不知道怎么教博士生,中文系老师大体上都没有博士学位,所以他说我也不知道怎么办,你们来聊天吧。所以我的任务就是不断地跟这几位老先生聊天,聊了这么几年就算毕业了。我那篇文章里有一段比较形象,说我的导师整天抽烟,我喝茶他抽烟,这样过了三年的时间我被熏陶出来了。那时候制度不完整,所以有比较大的自由度。

其实在北京大学校园里,好就好在有一批这样的老先生值得你聊天,值得你鉴赏,值得你品味。有一年中秋节,我们和导师到未名湖边,有人念起了卞之琳的《断章》:"你站在桥上看风景,/看风景人在楼上看你。/明月装饰了你的窗子,/你装饰了别人的梦。"大学校园里面,包括我所熟悉的北京大学校园里面,这些老先生们成为最亮丽的风景,可是随着这些老先生一个个去世,未名湖边再没有这样的风景可以看了。我进来的时候还有王力等先生在,等到我成为教授的时候就差不多没了,我们学校"文化大革命"中间没有留下学生。老一辈的学者除了学问以外,他们的个性、他们的气质、他们的才情,是学生们阅读、欣赏的对象。这些人过去了,校园里再也没有这样的人了,未名湖边再没有这样的风景了,我说没有他们,未名湖肯定会显得寂寞多了。

四 我们这一代还能成为风景吗

"江山代有才人出",我们这些人也会逐渐变成老教授。

所谓学术上青黄不接大概属于危言耸听,学问会不断地往前推进,可是就读书还是读人而言,我们这一代教授还能不能成为校园里面的风景,我不敢说。这有几个原因。

第一个原因,制度的问题。我进北京大学的时候,校园里面有好多七八十岁的老先生在散步。今天北京大学校园里没有多少老先生了,老先生基本上全住到校园外了,并越住越远。即将成为老先生的人,按照规定63岁退休,校园里面没有63岁以上的人,那是很可怕的现象,都是年轻人的校园不是一个特别美好的校园。也许这种制度性的设置,使得校园里没有老人了。

我最近看报纸上说娱乐圈20多岁已经老得不像样了,学术界五六十岁还是年轻的学者。我的一个朋友比我大15岁,我们共同写文章发表,前些年人家称他年轻学者,他说我都快六十了,哪还是年轻学者。在人文学里面,60岁绝对不是一个即将退休的状态,精神上不是那样的。相对来说,自然科学到了60岁再往下发展就很难了,那时候主要的任务是当伯乐。人文学者到60岁以后才是经验最丰富而且能够出大成果的时候。

第二个原因,是师生关系。正因为我们住得很远,老师进课堂匆匆讲完就走,你也匆匆我也匆匆,我们只是教书、讲课、改作业、给分数,而没有更多地跟学生接触,尤其是本科生没有更多机会跟著名的学者面对面交流,面对面谈那些跟专业没有关系的话。我上文学课只跟你谈文学,别的我不管,只有同代人可以对话,没有上下两代人的对话。我觉得我们这代人的成长跟当年我进大学的时候校园有一大批七八十岁的老先生有直接关系,所有的遗传大部分是隔代遗传,我和我的父亲有代沟,我和我的爷爷很好对话,因为我们没有利害关系,所有学术界的对话跟你最接近的这两代人矛盾最大。

最后一个问题,涉及我辈学人。我们经过"文化大革命",在为人处世方面不是很张狂;老一辈的先生特立独行。你会发现学问是一回事,做人或者说为人处世是一回事。80岁先生的著作我们读起来很有趣,反而是60岁的人多多少少受束缚。专业上我们不担心,我们总会做得越来越好,作为大学教授,他除了专业做得好,还要课讲得好,还要值得老学者们欣赏。

五 怀念北大的老风景

今日中国学术界的风气已经养成了,而且专业化已经成为主流。我们都成为一个一个的专家,我相信日后的读书人会永远怀念像金克木先生这样博学深识有专家之学的杂家,以及他发表在《读书》杂志上的文章。

我认识金克木先生的时候他已经八十多岁了,一个人在家里没事干,自己跟自己下棋,然后就是写文章。我们到金先生家里基本上是听他说话。

到最后10年不断地听他说,我不行了,要死了,可是过两天又有文章出来了。我对他的睿智、不拘一格留下极为深刻的印象,见什么人说什么话题,我是学文学的他讲文学,别人来他谈考古。什么都能谈,每件事他都说,而且大体上都能说到点子上,现在再很难找到这种人。

金克木先生在北京大学当过图书管理员,他欣赏的著名学者来借书,他就把借书条抄下来,人家借完他跟着借,他相信这些人的眼界高,这样的读书经历,自然而然形成一套跟中文系、历史系都不一样的知识结构。他读书是靠自己摸索出来的一套路子。

北京大学教授中轶事很多的就是黄侃先生。

辛亥革命以后,黄侃先生回到学校读书做学问,他有这样的诗句:"此日穷途士,当年游侠人。"今天表面上是读书人,在当年却是游侠之士。所有读过北京大学校史,或者是南京大学校史的,都知道黄侃先生的学问好,但是他上课三分之二的时间是在骂人,剩下的三分之一在真正谈学问。

黄侃先生的性格、才情更像是晋人——晋人的风流潇洒,对侠的想象。除了有名的骂人及喝酒,他还带着自己欣赏的学生到名胜古迹喝酒吟诗。

当年到北京大学任教时,黄侃34岁。他听到比自己大两岁的刘师培说没有传人,非常悲苦。黄侃就说我拜你为师,于是就拜长他两岁、学问跟他一样好的刘师培为师。

这样的风流潇洒今天再也没有了。

建设公民道德的可行之路

何怀宏
北京大学哲学系教授

>>>

何怀宏

北京大学哲学系教授、伦理学教研室主任,主要从事伦理学、人生哲学、社会史等领域的研究。主要有《良心论》、《伦理学是什么》、《道德、上帝与人》、《选举社会及其终结》等学术著作。

>>> 道德是一种巨大的"公共财产",我们每个人都有责任保护和发展这一"公共财产"。

>>> 道德建设的信心是来自我们所要建设的道德并不是可望而不可即的,不是要所有人都成为圣人的道德,而优先的应该是公民的道德。

>>> 公民道德是继承,又是创新。

>>> 每个人都有自己的人生目标和价值欲求,但人必须先满足一种道德底线,然后才能去追求自己的生活理想。

一 道德也是一种"公共资源"

由于我国向现代社会的迅速转型,新社会的要求以及这种变化过程中传统道德基础的崩裂,人们常常会对目前社会的道德状况感到不满。但作为个人来说又常常感到相当无力或信心不足。那么,道德建设的动力何在?我们的信心又建立在什么地方呢?

首先,我们必须是觉得它很有必要。道德并不像衣食那样须臾不可离,它不能当饭吃,当衣穿,但是,如果社会没有道德——主要是一套规则并加上对规则的尊重——我们的饭也会吃不好,甚至根本吃不着。所以,道德是一种巨大的"公共财产",我们每个人都有责任保护和发展这一"公共财产"。另外,从个人来说,一般而言,一个遵循了基本道德的人比做了亏心事的人感觉要好,心地会比较平安。我们不要小看这"心地平安",它是许多幸福快乐的基础。

换句话说,道德建设的初始力量,其实正好是从人们对道德状况的不满和不安表现出来的。这种不满和不安其实是因为我们的"良心"说了话,即便我们还不能做到完全遵循它的声音行动,但人们已经意识到这样的状态不是很好:无论是一个社会还是一个人,如果仅仅是繁荣和富裕,有很多钱,有很多炫人眼目的东西,声色犬马,却没有什么精神的东西,没有什么道德的东西,那么这样的状况主观上感觉并不会很好,客观上也不能持久。如果说社会即便在这样的情况下还能维系,那是因为我们还有前人或他人积累的伦理"资源",但如果人人都只是使用这笔"公共资源"而不补充它,让这种"资源"持续"亏空"下去,那么,就会有社会"破产"的一天。

所以说,道德的根本力量其实就来自道德本身,来自基本的"良知",来自在所有人那里都以某种方式存在着的最起码的恻隐之心和最基本的是非观念。良心的声音常常是微弱的,我们听不到它的声音。有时是因为我们平常没有触及它的底线,我们大量的行为还没有涉及最紧要的道德;有时则是整个社会的风气出了问题。良心是容易丧失或蒙上尘埃的,所以古人常说要"勤拭尘埃","求其放心"。而从正面来说,社会道德的力量还来自榜样的力量,来自许多人的"相濡以沫"和互相感染。

二 道德建设要从公民道德着手

不过,我们在强调道德意义的同时,也要说明我们现在社会的道德应当是平等和适度的道德。也就是说，道德建设的信心是来自我们所要建设的道德并不是可望而不可即的，不是要所有人都成为圣人的道德，而优先的应该是公民的道德。公民道德不是人们追求尽善尽美的那种道德，而是每个人作为一个合格的社会成员都应该履行的义务。这种现代社会的道德主要用来防止坏的行为，而不是用来塑造优美高尚的人格。觉得道德无用常常与把道德理解得过高联系在一起。一些人过分的愤世嫉俗或者无力感有时正是来自这里，来自我们对道德有太高的理解——这种太高的理解是传统社会的理解。在过去，道德是少数精英的道德，目的是致力于"成圣成贤"，在多数人那里实际只是受其影响的风俗。而在现代平等多元的社会里，道德不能不面向所有人，所要求的也只是所有人都遵循基本的道德规则。越过此线，则是要进入一种个人精神信仰努力的领域。

所以，道德建设要从公民道德入手，从基本义务着手。人的善端是超过恶端的。但我们的确又不敢夸大这种向善的力量。人是有限的，它应当超越自身；人仅仅靠自己的力量是不够的，他还需要一种超越的力量。然而，这种精神力量在各人那里的表现形态可能又相当不同。所以，支持人们履行基本的道德义务和引领他们进入更高道德境界的精神动力，也会是相当不同的。而我们对现代人的道德信心，尤其需要建立在一个恰如其分的基础之上，这种基础乍看起来也许比较"低弱"，但却比任何"高蹈"的道德都更为坚固和持久。

三 现代社会的公民道德有着鲜明特点

今天的道德现状，的确是存在着一些冲击到道德底线规范的"乱象"，而且，比这"乱象"更严重的是潜伏着一些更深的价值和信仰危机。比如说权力的腐败、机会主义价值观的流行、职业道德水准的下降，以及对精神信仰的漠不关心等,甚至有人面对落水的儿童先开口讨价还价,有轻生者欲跳楼时,还有人拿着望远镜看热闹,并发出"快跳,我们等不及了"的催命呼叫。有些时候,道德精神的严重缺失甚至使人有"末世"之感,与社会经济的"盛世"形成了强烈对照。

20世纪发展到"文革"的激烈动荡把原来很多东西都毁了,比如原来的乡村自治、自然的亲缘组织。除了体制上的破坏外,还有观念上的毁坏,破"四旧"、批林批孔,把传统文化极度丑化。传统社会的道德有着既定的信仰、有着固定的规则,但这种信仰和规则被简单粗暴地视为"陈旧"、"迂腐"、"僵化",甚至是"以礼杀人"。

从"文革"结束至今三十多年,中国社会又一次发生了巨变,伦理道德也概莫能外。伦理道德的这种巨变自然和社会经济,尤其是和政治的巨变密切相关的,甚至常常受到它们的支配性影响。总的来说,对这三十多年的道德变迁,从伦理道德的基本形态来看,我认为是从一种"动员式道德"走向一种"复员式道德",也就是从一种强调斗争的、相当政治化乃至军事化的、紧张的、运动的、一元的、高蹈的道德形态,走向一种强调和解的、相当平民化乃至市民化的、放松的、日常的、多元的、低限的道德形态。"动员"(mobilization)和"复员"(demobilization)两个概念最早都是军事术语。从"动员式道德"走向"非动员式道德",也意味着从一种非常时期的道德走向一种正常时期的道德,从一种要求高蹈的道德走向一种坚守低限的道德,从一种由价值到规范统一的道德走向一种区分价值和规范的道德。目前我们也许只能说,取其谐音,感觉它是一种"复原"——即向比较正常而非亢奋的状态的一种恢复,也是向传统的某种复归;同时它也是一种"复元"——虽然人们在基本规范方面需要寻求共识,但在价值追求和生活方式方面却无可避免地多元化了。人的精神源泉是多样的,个人信仰的对象和喜欢的生活方式也趋于多样,但是应当在基本道德行为上寻求共识。在价值观念和生活方式上,要求大家只追求同一个目标,这是不太可能的,它就好比要求大家都去爬一座山,只能走一条路,或者城里只允许开一家餐馆,大家都只许吃"麦当劳"。这都是人性上不可能、道德上也不妥当的。因为有的人喜欢陡峭的山,有的人喜欢平缓的山,有的人根本就不喜欢爬山。只要他不去伤害别人,就都是可以的。所以我们不妨在严重影响他人和社会的行为规范上求同,而在个人的生活追求和趣味上存异。

所以说,公民道德是继承,又是创新。从求同的一面来说,它实际上是过去社会的基本道德的一个重申;从存异的一面来说,它又带有现代社会划分公私领域的鲜明特点。

四 底线伦理是建设公民道德的可行之路

温家宝总理曾在教师节前夕去看望大学生,勉励大家要坚守道德底线。底线伦理其实是"卑之无甚高论"的,它不是高深的学问、玄妙的推理。其中所说的道德"底线"或基本规范,主要是相对于较高的人生理想和价值观念来讲的,是说不管人们追求什么样的生活方式或价值目标,都有一些基本的规则不能违反,有一些基本的界线不能逾越。例如不能强迫他人、不能杀人越货、不能坑蒙拐骗等,即把人当人看,"己所不欲,勿施于人";即便"君子爱财",也应"取之有道"等等。

底线伦理首先在应用上就有一个范围,即它主要用于公共领域,用于那些会严重影响到他人和社会的行为;其次在对个人的要求上也是不涉及"分外有功的行为",而主要是指必须履行与公民权利相称的公民义务。这样,底线伦理就和现代社会的公民道德产生一种对象和内容上的耦合。而且,它鲜明地揭示出公民道德的性质是一种现代政治社会所有成员的基本伦理。当然,完整的底线伦理还包括社会制度的正义,而公民道德主要讲社会成员的道德。

我们可以将"道德底线"分成三个层次：第一个层次是所有人最基本的自然义务、人之为人的义务，比方说不伤害和侮辱生命、不欺诈他人，这也是最基本的道德底线；第二个层次是与制度、法律密切相关的公民义务，比如说奉公守法、捍卫法制、抵制对公民权利的侵犯，同时也履行自己的公民义务；第三个层次则是各种行业的职责或特殊行为领域内的道德，比如说官员道德、教师道德、生命伦理、环境伦理、网络伦理等等。

以上三个方面，自然越是前者越为根本，后者一般是从前者引申而来，是它们的具体化，但也因为领域和行业的特殊情况及权益而往往有外加的责任，所以往往也就显得较高。比如掌握权力的官员，除了履行一般的自然、社会义务和公民义务，还需要担负起与其权力相称的职责。这种职责的高低轻重是和权力或影响力成正比的，权力越大，其行为对他人和社会的影响越大，责任也就越重。

第一类自然的义务不受基本制度的影响，是我们在任何社会里都应该履行的。而第二类狭义的社会义务则对制度有要求。比方说，原则上社会义务都是要求各人应安于其分，履行其职责，但这"分"是不是安排得公正合理，又在很大程度上决定了各人的职责是否合理，是否能够顺利履行。所以，在这方面，社会制度的正义将优先于个人的政治义务。

换句话说，我们每个人都应该在社会体系中各安其分，各敬其业，但是，我们更有必要通过社会制度创造出一个能够使每个人各得其所，各尽所能的基本条件，即创造出一个公正的社会环境，也就是说，大家都要守本分，以尽职尽责的精神做好自己的事情；而政府也要守本分，确定自己恰当的权力范围，保障各阶层、各个人的正当权利和利益不受到侵犯。所以，康德在《道德形而上学》中把社会公正与个人义务并提，把权利论与德性论视为不可分割的两部分，并且优先讨论权利论等等，这些都是发人深省的。但是，无论如何，制度的不公正即使有时有可能勾销一个人的政治职责，却仍然不能够勾销一个人的自然义务。总之，只要你是一个社会的成员，你就必须履行某些义务。不管你是具有什么信仰、追求什么价值观念和生活方式，也不管你多有权、多有钱或多有名，有一些基本的东西你是不能丢的。你生活在一个复杂和转型的现代社会中，可能要遇到很多麻烦，可能要做出妥协和退让，但某种做人的底线你是不能退的。你不能因为达不到最高，就把最低的也放弃了。我们在道德上要摒弃一种"要么全部、要么全不"的思维，不能因为成不了圣徒、英雄，就索性做一个坏人。不能因为社会不是太理想，或者别人做得不是太完美，就给自己的行为放行绿灯，即不能"既然你也不是太好，你也有一点私心，那么我就什么都可以做，可以无所不用其极"。

对底线伦理的理由有一个通俗的说法：你不想被偷、被骗、被抢、被杀、被强制和被伤害，那么，你也不能对别人做这些事。也就是说，把他人视为和自己平等的人、同样有尊严的人，以人为本，决不把人仅仅作为手段对待。正是在这一基础上它的规范是可以普遍化的，是能够获得一种为大家承认的共识的，也是充分考虑到基于人性的可行性的。作为一种社会伦理，底线伦理首先要考虑可行性，考虑"应当意味着能够"，这种可行性是针对社会的绝大多数人，而不是少数道德精英而言的。所以，作为一种普遍的社会伦理，它并不提出很高的道德要求，比如说成为圣贤或英雄，而是希望人们能做一个正直的人、一个一般意义上的好人。底线伦理依据的动力之源是一种在所有人那里都潜存的普遍的恻隐之心和向善之心。

道德是可以分层次的。每个社会里都有一些人有着很高的道德追求，如西方历史上的斯多亚派，中国古代儒家的一些人以道德高尚、品格完美、成为圣贤作为他们人生的最高乃至唯一的精神追求。对他们来说，自然是绝对不会以底线伦理为满足的。但现在随着社会的平等化，大家的价值追求也可以多样化了。比如许多人没有很高的道德追求，不想做圣人，但也不去害人，只求一生本本分分赚钱，平平安安度日，这也是无可非议的。

底线伦理的道理似乎很简单，但要使人信服地说明和论证这些基本规范却也并不容易。因为在它之前的"传统社会的伦理",是一种要求人们成为"圣贤"的"高蹈伦理",与这种"高蹈伦理"并行及随后又常常流行一种道德相对主义和虚无主义。"高蹈伦理"自然富有不可小视的意义,因为它曾鼓舞人们创造出璀璨的道德景观。但无论如何,一种基本的道德秩序是我们个人生活和社会生活的基础性平台。任何社会、任何个人都必须立足于此。损坏了这一基本平台,其他一切高处的东西、一切灿烂和辉煌,最后都无法维持。

每个人都有自己的人生目标和价值欲求,但人必须先满足一种道德底线,然后才能去追求自己的生活理想。严守道德底线需要得到人生理想的支持,而去实现任何人生理想也要受到道德底线的限制。当然,道德底线的大致确定和具体阐述是需要通过所有相关人、所有各方进行平等的对话、交流和讨论来达到的。而现在优先的问题是需要如何阐述一种底线伦理,以使它得到不是仅仅一种人生理想与价值体系的独断的支持和阐释,而是得到持有各种合理的人生理想与价值体系的人们的共同支持。现时代正使我们面临这样一种处境:最小范围内的道德规范,需要最大范围内的人们的同意和共识;最低限度的道德约束,呼唤着最高精神的支持。所以说,强调道德底线与基本义务、提倡人生理想与超越精神,又是紧密联系、完全可以互补的。

文化自觉与社会和谐

乐黛云
北京大学教授

\>>>

乐黛云

1931年生。北京大学中文系现代文学与比较文学教授、博士生导师,中国比较文学学会会长。曾任北京大学比较文学与比较文化研究所所长、国际比较文学学会副主席。著作有《比较文学原理》、《比较文学与中国现代文学》、《比较文学与中国》等。

>>> 认知、理解和诠释自己的民族文化历史,联系现实,尊重并吸收他种文化的经验和长处,与他种文化共同建构新的文化语境,这就是我们所说的文化自觉。

>>> 无论是东方还是西方都正在趋向于一个新的、文化的会合点。这个会合点一方面是避免帝国霸权的单边统治及其必然导致的战争和暴力;另一方面是建立文化多元主义和全球生态意识的文化自觉,只有通过这样的自觉,世界和平与人类社会和谐才有可能实现。

一 我们正面临着一个世界的大变局

我们正面临着一个世界的大变局,这个大变局包含着两大思潮:一种是以美国鹰派为首的思潮。他们认为世界秩序必须建立在美国军事力量无可匹敌的基础上,也就是要依靠美国的强大力量来统治全世界,并在这个基础上占领全球资源,推广他们的意识形态。与此相对的是极端的原教旨主义。另一种思潮是世界大多数人的思潮。这种思潮认为,事实已证明美国的单边统治不但不可能成功,而且会激起更大的反抗和更多的人死亡,以致全球毁灭。因此,必须寻求另一种全球化,即一种多极均衡、文化多元共生、各民族和谐共处的全球化。人类的前途,就取决于这第二种思潮能否取得最后胜利。目前,这两种思潮的对抗和消长,正在推动、酝酿和形成着世界的大变局。

二 文化自觉的三层含义

认知、理解和诠释自己的民族文化历史,联系现实,尊重并吸收他种文化的经验和长处,与他种文化共同建构新的文化语境,这就是我们所说的文化自觉。我国著名社会学家费孝通先生将此总结为16个字:"各美其美,美人之美;美美与共,天下大同。"

第二种思潮的核心是文化自觉。没有文化自觉,就谈不上不同文化的多元共生。费孝通先生指出:"文化的生和死不同于生物的生和死,它有它自己的规律,它有它自己的基因,也就是它的种子……种子就是生命的基础,没有了这种能延续下去的种子,生命也就不存在了。文化也是一样,如果要是脱离了基础,脱离了历史和传统,也就发展不起来了。因此,历史和传统就是我们文化延续下去的根和种子。"什么是中国文化的根和种子呢?费孝通先生认为中国文化的特点之一,是在世代之间联系的认识上。一个人不觉得自己多么重要,要紧的是光宗耀祖,是传宗接代,养育出色的孩子。二是可以把不同的东西凝合在一起,相信"和能生物,同则不继",相信可以形成"多元一体"。三是设身处地,推己及人。四是倡导以德服人,反对以力压人等。这些并不是虚拟的东西,而是切切实实地发生在中国老百姓日常生活里的真情实事,是从中国悠久的文化中培养出来的精髓。主动自觉地维护一种文化的历史和传统,使之得以延续并发扬光大,这是文化自觉的第一层意思。

要延续并发扬光大,只有种子还不行,还要创造条件,让种子开花、结果。费孝通先生认为传统和创造的结合是一个十分重要的问题,"因为传统失去了创造是要死的,只有不断创造,才能赋予传统以生命","创造一个新的文化的发展,也就是以发展的观点结合过去同现在的条件和要求,向未来的文化展开一个新的起点"。文化自觉应包含过去、现在和未来的方向,这样的文化自觉就不是回到过去,而必须面对现实。费孝通先生认为我们所面对的现实,最重要的特点就是"机械文明"和"信息文明"这两个在西方分阶段发展的文明,在我们这里却重叠在一起。因此,不能照搬西方经验,还应该走自己的路。这种"从传统和创造的结合中去看待未来",是文化自觉的第二层含义。

除此之外,我们还要特别关注当前的外在环境,这是过去任何时代都不曾面对的。全球化的现实需要有一些共同遵守的行为秩序和文化准则,我们不能对这些秩序和准则置若罔闻,而应该精通并掌握之,并在此语境下反观自己找到民族文化的自我,知道在这一新的语境中中华文化存在的意义,了解中华文化可能为世界的未来发展做出什么贡献。这是文化自觉的第三层含义。

显然,只有具备这样的文化自觉,才有可能建设多元共处、共生的全球社会。事实上,费孝通先生给文化自觉提出了一个坐标:纵轴是从传统和创造的结合中去看待未来,结合过去同现在的条件和要求,向未来的文化展开一个新的起点,这是一个时间轴;横轴是在当前的语境下找到民族文化的自我定位,确定其存在的意义和对世界可能做出的贡献,这是一个空间轴。任何民族文化都可以在这个坐标上找到自己的定位。如果用这个坐标来衡量,我们在文化自觉方面还存在很多问题。

首先是传统和现代的创造结合得很不够,也就谈不上以新的观点去看待未来。费孝通先生说:"文化自觉只是指生活在一定社会中的人对其文化有'自知之明',明白它的来历、形成过程、所具的特色和它发展的趋向,不带任何'文化回归'的意思,不是要'复归',同时,也不主张'全盘西化'或'全盘他化'。自知之明是为了加强文化转型的自主能力。"但是,目前这种完全"复归"的倾向仍然很严重,一部分人寻求的不是对文化的"自知之明",而是一种势头很猛的夸张的复旧,其中尤为甚者,宣扬"圣贤是文化之本,文化由历代圣贤创造",中国一百多年的近代史都错了,走的都是所谓"文化歧出"、"以夷变夏"的道路;甚至认为1978年以来的改革开放,也还是"沿着一百多年来文化歧出的路在走,中国文化仍然处在'以夷变夏'的过程中",提出要解决百年来的"亡教、亡文化的危机",就必须"把儒教重新定为国教,建立一个儒教社会"。这种倒退复古,明显排外的取向当然不是提倡文化自觉的本意。

其次,不加质疑地追随西方现代化取向,对西方理论不加反思地接受,把本土资源作为论证西方理论、实现西方社会思想的工具,无视西方学者已经深刻揭示的现代化危机等倾向仍然存在。此类更深层、更难解决的问题正在引起更多的人重视,成为进一步推动文化自觉的核心内容。

再者,文化自觉的根本目的,是为了"加强文化转型的自主能力,取得适应新环境、新时代文化选择的自主地位"。只有理解多种文化,才有可能在这个正在形成的多元文化的世界里确立自己的位置,经过自主的适应,和其他文化一起取长补短,共同建立一个有共同认可的基本秩序和一套各种文化能和平共处、各抒所长、联手发展的共处守则。我国长久以来唯我独尊的"大国心态"是做到这一点的最大障碍。当国家贫弱时,它会演变成阿Q的精神胜利法;当国家逐渐强盛时,它就滋生为企图覆盖他族文化的东方中心主义。历史已经证明,西方中心主义是行不通的,东方中心主义重蹈西方中心主义的老路,也不会有好的结果。如果我们不了解、不尊重当前的语境(包括其他民族文化的过去和现在),我们又如何能在世界民族文化之林中,找到我们民族文化的自我,找到在新的语境中,中华文化存在的意义,及其对世界的未来所能做出的贡献呢?

另外,还有许多充满了旧意识形态思想的条条框框和所谓"规范",这些陈词滥调不仅大大妨害了新生一代的创造才能,而且也压制了他们的文化自觉!

正因为有如此众多的问题,而文化自觉又如此重要,在举世反思文明发展、构建和谐社会之时,这个问题更其迫切,甚至关系到民族的生死存亡。这也是费孝通先生在他的晚年把文化自觉作为毕生最重要的问题来加以强调的重要原因之一。1997年,有人问他,"费孝通"这篇文章将如何结尾?他说:"我这一生过得很不容易,到现在已经是'两岸猿声啼不住,轻舟已过万重山'了。'啼不住'是指别人的议论纷纷,'啼不住'就让他去啼好了。'两岸猿声'可以不问,国家的前途可不能不想。从小农经济走向跨国经济,我们不是一叶轻舟,而是一个沉重的大船。一个知识分子应该怎样去履行时代赋予的责任确实值得认真想一想。"他认为:"五四这一代知识分子生命快过完了,句号画在什么地方确实是个问题。我想通过我个人画的句号,就是要把这一代知识分子带进'文化自觉'这个大题目里去,这就是我要过的最后一重山。"

费孝通先生思考总结他九十余年的人生,得出的结论是要把一代知识分子带进"文化自觉"这个大题目里去,可见这个问题在他心里的分量。

三 西方的文化自觉

人类需要的是一个多极均势的"社会世界",一个文明开化、多元发展的联盟。要达到这个目的,人类精神需要发生一次人类心灵内在性的巨大提升。从这种认识出发,很多西方学者站在维护全球文化生态的高度,积极地进行了反思。

如果说,当今中国的文化自觉始于复兴被压抑的传统文化的强烈愿望,那么西方的文化自觉则是在数百年的繁荣之后,更强调审视自己文化发展中的弱点和危机。这种不同是几个世纪以来,两种文化不同的处境使然。早在20世纪初,奥斯瓦尔德·斯宾格勒在《西方的没落——世界历史的透视》一书中已相当全面地开始了对西方文化的反思和批判,到了21世纪,这种反思和批判达到了更为深刻的程度。例如,法国著名思想家、高等社会科学院研究员埃德加·莫兰(Edgar Morin)指出,西方文明的福祉正好包藏了它的祸根:它的个人主义包含了自我中心的闭锁与孤独;它的盲目的经济发展给人类带来了道德和心理的迟钝,造成各领域的隔绝,限制了人们的智慧能力,使人们在复杂问题面前束手无策,对根本的和全局的问题视而不见;科学技术促进了社会进步,同时也带来了对环境、文化的破坏,造成了新的不平等,以新式奴役取代了老式奴役,特别是城市的污染和科学的盲目,给人们带来了紧张与危害,将人们引向核灭亡与生态死亡。美国著名学者理查·罗蒂也在《南德意志报》上发表了《侮辱还是团结》一文,他说:"欧洲掀起重新定位自我的热潮,而且充满了理想主义,这将在全世界范围内引起强烈反响,不管是在美国和中国,还是在巴西和俄罗斯,都会是这样。……许多人都已经清楚地认识到美国人追求霸权到了无以复加的地步,而且全然不顾所作所为对于人类自由的影响。这是一个可怕的错误。"波兰社会学家齐格蒙特·鲍曼在《现代性与大屠杀》一书中更是强调在西方,高度文明与高度野蛮其实是相通的和难以区分的……现代性是现代文明的结果,而现代文明的高度发展超越了人所能调控的范围,导向高度的野蛮。

有的学者对上述以贪欲和聚敛为核心的文明进行了深刻反思之后提出,在一个基于生活质量而非个人无限财富聚敛的可持续性文明里,以物质为基础的现代发展观本身即将受到修正,可持续性的全球经济之目标应该是:通过将人类的生产和消费与自然界的能力联系在一起,通过废品利用和资源的重新补充,不断再生产出高质量的生活。在这样的生活中,重要的并非个人的物质积累,而是自我修养;并非聚敛财富,而是精神的提升;并非拓宽疆土,而是拓宽人类的同情(empathy)。美国学者J.里夫金将这两种思维方式和生活方式归纳为所谓"美国梦"和"欧洲梦",前者是指每一个人都拥有不受限制的机遇来追求财富,而较少关注更广阔的人类福祉;后者则是强调生活质量、可持续性、安定与和谐。在他看来,作为"欧洲梦"两大支柱的文化多元主义和全球生态意识在各方面都是现代思想的解毒剂,它将人性从物质主义的牢笼中解放出来,而承认地球本身最值得关怀。当然,这一切远非欧洲的现实,而只不过是一些深深厌倦于美国拜金主义的人们对欧洲的乌托邦式的想象,但它却代表着一种新的思想和路向。

里夫金以欧洲来寄托他的理想并不是没有理由的。除上述对当前文化危机的深刻认识外,在重视文化自觉并寻求解决文化危机的途径等方面,欧洲人的努力显然是更为切实的。他们大致从三个方面来突破现在困境,以寻求传统与创造相结合的文化发展的未来。

首先是返回自身文化的源头,审视历史,重新认识自己,寻找新的出发点。要达到这个目的,就必须有一个新的参照系,即新的"他者",以便作为参照,重新反观自己的文化,找到新的诠释。法国学者于连·法郎索瓦(Francois Jullien)写了《为什么我们西方人研究哲学不能绕过中国》的著名文章。他认为,要全面认识自己,必须离开封闭的自我,从外在的不同角度来考察。在他看来,"穿越中国也是为了更好地阅读希腊",他认为,"我们对希腊思想已有某种与生俱来的熟悉,为了了解它,也为了发现它,我们不得不暂时割断这种熟悉,构成一种外在的观点",而中国正是构成这种"外在观点"的最好参照系,因为"中国的语言外在于庞大的印欧语言体系,这种语言开拓的是书写的另一种可能性;中国文明是在与欧洲没有实际的借鉴或影响关系之下独自发展的、时间最长的文明……中国是从外部正视我们的思想——由此使之脱离传统成见——的理想形象"。他强调指出:"我选择从一个如此遥远的视点出发,并不是为异国情调所驱使,也不是为所谓比较之乐所诱惑,而只是想寻回一点儿理论迂回的余地,借一个新的起点,把自己从种种因为身在其中而无从辨析的理论纷争之中解放出来。"

第二,不仅是作为参照,还要从非西方文化中吸收新的内容。2004年理查·罗蒂访问复旦大学哲学系时说:"我隔了20年再次来到上海,中国的变化简直可以用奇迹来形容。这个奇迹不是改变了我的思考,而是进一步印证和强化了我已有的看法,那就是中国是未来世界的希望。"在北京大学比较文学与比较文化研究所举办的"多元之美"国际学术讨论会上,法国比较文学大师巴柔(Daniel-Henri Pageaux)教授特别提出:"弗郎索瓦·于连对于希腊文化与中国文化的研究是一个很好的例子,它正好印证了我已经讲过的经由他者的'迂回'所体现出来的好处。"他还强调说:"从这次研讨会的提纲中,我看到'和谐'("和实生物,同则不继")概念的重要性……中国的'和而不同'原则定将成为重要的伦理资源,使我们能在第三个千年实现差别共存与相互尊重。"一些美国汉学家的著作也体现了这种改变,如安乐哲(Roger Ames)和大卫·霍尔(David Hall)合作的《通过孔子而思》、斯蒂芬·显克曼编撰的《早期中国与古代希腊——通过比较而思》等。类似观点的著作还很多。

另外,改变殖民心态,自省过去的西方中心论,理顺自己对非西方文化排斥、轻视的心理。这一点也很重要,意大利罗马大学的尼兹教授认为克服西方中心论的过程是一种困难的"苦修"过程。他把比较文学这一学科称为"非殖民化学科"。在《作为非殖民化学科的比较文学》一文中,他说:"如果对于摆脱了西方殖民的国家来说,比较文学学科代表一种理解、研究和实现非殖民化的方式;那么,对于我们所有欧洲学者来说,它却代表着一种思考、一种自我批评及学习的形式,或者说是从我们自身的殖民意识中解脱的方式……它关系到一种自我批评以及对自己和他人的教育、改造。这是一种苦修(askesis)!"没有这种自省的"苦修",总是以殖民心态傲视他人,多元文化的共存也是不可能的。

在这个基础上,西方学者提出,人类需要的是一个多极均势的"社会世界",一个文明开化、多元发展的联盟。要达到这个目的,人类精神需要发生一次"人类心灵内在性的巨大提升",它表达的是对另一个全球化的期待,这就是全球的多极均衡、多元共存,也就是一个"基于生活质量而非个人无限财富积累的可持续性的文明"。从这种认识出发,他们站在维护全球文化生态的高度,一方面回归自身文化的源头,寻求重新再出发的途径;另一方面广泛吸收非西方文化的积极因素,并以之作为"他者",通过反思,从不同视角更新对自己的认识。

综上所述,无论是东方还是西方都正在趋向于一个新的、文化的会合点。这个会合点一方面是避免帝国霸权的单边统治及其必然导致的战争和暴力;另一方面是建立文化多元主义和全球生态意识的文化自觉,只有通过这样的自觉,世界和平与人类社会和谐才有可能实现。在实现世界和平与人类社会和谐的过程中,中国传统文化的精髓,如重视世代延续、子女教育,强调"和实生物,同则不继","推己及人","以德为上"等,无疑都将为人类新世纪、新文化的建构做出重大贡献。

中华人文精神

方立天
中国人民大学哲学系教授

>>>

方立天

1933年生。中国人民大学宗教学系教授、佛教与宗教学理论研究所所长、博士生导师,中国哲学史学会常务副会长、《中国哲学史》杂志主编。长期从事中国哲学、中国佛教与中国文化的教学与研究工作。著有《佛教哲学》、《中国佛教与传统文化》、《中国古代哲学问题发展史》、《中国佛教哲学要义》等。

>>>中国国学之魂的内涵即中国学术的根本精神是什么呢？我以为中国国学之魂,中国学术的根本精神就是人文精神,就是中华人文精神。

>>>人生活在世界上面临的基本矛盾有三个:人与自我的矛盾、人与社会的矛盾、人与自然的矛盾,由此导致的价值也有不同类型和层次。

>>>中国古典哲学重视人的尊严与价值,并强调一个人的自我价值不在于满足自己的物质需要,而在于具有追求真理的高尚品格、崇高的道德意识和道德实践,以及坚定的独立意志。

>>>吸取中华传统人文精神的优秀成果,批判中华传统人文精神的缺陷,对于形成当代的人文精神有着重要意义。

国学这个概念、名称,现在学界争论很激烈,有肯定的也有否定的,肯定的说法也不一致。我个人认为一个概念、名称能否确立,关键是是否有相应的客观对象,而国学是有其研究、表述的客观对象的。在概念确立的方法方面,我个人也以为,国学概念是开放的,后人可以在前人确立的概念的基础上进一步完善概念的界定。正是在这两层意义上,我很赞成我的老师张岱年先生的说法:国学是指一国的学术,学术是系统而专门的学问,国学即一国的系统而专门的学问。

中国国学是指中国从古至今的学术，其意义有两层：一是中国的，中华民族的学术，是汉、满、蒙、回、藏等民族所探索、研究、论述的学问，也可称为"中学"，"汉学"是其中一部分，最重要的部分；二是从古到今，自殷商西周的史官之学、春秋战国的百家之学、汉代儒学（经学）、魏晋玄学、南北朝隋唐佛学、宋明理学、清代汉学，到近现代的中国化的马克思主义、新儒学、人间佛教等学说。

国学是不断发展的，如胡锦涛总书记提出的"八荣八耻"说，就是当代中国国学的重要内容。把国学限于古代是不完整的。国学作为一国的学术，也指一国传统文化中的精英文化，即学术部分，国学不直接、不完全等同于传统文化。

国学之魂是指什么呢？"魂"即灵魂，灵魂指精神、思想。所谓国学之魂即国学的根本精神、主导思想。中国的国学之魂，即中国学术的根本精神、主导思想。

那么，中国国学之魂的内涵即中国学术的根本精神是什么呢？我以为中国国学之魂，中国学术的根本精神就是人文精神，就是中华人文精神。其理由、根据有三：

第一，从中国国学的内容结构来说，按现代学科分类的人文科学、社会科学和自然科学来说，其中自然科学有中医药学、天文学、农学等很发达，但总的说来，一是偏重于技术，自然科学基础理论研究较少；二是逻辑思维、论证、推论不发达，由此体系性的理论成果也少。社会科学中军事学、政治学较发达，但法律、经济等则较少有系统的理论成果。人文科学方面，文学、史学、哲学、伦理道德学说都十分兴盛，成果丰硕，突出地表现了中华人文精神在国学中的显著地位。

第二，从中国国学的历史发展来说，可以大体归结为儒、道、佛三教的演变史、关系史，而三教的根本学说是教化人、成就人的理想人格。虽三家有不同学说，但后来三教合一，此"一"即心性思想，也就是三家都认同心性的性质、意义和修养的共似性。中国国学重视心性修养,典型地体现了人文情怀、人文关怀,即对人文素质的高度关注和重视。

第三,从中国国学的核心观念来说,国学所包含的对人生、社会和世界的看法、观点,即人生观、社会观、世界观,归根到底是实现人的价值——满足人主体的需要和精神追求。中国的价值观可以说是中国国学的根本思想,也是中华人文精神的基本内涵。

从上述说明来看,中国国学之魂是中华人文精神。下面拟就人文精神的界定和中华人文精神的内涵做一简要陈述。

一 人文精神的界说

"人文"是中国固有的名词。《周易·贲卦·彖》:"观乎天文,以察时变;观乎人文,以化成天下。"天文指自然现象,也就是日月星辰等天体在宇宙间分布、运行等现象。人文指人类的各种文化现象,也就是人类精神生活的各种形式。这话的意思是,通过观测天文,以察明时节变化;通过观察人文,以教化而成就人间社会。我们所讲的人文精神或人文关怀就是关于人的精神生活的方式、态度、思想、观点。自东汉以来,中华民族传统的人文精神主要是儒、道、佛三家关于人的精神生活的方式、态度、思想、观点,其中尤为重要的是儒家的思想学说。

在界说人文精神时,要搞清它与有关概念、思想的联系与区别。

(一) 人文主义

这是公元14世纪至16世纪欧洲文艺复兴时期的主要思潮,它反对宗教神学,反对中古时期的经院哲学,肯定人是世界的中心,提倡思想自由与个性解放。中国古代的人文精神与西方人文主义思想并不相同,但就中国古代如儒家就有的以人为本位的学说,主张对鬼神持存疑的态度,不求助于鬼神,而是以人为出发点并以人为终极关怀,这也可以说是一种"以人为中心"的思想,是与西方人文主义相通的。

(二)人道主义

这也是起源于欧洲文艺复兴时期的思想,提倡关怀人、尊重人、以人为中心的世界观,后来又具体化为"自由"、"平等"、"博爱"的口号。中国古代的人文精神与西方人道主义的自由、平等精神并不相同,但在关怀人、尊重人、以人为中心方面又是相通的。

(三)人本主义

这是以费尔巴哈为主要代表所提倡的哲学思想。主张以人作为一切社会活动的出发点,把人放在第一位,反对宗教神学。儒家以人为本位的学说与西方人本主义哲学思想也是相近、相通的。

(四)关于人文与科学(自然科学)

作为不同的学科,前者的对象是人的内在精神世界——意义世界和价值世界,回答"应当是什么"的问题,人生应当怎样才有意义的问题,目的是提供价值理性,塑造理想的人、健全的人;后者的对象是自然世界、物质世界,回答"是什么"的问题,目的是提供工具理性,认识自然规律,发展生产,提高物质生活。我们要提倡人文与科学的交渗,人文教育与科学教育的融合,人文思维与科学思维的互补,人文精神与科学精神的结合,这既有助于人文素质的提升,也有利于科学事业的发展。

(五)关于人文科学与意识形态的关系

意识形态也称观念形态、社会意识形态,是在一定的经济基础上形成的，是人对于世界和社会的系统见解。一定的社会意识形态是一定社会存在的反映，并随着社会存在的变化而发生变化。在人文科学与意识形态的相互关系问题上，以为二者完全等同，或者把二者截然对立，是两种片面的观点。应当看到人文科学有意识形态的一面，因为它也包含了对世界和社会的看法；同时也应当看到人文科学有超越意识形态的一面，因为它的取向是精神层面的怡情追求，道德完善，陶冶情操，愉悦身心，以提升精神境界。它并不都是随着社会的经济、政治的变化而变化，不一定适应一时的政治需要，是不同于政治意识形态的。

（六）中华人文精神与西方人文主义思潮有所不同

由于宗教背景和思辨形上学，西方学人一般视主体与客体为对立的存在，如灵与肉、心与物、人与神等的区别是绝对的，彼此是互相对立的。中国学人则认为上述二者不是截然分隔而是和谐统一的，"夫大人者，与天地合其德，与日月合其明，与四时合其序，与鬼神合其吉凶"（《周易大传·文言》），认为人性是天或道予以的内在价值，能与外界存在相和谐。中华人文精神具有内在性特征。

在中华民族的历史上，人文精神的重要内涵包括人的价值、人性的内涵与道德的修养、人格尊严与社会责任心、人的生死，以及人的理想等方面，其核心是关于人的价值观念。人生活在世界上面临的基本矛盾有三个：人与自我的矛盾、人与社会的矛盾、人与自然的矛盾，由此导致的价值也有不同类型和层次。人的价值可分为人类价值和个人价值，个人价值又分为人的自我价值、人的社会价值和人的自然价值。我将着重以中国古代哲学关于人的价值学说为核心，来论述中华人文精神。

二 人类价值

人在世界上有无价值,价值何在?这是中国古代哲学家十分关注的问题。他们着重通过三个方面,即与一般动物的比较、与天地的关系以及与鬼神的关系来彰显人有无固有的普遍价值,即人类价值的问题。

(一)与一般动物的比较

儒家孟子认为"人之所以异于禽兽者",是人有"恻隐之心"、"恭敬之心"、"羞恶之心"、"是非之心"(《孟子·告子上》)。荀子说,"人之所以为人者","力不若牛,走不若马,而牛马为用者何也?曰人能群,彼不能群也"(《荀子·王制》)。又说:"水火有气而无生,草木有生而无知,禽兽有知而无义;人有气、有生、有知亦且有义,故最为天下贵也。"这是以人有道德规范和组合为群体生活来强调人类的价值。中国佛教与儒家观点不同,认为人类虽然在思维和能力上高于一般动物,但与一般动物是平等的,称为众生平等。这种平等是建立在两个理论基点之上的:一是轮回转世说,宣扬人与一般动物在轮回流转中互相转化,人作恶业可能在来世下堕而变为畜生,一般动物作善业可能在来世上升而变为人。二是佛性说,认为不同众生都具有佛性,也就是说,都具有成佛的本性、根据、可能性,都能成佛。有人会对这两个理论难以认同,但我们认为理论中所包含的思维取向——不同生命体的平等和生命主体的向上追求,有助于克服人类中心主义,有助于确立对动物的平等心,这是有启示意义的。

(二)与天地的关系

中国古代哲学充分肯定人在自然界中的重要地位。《老子·二十五章》云:"道大,天大,地大,人亦大。域中有四大,而人居其一焉。"《周易大传·系辞下》称天道、地道、人道为"三才之道","人"是天、地、人"三才"之一。《礼记·礼运》篇云："人者,天地之心。"意思是说,天地无心,无思维智慧,而人是天地之间能思维有智慧的生物。《孝经》引述孔子曰："天地之性人为贵。"此处"性"字同于"生"字,话的意思是天地之所生唯人最贵。南北朝时何承天反对佛教的众生平等说,强调"人非天地不生,天地非人不灵",认为人为天地万物之灵,在天地间具有最高贵的价值。

(三) 与鬼神的关系

儒家孔子提出"敬鬼神而远之"(《论语·雍也》)的命题,又说:"未能事人,焉能事鬼?"(《论语·先进》)对鬼神持存疑、疏远的态度,轻视鬼神之事,强调重视人事。老子说:"以道莅天下,其鬼不神。非其鬼不神,其神不伤人;非其神不伤人,圣人亦不伤人。夫两不相伤,故德交归焉。"(《老子·六十章》)这是以道取代了神,认为以道治天下,鬼神就不会侵害人,也就是说人的吉凶祸福与鬼神无关。道教、佛教都有一套庞大的鬼神系统,佛教认为鬼的地位比人要低。佛教的鬼通常指处于饥饿痛苦中的饿鬼而言,非指人死为鬼的鬼。

由上可见,中国古代哲学家一般都认为人异于动物,优于动物,具有高于动物的贵于己者的固有价值,至于人与天地、人与鬼神的关系,则观点不很一致,这些思想都在中国历史上产生了重大的影响。

三 人的自我价值

人的自我价值,也就是人格价值。人格,古代称为人品。品,即品德、品格。什么是崇高的人格,如何达到和保持崇高的人格,是从先秦直至宋明哲学讨论的一个中心问题。中国古典哲学重视人的尊严与价值,并强调一个人的自我价值不在于满足自己的物质需要,而在于具有追求真理的高尚品格、崇高的道德意识和道德实践,以及坚定的独立意志。

孔子重视追求真理,强调追求真理高于物质享受。他提出谋道与谋食的问题,说:"君子谋道不谋食。"(《论语·卫灵公》)提倡君子用心力于求真,不用心力于衣食。又说:"士志于道,而耻于恶衣恶食者,未足与议也。"(《论语·里仁》)对于以穿破衣吃粗粮为耻辱的人,不值得与他谈论探寻真理。孔子还说"朝闻道,夕死可矣",爱真理甚于爱生命。热爱真理,明辨是非,是人格价值的重要内容。北宋理学家提出一个"孔颜乐处"的命题。史称周敦颐每令程颢、程颐"寻仲尼、颜子乐趣,所乐何事"(《二程遗书》卷二上)。胡瑗曾以"颜子所好何学"为题,科试诸太学生。颜子,名回,字渊。颜回是孔子最得意的弟子,"哀公问:'弟子孰为好学?'孔子对曰:'有颜回者好学'"(《论语·雍也》)。"贤哉,回也!一箪食,一瓢饮,在陋巷,人不堪其忧,回也不改其乐。"我认为,孔子是赞扬颜回安贫乐道,好学求真,在追求真理中获得快乐,"其乐"就乐在对真理的追求、探讨和发现。

儒家宣扬道德至上,强调道德价值远在一般人所追求的物质生活的价值之上。这种理念在仁与生、义与利、德与力、理与欲等关系问题上,得到了充分的体现。

(一) 仁与生

孔子说:"志士仁人,无求生以害仁,有杀身以成仁。"(《论语·卫灵公》)《孟子·告子上》云:"生亦我所欲也,义亦我所欲也,二者不可得兼,舍生而取义者也。""生",生命;"仁",仁爱;"义",正义。孔子、孟子肯定生命和道德的价值,但二者如发生矛盾,不可得兼,应杀身成仁,舍生取义,舍弃生命,坚持道德原则。这是强调对个人来说,人格尊严比保全生命更为重要。

与儒家从伦理道德角度论人的生命价值不同,道家从生命自然提升的角度论述人的生命价值。老子说:"道生之,德蓄之,物形之,势成之。是以万物莫不尊道而贵德。"(《老子·五十一章》)"尊道贵德"是道家的伦理思想总纲,是道家的生命价值取向。老子所讲的"道"是世界万物的总的根源和本质,德是道体现在具体事物中的内在本性和依据。因为道生万物,德蓄万物,所以万物莫不尊道而贵德。老子又讲"道法自然",由此"尊道贵德"也就是顺其自然。自然,是指天然、自然而然,也即万物非人为的本然状态,进而引申为"无为无造"的意思。老子提倡"尊道贵德"的人要以"无为"为立身行事的准则,也就是遵循自然法则,排除主观执著和矫揉造作。老子认为这是人的生命意义所在。后来道教进一步在上述道家思想基础上提出重生、贵生、乐生、长生的生命观,唤起人类对生命现象的尊重和关爱,对生命意境的追求和提升。在道教看来,作为"天下母"的道与宇宙万物具有同一性,宇宙本质与生命本质具有同一性,人在追求与道合一的生命历程中,人的生命就会由短暂变为永恒,由有限变为无限。道教这种对生命无限的挚爱和追求,表现了对生命价值的肯定和赞美。

(二) 义与利

儒家重义轻利。孔子认为富贵有义与不义的问题,他说:"不义而富且贵,于我如浮云。"(《论语·述而》)孔子并不笼统地排斥富贵,而承认合乎道义的富贵,但强调义才体现了最高的价值。孟子区分了人的"耳目之官"与"心之官",前者是感觉功能,后者是思维器官,而思维高于感觉,由此肯定精神生活高于感官享受,高于物质生活,内在价值高于功利价值。《礼记·儒行》云:"苟利国家,不求富贵。"强调儒者以对国家有利为目的,不求个人的富贵。汉代董仲舒更有两句名言:"正其谊不谋其利,明其道不计其功。"认为做事要合乎原则,不要考虑物质性功利。墨家宣扬义利统一论,一方面主张"贵义",提出了"万事莫贵于义"的命题;一方面又提倡"尚利","兴天下之利,除天下之害",还把"国家百姓人民之利"作为衡量言论是非的标准。墨子肯定天下大利和利人利天下的意义与价值。义利问题很复杂,利有个人私利与群众公利之分,应当说,公共利益是很重要的,是要维护的;私利要服从公利,脱离国家民族的利益,个人利益最终也将成为泡影。同时也应当看到,物质生活是精神生活的基础,脱离物质生活专谈精神生活、道德、理想,只能流于空谈。但是,只注意物质生活,不提高精神生活,不讲道德理想,势必使物质生活失去正确的方向和真正的意义。

(三) 德与力

"德"指道德;"力"指生命力,表现为意志力、体力,引申为武力、军力等。孟子区分"以德服人"与"以力服人",说"以力服人者,非心服也,力不赡也;以德服人者,中心悦而诚服也"(《孟子·公孙丑上》)。提倡施行"仁政",以道德赢得民心,取得人民的拥护。与孟子尚德不重力不同,法家韩非重力不贵德,说:"上古竞于道德,中世逐于智谋,当今争于气力。"(《韩非子·五蠹》)他强调力的作用。汉代王充提出了"德力具足"的观点,兼重德力。应当说,王充的德力并重是人类生活的一个重要原则,也是治国之道的一个重要理念。

(四) 理与欲

"理",道德原则;"欲",物质生活欲望,指追求高于基本生活需求的欲望。宋明理学家宣扬"存天理,灭人欲",把道德原则与物质需要对立起来。清代思想家戴震认为理存乎欲,斥责理学家的"理欲之辨"为"以理杀人"。应当承认,精神需要高于物质需要,但离开物质需要也就没有精神需要,二者是统一的。

独立意志是人格价值的一个极为重要的内容。儒家强调人要具有独立的意志。孔子有一句名言:"三军可夺帅也,匹夫不可夺志也。"(《论语·子罕》)"匹夫"指平民,"不可夺志"即独立意志。孔子肯定平民百姓也有独立的意志。孔子又说:"仁者不忧,知者不惑,勇者不惧。"(《论语·宪问》)

他认为具有仁、知、勇就能充分表现独立意志。《孟子·公孙丑上》云:"志,气之帅也。"孟子认为意志、志向是精神状态的统帅。孟子提出"尚志"说,提倡发扬仁义——人的善良意志。他还提出独立人格的标准"大丈夫","富贵不能淫,贫贱不能移,威武不能屈,此之谓大丈夫"。强调大丈夫的崇高人格是坚持道德原则,不屈从于别人的意志,不随环境的变化而转移。古代道家、墨家也赞扬坚持独立人格,如《庄子·逍遥游》赞扬战国时独立思想家宋钘"举世誉之而不加劝,举世非之而不加沮"。整个社会赞美他时,他淡然处之;整个社会毁谤他时,他也不为所动。庄子提倡不顾别人的毁誉,坚持自己的见解、主张、原则,坚持自己的独立性和独立风格。

四 人的社会价值

个人的社会价值,指个人的社会作用,能满足社会的需要,对社会做出贡献。凡对社会做出贡献就有社会价值。据《论语·雍也》载,孔子认为,能够"博施济众",即能最大限度地解决人民群众的问题,满足人民群众的需要,就是圣人,也就是最有社会价值的人。

中国古代士大夫强调社会责任心。正如《大学》所规范的"大学之道"八个步骤,由"内"的五步——格物、致知、诚意、正心、修身,再到"外"的三步——齐家、治国、平天下。社会平安康宁要依赖于每个人的修身,而个人则只有为社会服务,才能实现其人身价值。这有别于西方学者的人文传统。西方学者多关注自然、探寻宇宙的本源与发展规律,追求超越现象世界的纯粹的客观的知识。中国学者更多地关注人本身,关注生活现实,关注国家政治,形成了独特的精神:一是人生的义务感,人生意义在于报效国家,先国家后自己;二是历史的责任感,为尽人生义务,不计报酬,甚至不惜牺牲性命;三是具有道德教化的使命感,关心社会道德秩序的维系和社会道德理想的追求；四是具有强烈的政治抱负，关心政治，参与政治，把政治与学术结合起来；五是具有深刻的忧患意识，关心民族的安危，国家的兴亡。在历史上，如孟子所说："夫天未欲平治天下也；如欲平治天下，当今之世，舍我其谁也？"（《孟子·公孙丑下》）孟子十分傲慢自负，但他的话也表现出了强烈的社会责任心。又如北宋范仲淹说的两句名言，"先天下之忧而忧，后天下之乐而乐"（《岳阳楼记》）；张载自述学术宗旨说，"为天地立心，为生民立道，为往圣继绝学，为万世开太平"（《近思录拾遗》）；清代林则徐说，"苟利国家生死以，岂因祸福避趋之"（《赴戍登程口占示家人》），等等，都是重视社会责任心的典型话语，这可以说是历代中国知识分子人文精神的重要内涵。

道家也是富有社会责任感的学派。与儒家不同，道家更具有忧患意识、批判意识，并表现为反省精神、批判精神。《老子·六十章》云："治大国若烹小鲜。""小鲜"即小鱼。这是说，如同烹小鱼一样，要细心掌握火候，不去肠，不去鳞，也不能翻动太多，以免小鱼碎了，失去美味。治理大国也是如此，要小心谨慎，不扰百姓。《老子·四十九章》又说："圣人无常心，以百姓心为心。"意思是圣人无私无欲，没有私心和成见，凡事以百姓的意见为意见，以百姓的意愿和要求作为治理国家的准绳。这也是道家的"以民为本"思想的表现。庄子富有反省和批判的精神，他揭示了儒家提倡的"仁义"的相对性，说："彼窃钩者诛，窃国者为诸侯，诸侯之门而仁义存焉，则是非窃仁义圣知耶？"（《庄子·胠箧》）指出"仁义"可能被某些人利用来达到满足私欲的不道德的目的。庄子还对于等级制度提出抗议，《庄子·马蹄》说："彼民有常性，织而衣，耕而食。是谓同德。一而不党，命曰天放。故至德之世……同与禽兽居，族与万物并，恶乎知君子小人哉？同乎无知，其德不离；同乎无欲，是谓素朴。素朴而民性得矣。"这段话虽有偏颇，但其重点和精义是否定君子小人的分别，也就是反对上下贵贱的等级差别，这在中国人文思想史上是一个重大的贡献。道家还揭示了文化生活中的缺陷、偏失和流弊，如老子就指陈声色之害,"五色令人目盲,五音令人耳聋,五味令人口爽,驰骋畋猎令人心发狂,难得之货令人行妨"(《老子·十二章》)。老子否定文化的价值是一种偏见,但批评文化的弊病则是深刻的。应当指出,忧患意识、批判精神是文化进步、社会平衡和历史发展的不可或缺的因素,有助于人们不断审视各种现存的价值和秩序,不断推动价值观念和社会秩序的提升和完善。中国古代历史表明,以儒家主流政治文化为主导的社会发生危机时,统治者往往转而采用道家的批判意识和政治理想来化解社会矛盾,推进社会发展。历史还表明,道家的批判言论有的虽过于极端、绝对,但批判精神不仅没有使道家成为社会的消极者、否定者,而是使它成为社会结构和秩序的积极建设者。老子说:"天之道其犹张弓也,高者抑之,下者举之,有余者损之,不足者补之。天之道,损有余而补不足。"(《老子·七十七章》)他认为自然的规律是减少有余,补充不足,以维护均衡。他批判"损不足""奉有余"的"人之道",主张社会公正平等、平衡和谐。道教还提倡"济世度人",强调人与人之间要互爱互助,"悯人之凶,乐人之善,济人之急,救人之危",表现出了强烈的社会责任意识。

五 人的自然价值

个人的自然价值不同于社会价值,是指对自然界的作用而言,即个人的言行能推动人与自然的和谐共生,促进人与自然的协调发展,有益于自然生态的积极平衡,就有自然价值。反之,损害、破坏自然生态,就不仅没有自然价值,而且必将危及人类自身的生存条件与空间。人是自然界的一部分,人不能离开自然环境而生存,维护自然环境是人的义务和责任,维护自然环境也就是维护人的生存。当今人类对自然生态的损害、破坏已达到相当严重的程度,为此在全社会积极树立人的自然价值观念,以自然为友,为自然生态平衡做贡献,对于我们构建和谐社会具有重大的现实意义。

中国古代儒、道哲学家重视"究天人之际",其重心即人与自然的关系。古代"天"的意义很复杂,一般而言有四种:主宰之天、命运之天、义理之天、自然之天。对于自然之天,即对待自然的态度,主要有三种学说:一是因任自然说。老子说:"是以圣人……以辅万物之自然而不敢为。"(《老子·六十四章》)庄子说:"常因自然而不益生。"(《庄子·德充符》)主张一切要顺乎自然,无为无造,不要人为地破坏自然。二是控制自然说。荀子强调"制天命而用之"(《荀子·天论》),也就是主张治理自然,利用万物以提高人类的物质生活。三是相互协调说。《周易大传》提出"裁成天地之道,辅相天地之宜,以左右民"的原则。"裁成",节制完成;"辅相",帮助。主张遵循天地之规律,辅助天地之所宜,适当调整自然,使自然更利于万民从事生产,安排生活。这是把人与自然的关系视为相辅相成的关系,以人与自然的协调和谐,也就是利用自然、改造自然、顺应自然、保护自然的统一为最高理想;既不同于"人类中心论",也有别于"自然中心论"。我认为人与自然相互协调说最具自然价值,值得我们继承弘扬。

道家和佛教高度肯定人的自然价值,具有崇高的自然责任感,是以其宇宙哲学理论为基础的。其重要观点有三:

其一,万物一体说。道家从道的观点来看万物,认为万物是齐同的。庄子说:"天地与我并生,而万物与我为一。"(《庄子·齐物论》)天地万物都和我们同生于"道",都同为一体。人与万物是一个有机的整体,人并不是独立于自然界之外的,人类是自然界的一部分,自然界也是人类生存的基础。庄子又说,"磅礴万物以为一","旁日月,挟宇宙,为其吻合",宣扬万物融合为一体。庄子还说:"吾在于天地之间,犹小石小木之在大山也。"(《庄子·秋水》)在广袤的宇宙中,人是渺小的,应当"无以人灭天,无以故灭命",不要用人为去排除天性,不要用世事排除天命。深切体悟与自然万物相通、万物一体的道理,会升起一种对宇宙的崇敬感,这是一极高的精神境界。热爱自然，尊重自然，顺应自然是这种境界的基本意涵。

其二，果报说。佛教提出"缘起论"的宇宙观，认为宇宙一切事物都是由于互相依待的条件或原因而形成的。也就是说，一切事物都是因果关系的存在，离开因果关系就不存在任何事物。佛教确立宇宙万物都受因果法则支配的原则，并在此基础上进一步提出人的善因必产生乐果，恶因必产生苦果的果报论。佛教从人类主体与世界客体的相依和统一中来论述人的生命及其生存环境，认为生命是生命主体与客观环境相互影响、作用的结果，而客观环境也因不断受到人类行为的影响、作用而改变自身面貌。佛教宣扬果报有依、正二报。正报是指由行为所召感的个体生命，依报是伴随正报而得的个体生命生活所依的国土、山河等环境世界。佛教强调人要做善事，以求为自身与所处环境带来好报。这是把人的内在信仰、外在行为与保护自然环境结合起来，内在地推动人们自觉地保护自然环境，具有独特的理论色彩和理论价值。

其三，生命平等说。佛教宣扬"众生平等"说，认为神、人、一般动物都是平等的，彼此只是迷妄和觉悟以及两者程度不同的差异。中国佛教天台宗和禅宗还宣扬"无情有性"说。"无情"指无感情意识的草木瓦石、山河大地。无情也有佛性，也能成佛。所谓"青青翠竹尽是法身，郁郁黄花无非般若"，说翠竹是佛法之身，黄花是般若智慧，也就是称翠竹、黄花都有佛性。苏轼在庐山东林寺也曾作偈云："溪声便是广长舌，山色岂非清净身？"此处溪声指东林寺山门前虎溪的潺潺流水之声，山色指庐山美丽的迷人景色，广长舌和清净身是佛显现的形象，意思是水声山色都是佛身的显现。佛教主张有情和无情都是平等的，用现代语言来诠释，也就是世界生态的因子是平等的。这种平等说具有两重认识意义：一是每个生物和非生物都有生存的自然权利；二是每个生物和非生物都有内在价值——佛性，都有向上提升的可能性。这对于人们关爱自然、尊重自然、敬畏自然是有启迪意义的。佛教徒的不杀生、放生、护生、素食等，就是佛教环境伦理实践的具体表现。

中华传统人文精神的主流,即重视人类价值、人格价值、社会价值、自然价值的基本观点,都是比较正确的、有生命力的,不仅在历史上发挥了积极作用,而且对当前构建和谐社会、全面建设小康社会,都有重要的现实意义。历史是不能割断的,我们要继承这份珍贵的遗产,来提高中华民族的素质,以推进建设事业和改革事业的不断发展。同时,我们应当清醒地看到,中华传统人文精神的缺陷,诸如比较忽视个性,比较忽视逻辑与科学,比较忽视法制和法治,比较忽视力量,以及狭隘的宗法观念、森严的等级观念等,都是不可取的,是应当否定的。

吸取中华传统人文精神的优秀成果,批判中华传统人文精神的缺陷,对于形成当代的人文精神有着重要意义。我们要对传统价值观念去粗取精,去伪存真,从理论与实践相结合的高度,着重正确地阐明个人的物质生活与精神生活的关系、人与社会的关系、人与自然的关系三个基本关系,从而为新时代的人文精神奠定坚实的思想基础,确立正确方向,这必将极大地促进中华民族人文素质的提高,推动中华民族的复兴。

胡锦涛总书记提出了社会主义荣辱观,概括了社会主义社会的主导价值体系,发展了中华人文精神的重要理念,如提出了"以崇尚科学为荣,以愚昧无知为耻","以遵纪守法为荣,以违法乱纪为耻",强调科学、法制,弥补了以往人文精神的缺陷。又"以诚实守信为荣,以见利忘义为耻",以"诚实守信"为"荣",即传统道义的根本内涵,这都具有重要的现实意义。

辉煌的中华早期文明

李学勤
清华大学历史系教授

李学勤

1933年生,清华大学教授、国际汉学研究所所长,国家"夏商周断代工程"专家组组长、首席科学家,国务院学位委员会历史评议组组长。主要有《走出疑古时代》、《古文献丛论》、《中国古代文明研究》等著作。

>>> 一方面是中国早期文明的长度,所谓长度是指中国的早期文明是怎么样的久远,它又怎么样在历史长河里绵延传承下来;第二方面是中国早期文明的广度,是指这一文明的分布传播,以及对周围世界的影响作用;最后,我们再看看中国早期文明的高度,就是它在发展过程当中达到了怎样的高峰。

>>> 中国古代文明不只是社会上普遍的文化,它上升到系统的哲学理论,这是一个非常重大的特点。

我讲的这个"辉煌的中华早期文明",实际上是非常大的题目。大家都知道中国有着悠久的历史、深邃的文化,这是全世界所公认的。中国的文明有5 000年之久,要来阐述这样的文明,即使只是它的早期阶段,这也是一个很大的任务。所以我想在这里要用我自己所能了解的一些知识,给大家介绍中国早期文明为什么是辉煌的,它的光辉在于什么地方?

我想从三个方面来说:一个方面是中国早期文明的长度,所谓长度是指中国的早期文明是怎么样的久远,它又怎么样在历史长河里绵延传承下来;第二方面是中国早期文明的广度,是指这一文明的分布传播,以及对周围世界的影响作用;最后,我们再看看中国早期文明的高度,就是它在发展过程当中达到了怎样的高峰。我想通过这几点,来说明中国古代文明是真正辉煌的。

一 中国早期文明的长度

中国早期文明的长度,或者叫中国文明起源的久远。关于这个问题,为了使大家能有一个量上的认识,最好先从世界古代文明的比较谈起。

人们常常说有四大古代文明,这个提法过去在我念书的时候,在中小学课本里都有。所谓四大古代文明就是古代埃及、古代美索布达米亚也就是两河流域、古代印度和古代中国,这是所谓旧大陆上的四个古代文明。大家可能会问为什么没有提到希腊、罗马,这是由于这四大文明都是独立起源的最早的文明。古代文明实际上很多,可是并不都是独立起源的。比如与我们最近的日本,同样也有悠久的文明历史,而且有突出的特色。可是,甚至在日本历史上的特殊时期,日本学者也没有说日本文明是完全独立发展的,因为日本文明是在中国文明以及其他有关方面的影响之下发展起来的。古代希腊、罗马的文明也是在近东一些文明的影响之下发展起来的。因此,说到旧大陆上独立发展起来的文明,主要就是刚才提到的四大古代文明。

大家都知道,这四大古代文明里面,我们中国的文明有一个突出的特点,就是它从起源一直绵延下来了。在这一点上,和其余的三大文明不一样,它们都没能做到像我们这样连续传承到现在。

波斯人进入埃及之后,古代埃及的文明实际上已经逐渐衰落,特别是到了希腊化时期,埃及的古代文明基本上就衰亡了,古代埃及的文字后来也没有人能够认识。欧洲中世纪时代,埃及古代的古文字由于刻在石刻上,人们都能看见,但是他们认为这是一种异教的符号,并不认为是古代文字的遗存。直到1923年古代埃及文字得到解读之后,人们才逐渐将埃及文明挖掘出来重新了解和认识。古代美索布达米亚文明更是如此，因为楔形文字同样早就没有人能认识了，也是经过解读才能理解那里有那么古老复杂的历史。古代印度文明也是如此，当时还不是后来的印度人，是公元前3 000年左右在印度兴起的文明，后来印欧民族进入印度，那个文明就消失了。

只有我们中国的文明，带着它光辉的历史流传下来，经过了许许多多朝代，说不尽的风风雨雨，一直传承到现在。今天我们所有的中国人，仍然是这个文明传统的负载者，它还将影响着我们，我们还要对它进行研究。如果我们不了解、不研究中国古代的文明，我们对整个中华民族的文化传统就无法深入理解。

借今天这个机会，我们把古代埃及的年表和中国古代的年表大致对比一下，大家就能有一个印象。

前一段我们实施了一个科研项目——"夏商周断代工程"，于2000年结题，当时出版了工作报告的简本，里面有一个《夏商周断代工程年表》。这个年表只能说是我们这一批工作者，在一段时间内所能达到的最好的成果。这个成果现在逐渐被国内采用，国外也有人开始采用。古代埃及年表也是一样，有关研究及研究的发展所用的时间比我们要长得多，有了国际上较为公认的结果。下面我用的古代埃及年表是根据1994年牛津大学一位教授写的《古代埃及史》，它具有权威性，2001年还经过台湾一位埃及学者的校正。这个年表和我们的年表一样，越古老的年代就越不那么准确，这点可以理解，但是大家可以对大致的情况进行对比。

大家知道，古代埃及一般分为前王朝时代、古王国时代、中王国时代、新王国时代，然后进入了波斯占领和希腊化时期，按埃及古书记载，其间有从第一王朝到第三十一王朝。我们的历史，根据《史记》，第一篇是《五帝本纪》，即五帝时期。大家传说的炎黄二帝，黄帝就是五帝时期的开始；然后是《夏本纪》，夏代；《殷本纪》，商代；《周本纪》，周代……这是我们的历史。

我们看一看，牛津大学教授的那个年表，它从前王朝时代开始，也就是第一和第二王朝,按现在的估计,大概是公元前3150到前2700年。古王国时期,也就是第三王朝到第六王朝,是公元前2700到前2200年。然后有第一中间期,是第七王朝到第十王朝,公元前2200到前2040年。接着是中王国时代,第十一王朝到第十二王朝,大概是公元前2133到前1785年。其后有一个第二中间期,第十三王朝到第十七王朝,是从公元前1785到前1552年。接下来是新王国时代,第十八王朝到第二十王朝,从公元前1552到前1069年。然后有一个第三中间期,是第二十一王朝,从公元前1069到前945年。总结起来分成三大段,古王国:公元前2700到前2040年,中王国:公元前2133到前1552年,新王国:公元前1552到前945年。如果大家现在手头有一张《夏商周断代工程年表》的话,你会有一个惊人的发现,就是我们的几个大朝代跟古埃及这几个时期的划分差不多,这一点是很有趣的,可能大家没有注意到。

传说中的炎帝、黄帝,按古书的记载推算,大约就是公元前3000年左右。接着是夏朝,根据"夏商周断代工程",我们从考古学、天文学等各方面给出了一个估计数字,是从公元前2070年开始;夏的灭亡、商的开始,我们估计是公元前1600年;商的结束,也就是周武王伐纣的年代,我们把考古学、天文学、文献、古文字等各方面的资料集中起来,选择了一个最好的年份——公元前1046年。现在来对比一下,大家就会发现两者的共同性,埃及的古王国时期大概是在公元前2700到前2040年,如果算上前王朝时期就是公元前3150到前2040年,而我们的五帝时期大约是公元前3000到前2070年,这很接近了。特别是埃及第一中间期的最后,和夏只差30年。再看中王国时期和夏代对比,中王国时代加第二中间期是公元前2133到前1552年,我们是公元前2070到前1600年,这个数字只差约50年。然后是新王国时代,公元前1552到前1069年,如果加上第三中间期是到公元前945年,而我们的数字是从公元前1600到前1046年,数字还是相当接近的。当然这个没有什么特殊意义,我们不是宣传历史定命论,也不是苏联

《世界通史》中的"同时代法",只是给大家看,古代人类的文明,在不同的地方有各自独立的起源和进程,可是它们的发展还是有某种共同性的。我们的五帝时代大约相当于古代埃及的古王国时期,夏代与中王国时期、商代与新王国时期大体相当。这一点只供大家参考,我不做过多的引申。

二 中国文明的起源从何时算起

我们下面要讨论:中国文明的起源到底在什么时代?刚才我们谈到了五帝的传说,五帝在近代很长时期被认为只是神话传说,没有真正史实的意义。看一些外国学者的书,公认的中国文明起源是从商代开始,如果是这样,就是公元前1600年。甚至于有人说是从发现甲骨文的商代后期开始,那么就要从盘庚迁殷来算。大家都知道,商王盘庚把首都从奄迁到了殷,也就是今天河南安阳的殷墟,此后商朝再没有迁过都。盘庚迁殷大约发生在公元前1300年,也就是说我们的文明是从公元前1300年开始的。

现在我们看起来这种说法不太公正。因为不但古书里的记载比这悠长得多,而且考古学的客观考察也表明商代已有很发达的青铜文化,它的文明已有非常大的发展了。以文字为例,我们现在知道甲骨文里有多少不同的字呢?大约4 000到5 000之间,没有很准确的数字,因为学者对字的释读与其分合的关系没有一致的看法。通过这个量级就可以知道当时的文字已有了很大发展。大家知道,我们学任何一门外语,认识4 000个字,已经很不错了。我小时候念英语,口袋里放一本书《英语4 000字》,把那些字都背会了,就过得去了。实际上我们今天报刊上的常用字,也不过五六千个,里面还有一些字属于姓氏、地名,是不常使用的。甲骨文里面有4 000多个不同的字已经很了不起了,而这4 000多个字还不是当时文字的全部。甲骨文是商王和贵族用于占卜的,内容不可能包括当时生活和文化现象的各个方面,因此它不可能把所有的字都包括在内,今天我们任何方面的一本书也不可能把所有的字都包括在内,除了字典,所以当时的字一定要在5 000个以上。从这一点,大家都可以体会到商代绝对不是一种很原始的文明,文明的起源要比它早得多。如果,再加上夏代也不过就是再往前推进400多年,还未必是我们文明的起源,还要再往上推,估计说5 000年文明史是有一定根据的。

当然,在这方面我们不能感情用事,一定要以科学的态度进行探索和研究。究竟我们的文明起源可以估计到什么时候,文明从起源到发展的过程是什么样的?我强调我们是在探讨当中,今天并不能给大家一个答案。

三 文明的评判标准是什么

在这里,我想特别说明一下,什么叫做文明?文明是人类发展史上的特殊阶段,是人类脱离动物界后进一步脱离了原始野蛮状态的阶段。我们从考古学上怎么来判断呢?考古学发现和研究古代的物质遗存,现在我们主要依靠考古来论证文明起源,就需要在考古方面找到文明的标志。这不只是中国考古学的问题,也是一个世界考古学的普遍问题。对于考古学中的文明标准,国际上现在有一些通行的标准。这些标准是外国学者在考古工作中提出的,是不是完全适合中国的情况,当然还需要进一步考虑,可是直到今天为止,我们国内学术界还是在使用这样的标准。

我在这里向大家介绍一下这些标准是怎么出现的?这些标准得以流行是由于一本很流行的书。这本书1968年出版,作者格林·丹尼尔是英国学者,他长期担任剑桥大学考古学系主任,主要研究欧洲考古,而他还研究考古学的历史,担任过世界考古学史会议的主席。他写了一本书叫《最初的文明》,副标题是"文明起源的考古学",书虽然很小,可是很流行,成为西方国家考古专业学生的必读书,不单在英国出版,美国等一些地方都有版本。就是这本书把刚才说的考古学上通行的文明标准普及到了全世界。其实这些标准并不是由丹尼尔提出的,我们仔细读一下他的书就知道,这是在1958年美国芝加哥大学东方研究所召开的一次研讨会上提出的。芝加哥大学东方研究所在近东考古和历史方面的研究是很权威的,这个研究所当时召开了一个近东文明起源学术研讨会,会上有一位学者叫克拉克洪,他提出了文明的三条标准,而后经丹尼尔补充,通过《最初的文明》一书在全世界得到了普及。

这三条标准是什么?第一条标准就是要有城市,就是发掘出的遗址中应该有城市,如果都是原始的小聚落是不行的。要有城市,也就是要有城市和乡村的对比和差别。这个标准还有量的限制,作为一个城市要能容纳5 000人以上的人口。第二个条件是文字,没有文字的文明很难想象,因为没有文字的发明,人类的思想文化的积累就不可能存留和传播。第三个条件是要有复杂的礼仪建筑,什么叫复杂的礼仪建筑呢?简单来说,就是一个建筑物不是为了一般生活需要而建造的,而是为了宗教的、政治的或者经济的原因而特别建造的一种复杂的建筑。比如说古代埃及的金字塔,任何人去参观,站在金字塔前,对着狮身人面像,都会感觉到这是一种文明,这是没问题的。你不能说它是原始的,还是处在蒙昧、野蛮的状态,因为金字塔是坟墓,如果仅为了一般需要,无论如何也不需要建造这样大的建筑。它之所以被建造,是因为要尊重法老,使法老的神灵可以永存,这就代表了文明时代的阶级分化和统治。

由克拉克洪归纳提出、经过丹尼尔推广的考古学上的文明标准,就是这三条。他们说,由于古代遗留的信息很少,只要有两条就够了,而在两条里面,文字是不可缺的,有了文字再有其他的一种,就可以认为是文明社会了。这个看法传到东方,不管是在日本还是中国,学者都觉得有点不够,提出来最好再加上一条,就是冶金术的发明和使用。现在在我们国内,冶金术被普遍认为是一个标准,那么我们就有四条标准了。当然,这些标准是不是真正适合我们中国古代的历史状况,我看将来还可以讨论研究。

四 从都邑遗址看中国早期文明

在我们的考古工作中,什么样的遗址最适合用刚才所说的四个标准来考察、衡量呢?我想大家容易理解,最好是有都邑的遗址。因为都邑最能够判断那个时代是不是符合文明的标准。

中国早期的都邑,考古学上最早发现的是殷墟。1899年发现了甲骨文,1928年开始发掘殷墟,抗战以前进行了15次发掘,到1950年恢复考古工作,首先就是继续发掘殷墟,一直到今天,殷墟发掘就没有停止过。殷墟是商代晚期的都邑,完全符合文明条件,不需要讨论。比殷墟早的都邑,一个很好的例子,就是上世纪50年代发现的郑州商城,我记得自己上世纪60年代初经过郑州的时候,车站广播已经说它是商朝的都城,后来大家又怀疑,一直到"文革"之后,这个问题才最后确定了下来。郑州是一个总面积不比殷墟小的商代都城,但比殷墟要早。再往前,前些年又发现一座在河南偃师的商代都城,很多学者认为这是汤的首都,它的位置和时代都是合适的。商代我们不需要多讨论了,因为商代是公认的文明社会,这是没有问题的。

夏代是考古学界探寻多年的重大问题。商代已经论定了,夏代难道就一点根据也没有吗?上世纪50年代末,中国科学院考古研究所的徐炳昶先生带领一批学者到传说中夏的地区进行调查,在他们的调查当中确定了一个重要遗址,就是偃师二里头。经过多年的发掘和调查,对二里头的面积、内涵都比较清楚了,它符合文明的条件。二里头有大型宫殿,还有很多的墓葬,出土的青铜器、玉器、陶器上刻着可能是文字的符号,已经是一个文明社会了。它的时代、地理位置和我们文献记载的夏相吻合,多数学者同意二里头文化是夏文化。

还能不能再往前推？这就是现在我们要探讨的问题。大家在报刊上或许已经注意到一个重要遗址，就是山西襄汾的陶寺。陶寺遗址的时代又比二里头早，它属于考古学上龙山文化的晚期，根据现在测定的材料，其时代大概是从公元前2600年到前2200年，早于夏代。这个遗址有城，城的面积是中原地区龙山文化城址里面最大的。它有城墙、有宫殿。与此相配合，它还有大量的墓葬，其中有些较大的墓出土了很多令人惊奇的东西，最引人注意的是礼器，反映当时的礼乐制度，是文明社会的产物。比如礼器中的磬，和后来的很类似，是三角形的，挂起来可以奏乐；还有鼓，用陶土烧成圆筒形，上面用鳄鱼皮覆盖，也可以敲击。还有陶制的礼器，比如一种很大的陶盘，里面画着一条盘旋的龙，这和后来的商周青铜礼器，在构造、艺术上是一脉相承的。我们中国社会科学院古代文明研究中心就用这个龙纹作为标志，它是文明的一种象征。陶寺遗址还有文字，前几年在那里出土了一个残破的陶背壶，就像军用水壶一样，一面是扁的，一面是鼓的，可以带在身上。在这个残破的背壶上，有一个用毛笔沾朱砂写的"文"字，这个字又大又清楚，所有人看见后都没有怀疑。陶寺又发现有金属，金属器物出土已有好几次。最近又发现了一个铜环，它像齿轮一样，非常规整，经过检测，这个环是砷青铜的。砷青铜在近东是相当普遍的，我国过去只在西北地区有些发现。

陶寺最近一项很重要的发现，就是有一个"观象台"，虽然其性质还不能最后确定，但可以在这儿向大家介绍一下。陶寺城的中心有一个宫殿区，里面有一个部分经过发掘，是一个扇面形的建筑，前面是半圆的。这个建筑分为三层，最里面的一层有夯土柱的遗迹，排列紧密，柱与柱之间有缝。在2003年冬至那一天，发现在一个缝里面正好看见日出。大家知道地球公转在三四千年的时间里没有很大的变化。后来在其他节气还有一些观测。如果"观象台"这一点能够确定的话，将是天文考古学上的重大发现。它和古书《尧典》里的观象授时是很适合的。《尧典》一项主要的内容就是观测天象,确定历法。据说当时有一年366天的历法,有闰月。尧的年代正与陶寺遗址相当,传说中的尧都平阳正在襄汾附近。

总而言之,我们通过这些材料,已经可以看到中国文明起源非常早,而且有它本身的特点,这是我今天在这里讲的第一点。

五 中国早期文明的广度

中国早期文明的广度,这包括早期文明的分布,以及这种文明所起影响的范围。

可能在座的有些朋友已经注意到,在上世纪80年代以来,历史学、考古学界出现了许多很重要的观点。在历史学方面,特别强调中国自古是多民族、多地区的国家,我们光辉的传统文化是由各个民族和地区共同缔造的。把这一点综合起来,就是费孝通先生提出的"多元一体"。在考古学方面,苏秉琦先生首先在新石器时代的文化研究中提出"区系"研究的概念,得到许多学者的发挥引申,从而显示出中国文明起源和发展的多线性。

过去把中国文明的历史基本上看成是单线的,既有思想的原因,也有实际的制约。在历史上,所谓"内华夏而外夷狄"的思想根深蒂固,由之衍生出华夏中心论,或者叫做中原中心论的狭隘观点,而在早期的考古工作中,由于人力等客观限制,成果大多数也只是在中原一带以内。只是到"文革"以后,各地方的考古力量逐渐充实扩大,才使局面有很大改观,大量的发现不是以前所能够预料的。

为了说明过去看法的狭隘,不妨以长江流域,特别是长江中游地段的荆楚地区为例。清代著名学者顾栋高作《春秋大事表》,有一篇专论讲春秋时期楚国的领域不过长江。直到民国时期,还有学者认为《楚辞》里的地名都在江北，连屈原的卒地也是一样。可是地下的文物遗迹提供了相反的证据，湖南省境内不断发现商周遗物，尤以商代晚期的青铜器为多，制作还特别典重精美，有人就说是从中原输入，甚至是近代才带来的。对此，湖南省博物馆的高至喜先生有一系列论文，以确切的考古材料加以反驳，大家可以看他的文集《商周青铜器与楚文化研究》。不过，他早在1981年发表的《"商文化不过长江"辨》一文，已经把问题讲得相当清楚了。

谈到商代的文化，上世纪80年代在长江流域有两次震动学术界的重大发现，就是四川广汉三星堆的两座器物坑和江西新干大洋洲的一座大墓。现在考古学家已经称它们分别属于三星堆文化和吴城文化。

广汉三星堆位于成都平原，根据文献是在古代的蜀国。传统的看法，蜀地很封闭，长期不与外界交通，所谓"蜀道难，难于上青天"传诵于妇孺之口，可是现在通过考古实践知道，那里和中原一直是保持着联系的纽带，在那里能够看到中原文化明显的影响，尽管这种影响大概是间接的。从种种迹象看，比如三星堆的青铜器可能是受荆楚地区的影响，而荆楚地区又在中原商文化的影响之下。商文化的影响通过三峡进入四川，还可能由陕西汉中的城固、洋县一带也影响到四川。

新干大洋洲大墓所出的器物，也很容易看到中原商文化的影响，而与它相邻近的湖南的关系，反而没有那么强烈和明显。估计商文化的影响是由河南、湖北直接进入江西赣水流域的。

上面举的不过是个别例子。商文化的影响非常广大，即以青铜器的出土而论，北到内蒙古，东到大海，西到甘肃东部，南到广西，都有商文化类型的器物发现。如果以玉器来说，影响还远到境外的越南北部。

有人把黄河、长江说成中国的"两河"，其实中国文明的分布何止这两河？我们决不可限制我们的视界，这样才能充分认识早期文明分布和传播的宽广性及其多样性。

在充分强调中国早期文明多线性、多样性的同时，断断不可低估这一文明各地区间的共同性、统一性。事实上,只有存在着共同和统一,多线、多样的各地方文化才作为中国文明的组成部分而存在。再有,在不同的历史时期,多线、多样的地方文化的发展也不是平衡的。尤其是在夏、商、周三代王朝,王朝的首都一直在中原(广义的)地区,中原地区还是全国的核心。

近些年,不少学者指出中原文化——有些论作称之为"河洛文化"的重要性不应被忽略。这不是要恢复中原中心论,而是说明一个不可抹杀的事实,即在历史的若干关键性的当口,特定的地区会起特殊的作用。历史学和考古学的研究都表明,我们的先人真正脱离原始的状态而进入文明的门槛,正是在中原地区。从唐、虞到夏、商、周,都邑都在这一地区,司马迁在《史记》的《货殖列传》里便说:"昔唐人都河东,殷(即商)人都河内,周人都河南。夫三河在天下之中若鼎足,王者所更居也,建国各数百千岁。"

中原中心论只讲中原文化对周边地区的传播影响,我们则主张文化的影响每每是双向的。中原地区之所以有其特殊地位,很重要的就是能够融合吸纳周边的种种文化因素。相信在今后的发现和研究中,这一点会进一步得到证实。

六 中国早期文明的高度

大家都知道,近些年流行的一个学说,就是人类在古代有一个所谓"轴心时期"。这个说法是雅斯贝斯提出来的,是说在公元前6世纪到前4世纪这一段时间,全世界出现了几个辉煌的文明高峰,出现了重要的人物。在西方有希腊的哲人时代,在印度有佛教的兴起,在以色列有犹太教的先知们,在中国有孔子、老子,以至后来的诸子百家,人类的文明便是从这里演变进展的。不管这个说法有多大意义,中国从春秋晚期到战国,确实有一个文明发展的高峰。问题是,我们怎么看待它的高度?它有什么特点,特别是我们从新发现的材料方面会有什么样新的认识,这就是我想在下面要谈的内容。

（一）考古成果为中国古代文明发展的高度提供了大量佐证

这个问题也可以从考古方面得到新的认识,为什么这么说呢?因为近些年来,考古学方面有一项重大发现,有的学者甚至说是最重大的发现,就是大量的简牍帛书,简称为简帛。简是用竹子、木头编连起来,是我们中国人最早的书写载体。各国古代文明都有文字,但是文字的载体不一样。古代埃及用纸草纸,纸草这种植物咱们中国没有,他们把纸草截取下来连接,然后压平,晾干后就成为类似纸一样的东西。古代美索布达米亚等地在泥板上面刻画出楔形文字,然后焙干。各有各的做法。中国人的伟大发明就是竹木简,用竹子、木头这些随手可得的东西,做成条状,一根一根编连起来叫册。中国人还有一个发明就是养蚕,生产出白色的丝织品叫帛,既可以写字,还可以画图,比竹木简又好多了,可是它有一个缺点,就是太贵不能普及。汉代发明纸之后(纸的发明也可能还早一点),到了南北朝完全用纸,简帛就退出了。简帛书籍的发现是非常重要的,历史上曾经有过两次,在西汉和西晋,这两次发现都在很大程度上影响了学术史,今天不在这里讨论。

现代第一次发现这种古书是1942年,湖南长沙子弹库这个地方,有盗墓贼挖掘一座小墓,发现了一个竹编的盒子,里面就是帛书,有一幅是非常完整的。我们一直以为只有一幅,其实还有很多,只不过已经破碎了。这些东西,被一个在那儿教书的美国人带到美国去了,现在还在华盛顿,由赛克勒基金会保存。国内原物只剩下很小的一块,在湖南省博物馆。这件帛书是楚文字,楚文字是很难读的,所以一直到今天仍没有完全解读,不过它的内容是数术方面的,在学术上的影响还不是很大。

重大的发现是从上世纪70年代开始,我简单说一下大家就可以知道了。1972年,在山东临沂银雀山1号汉墓,出土了大量竹简兵书,最主要的是《孙子兵法》和《孙膑兵法》。1973年,在湖南长沙马王堆3号汉墓出土了大量的帛书和竹木简,帛书最多,有《周易》、《老子》等书籍,是汉朝初年的。1975年,在湖北云梦睡虎地11号墓一个小墓里面,出土了大量的秦代的竹简,这是第一次看到用墨笔书写的秦人手迹。当时我直接到那儿去,有幸看到满满一棺材都是竹简,主要是秦代的法律。1977年,在安徽阜阳双古堆1号汉墓也出土了竹简,有《周易》、《诗经》等。1983年,湖北江陵张家山247号汉墓出土了大量的竹简,主要是汉初吕后时代的法律。1993年,湖北荆门郭店1号楚墓出土了大量的战国时代的楚简,主要是儒家和道家的著作,道家是《老子》,儒家有《子思子》,还有其他的书籍。大致同时,还有一个墓的楚简被盗掘,流传到了香港,由上海博物馆在1994年收购回来,内容和郭店简差不多,也都是儒家、道家的书籍。还有很多小的发现我在这里就不介绍了。

(二) 对中国古代文明发展高度的新认识

这些应该说是现代学者的眼福,有的连汉代的人也没有看过,我们居然发现了,能够进行研究,不能不说是我们的幸运。这些材料出现后,很多学者公认,确确实实是要重写我们的学术史,因为跟我们过去的想法不大一样。传统的想法,特别是从晚清以来的疑古思潮,对很多古书是怀疑的。当然,疑古思潮在政治和文化史上是进步的、有很大成绩的,可是它也有一种副作用,就是否定太多,古代历史变得好像没有多少内容了。现在我们发现这样大量的材料,给我们带来了新的认识。我个人意见,主要表现在两点上:

第一,当时的学术思想,不但是繁荣发展,百家争鸣,而且我们想象不到其影响的深远能达到像新发现材料所告诉我们的那种程度。例如,过去常说,儒家的传播西不到秦,南不到楚。孔子周游列国,可能还不如我们今天开着汽车在高速公路上转一两天所到的范围。孔子往西没有到秦国,去晋国实际上也只是到了边上,往南只到了今天的河南信阳,没有到楚国的腹地，所以儒家的影响似乎就是在中原一些国家的范围。但现在来看不是这样，至少在孔子之后，他的弟子，二传、三传，儒家思想的影响已经非常广泛。我们刚才谈到的出土大量战国儒家竹简的地方，是楚国首都的郊区。当时楚都在郢，也就是现在的江陵纪南城遗址，周围可以看到大量楚国墓葬群，有的墓很大，到现在还保存着很大的山包。出土这个简的郭店1号墓只是一个不起眼的小墓，经考证墓主可能是楚太子的一位老师，时代是公元前300年或者更早一点。这个人带走了这么多书籍，其中有《老子》。《老子》在楚国出现是容易理解的，老子原本是陈人，陈被楚所灭，他也可说是楚人。可是没想到儒家竟有这么大的影响，郭店简里面有子思一派的著作，而且是非常高深的、具有很强哲理性的作品，居然在楚国太子的一个老师的墓里出现，所以当时的儒家学术影响已经远到了楚。楚国不是华夏，乃是所谓荆蛮的国家，是被排斥在中原文化之外的，可是它居然有这么高的儒家文化，这在以往很难理解。

最有意思的是，上海博物馆的简也是在这一带出土的，其中有一篇《武王践阼》，后来收录在汉朝人整理的《大戴礼记》里。在上世纪70年代的时候，考古学者在河北平山发现了一个大墓，是战国时的中山王墓，中山国也不是华夏，是狄人的国家。中山王的随葬铜器的铭文就引了《武王践阼》的话。这个墓是公元前307年左右所建，和郭店墓的年代相差不多，一篇很普通的儒家学术著作，往北传到了河北中部山区的中山国的王墓，往南传到了湖北荆门一带楚都郊外的墓葬，可见当时的学术影响有多么广泛。主要的学派道家、儒家作为一种共同的学术思想，流传如此广远，超乎我们的想象。诸子百家当时如此兴盛，影响如此巨大，以至形成了中国传统文化的基础，现在看来就不足为奇了。

另外一点，就是通过发现这些书籍，从战国时代一直到汉初的，我们看当时的学术发展究竟是怎样的呢？首先要看这些书都是什么书？当然，这里面也有一些日常用书，比如《日书》等，用来择吉、算卦之类的，没有多高的文化价值，可是占相当大比例的是高级学术，不是一般的作品。比方说郭店简，其中有些是子思的著作，如《五行》篇，子思和孟子讲"五行"是战国晚期的荀子提到过的，荀子和子思、孟子学派的观点不一样，对此进行了很尖锐的批评。《五行》篇久已佚失了，现在在马王堆帛书里发现了，在郭店竹简里也发现了，可见当时非常通行。这篇著作非常难读，它讲的是人的性和德之间的关系，这是很深奥的问题，不是一般的民众所能够理解的。在郭店简与上海博物馆简里面还有一种《性情论》，讲的完全是抽象的范畴。过去我们看《论语》说夫子之言性与天道，不可得闻，好像孔子是不讲性和天道的，其实不是这样。《性情论》作为孔门学者的作品，过去我们根本不知道。它讨论的完全是天道、性命、情性等，可以讲宋明理学所讨论的一些哲学概念，这里面都讨论到了，这些绝对不是当时一般民众所能够理解的。《老子》也是一样，不但有《老子》本身，而且还有解说《老子》的一些作品。例如上海博物馆馆藏简的《恒先》，同样非常富有哲理性。不管是儒家还是道家，给我们展示的是一个哲学的世界，让我们看到当时哲学思想是高度发达的。

过去由于疑古思潮的影响，我们对很多古书不相信。比如在上世纪20年代，梁启超就说过研究孔子和孟子之间的思想应该看《礼记》，然而有人说这些都是后人写的，甚至说是汉朝时作的，不能相信。现在只要一看竹简就明白了，《礼记》中许多内容就是当时的著作，就可以研究儒家孔子到孟子之间的演变。更重要的是，我们能识别孔门七十子或者七十子弟子的著作，比如子思、子游等人的著作，我们也就更接近孔子，因为他们本来就是最接近孔子了。对于道家，也可以看到老子到庄子，甚至《淮南子》之间的演变。我们认识了《老子》以下道家著作的面貌，也就更理解老子的本意了。这在学术史上，特别是哲学思想研究上，就和过去不同了。

通过这些，我们进一步看到了中国古代文明的高度。中国古代文明不只是社会上普遍的文化，它上升到系统的哲学理论，这是一个非常重大的特点。

我今天只有这样短短的时间,让大家从中国古代文明的长度、广度和高度这三方面看到中国古代文明的悠久、博大和辉煌。

最后,我再用两分钟时间讲一个想法。现在很多人说中国考古学已经处于黄金时代,我想最好说处于黄金时代的开始阶段。中国的现代考古学,如从中国人自己主持田野工作算起,至今还不到80年,比起约200年的世界考古学史,我们是很短的,相对于古代埃及、古代美索布达米亚等地的考古工作,虽然我们的土地比它大,我们的历史比它长,但我们考古的时间却短得多。我们没做的事还有很多。我们的事业大有希望,至少还可以做200年,可以预期21世纪、22世纪,甚至到23世纪,我们都可能有重大的发现,所以,今天我们不宜对中国古代文明的辉煌程度做太多的推论。

守望中华礼仪之邦

彭 林
清华大学历史系教授

彭 林

1949年生。清华大学人文学院历史系教授、博士生导师、经学研究中心主任，兼任国际儒学联合会理事、中国人民大学国学研究院兼职教授等。长年从事中国古代史与学术文化的研究，尤其是对古代礼学以及《周礼》、《仪礼》、《礼记》等礼学经典的研究。

>>> 中华文明的核心是什么？这在学术界是见仁见智的问题，我认为是礼。
>>> "人文基因"不仅有继承性，在某种程度上还会有所遗传。
>>> 礼是全社会的行为规范，只要全社会都遵守礼了，移风易俗的目标就可以实现。

众所周知，礼仪是文明民族的标志，世界上所有的文明民族都有自己的礼仪。我们中华是千年文明古国，礼仪文明真是粲然大备，"礼仪之邦"这个词正是对它的赞誉。可是近代以来，由于非常复杂的原因，中华民族的礼仪受到了过度的批判，甚至被全盘否定，我们的生活中有些人甚至连起码的礼仪规范都没有了。正是这种"文化自戕"，动摇了我们民族自信和文化自尊的根基。如今，大家才发现由于礼的缺失所带来的问题。但是，"中华礼仪之邦"的内涵，并非只是指点头哈腰、鞠躬作揖之类的交际礼仪。它的内涵非常之广泛，我们应该怎样认识它？在当代它还有没有价值？这些问题都需要来做深入的探讨。

一 怎样认识中华礼仪之邦

中国文化不是西方文明的分店，也不是西方文明的复制品，它是世界上为数很少的几个原生文明之一,是东方人智慧的结晶,有着鲜明的文化个性。有一位著名导演说:"中华文明博大精深,随便舀一勺都是精彩的。"这话只说对了一半,中华文明确实非常浩瀚,精彩之处在多有,但它决不是一锅粥,无论怎么舀都一样。这些年各地的"文化热"蔚为大观,茶文化、酒文化、豆腐文化、小枣文化等,无所不及。再看书摊上,青楼文化、乞丐文化、流氓文化之类的书触目皆是。这些当然都是文化,也应该研究。但是,毋庸讳言,它们都不是中国的核心文化。

(一) 中国传统文化的核心是礼

中华文明的核心是什么?这在学术界是见仁见智的问题,我认为是礼。有人会说,你这是卖什么吆喝什么,因为你是研究礼的,所以才会把礼抬得这么高。可是对不起,这一说法的发明权不是我的,而是属于著名的史学家钱穆先生。早在上世纪60年代,钱先生就先获我心。钱先生在台北的素书楼会见一位美国学者时说:"你对中国文化的认识,只是看到了它的手指和脚趾,要了解中国文化必须站到更高来看到中国之心。"钱先生非常明确地说道:"中国的核心思想就是礼。" 为什么可以用礼来统领中国传统文化呢?钱先生强调了以下两个要点:首先,"在西方语言里没有礼的同义词","西语中没有礼这个概念,西方只是用风俗之差异来区分文化"。正因为如此,欧洲国家的地域多"小国寡民"的特征。而在中国,方言、风俗可以彼此歧异,但是,"无论在哪儿,礼是一样的"。中国各地的风俗、方言的差别之大,甚至不亚于比如法国与德国的差别。而数千年来,中国虽然历经磨难,但始终没有走向分裂,因为彼此在一个更高层次上是认同的,那就是礼。其次,"(礼)是整个中国人世界里一切习俗行为的准则,标志着中国的特殊性"。传世文献里可以为钱先生的说法提供佐证的地方比比皆是,比如《左传》中讲到,礼是"天之经,地之义,人之行",是为政者"经国家、定社稷、立民人"的依据。《左传》和《礼记》里还多次讲到礼是"国之干也"、"人之干也"、"政之舆也"之类的话,礼无论是对于国家还是对于个人,都犹如一棵树的躯干,而不是枝杈。没有它就挺立不起来,因为它是中国人立国安身的准则;礼还是推行政令的车舆,没有它,再好的政令也不可能通达于四方。可见礼在中国传统文化中的地位之重要,于此可见一斑!

钱先生的见解,高屋建瓴,非常精辟,不如此认识,就不足以把握"中华礼仪之邦"的本质,我本人非常的赞同。可惜不知什么原因,学术界似乎很少有人注意到钱先生的这个谈话,所以我必须在一开头就特别提到,希望引起大家的关注。

(二) 礼是什么

那么,具体来说,礼包括哪些内容呢?限于时间,我不能面面俱到地介绍,只能着重介绍下面几个要点。

首先,礼是以道德为核心的国家典制。任何国家都有典章制度,而在中国古代,特别强调典制的制定,一定要符合礼的原则。为什么呢?因为古人是把礼作为道德和客观规律的代名词的。所以《礼记》中写道:"礼者,理之不可易者也。""易"是改易、移易的意思。礼体现的是不能改易的道理,具有最大的合理性。

国家典制是行政管理的规范,对于国家的长治久安至关重要,所以历代政治家和执政者都非常重视,因而有许多的作品。其中最值得向大家介绍的是《周礼》这部书,不知诸位读过没有?清代学者孙诒让称赞它"体大思精",是黄帝、尧、舜、禹、汤、文王六代治国智慧的集成。《周礼》是一部理想国的蓝图,建立一个美好的国家所需要的纲领和政策,书中几乎全部涉及了。例如:中央和地方的格局应该怎样划分?两者的关系怎么协调?如何教育民众?如何考核各级官员?部门之间如何制约?丰歉之年的税率怎么确定?司法制度如何保证公平合理?等等,非常丰富,而贯穿于其中的则是礼。

下面我举一个例子。《周礼》里的秋官是主管司法的部门,但这绝不是一个滥用刑罚的机构，因为严刑酷法不能彻底解决问题。刑是一种在迫于无奈的时候才使用的教育手段，目的是为了最终不用刑。因此，秋官里面有许多合于礼的规定。例如，在判定罪名时，先要确认是故意犯罪还是过失犯罪、是初犯还是屡犯？如果属于初犯，罪行较轻，就不要关进监狱，让他站在一块称为"嘉石"的石头上，把罪名牌挂在他胸前，让他感到羞耻，决心改过自新。这样虽然没有用刑，但已经达到了教育的目的。再如，为了保证下情上达，民众有冤屈要申诉，有关官员必须受理。如果拒绝受理，申诉者可以站在一块叫做肺石的石头上，这时监察部门的官员就会出来听取申诉，如果情况属实，拒绝受理申诉的官员要受到惩处。

类似的制度，也见于其他礼书。例如，《仪礼》中的《觐礼》记载的是古代诸侯国之间派使者相互聘问的仪节。在主宾见面的时候，使者要致送"国礼"圭——一种非常珍贵的玉器，这是必须要有的外交礼节。但是，在使者要归国的时候，主人要举行一个称为"还玉"的礼节，就是把对方致送的圭郑重其事地奉还给使者。各位可能要说，这不是开玩笑吧？既然接受了，为什么还要退回去？这里面是含有深意的。国家与国家交往，借助于礼物来表达自己一方的敬重，这是在情理之中的。直到今天，我们去见客人都是不好意思空着手。可是，如果彼此交往的注意力集中在礼物的贵重与否上面，那么，这个礼就成了行贿和受贿，味道就完全变了。所以，"还玉"礼节的设计非常重要，是为了不让礼物冲淡礼的真意，表示君子之交淡如水。

《左传》一书以叙述史事为主，中间常常夹杂"君子曰"的评语，评判的标准是"礼也"还是"非礼也"，就看你的言行是否站在礼上。比如鲁隐公五年春，鲁隐公忽发奇想，打算到一个非常遥远的、叫做棠的地方去看人家捕鱼。臧僖伯劝阻说：根据自古相传的礼制，国君是为民众树立法度的人，应该专心去做国家的大事。执行乱政，那是要亡国的。鲁隐公坚持要去，臧僖伯"称疾不从"。由于隐公的做法"非礼也"，不符合礼，所以史官将它写进了鲁国的史书，以警示后人。所以说古代的礼，包含了一套以道德为核心的制度。类似的例子,《左传》里非常之多,如果大家有兴趣,不妨一读,相信收获一定会很多。

(三) 礼是对人性合理的制约

西方文化是以神为中心的宗教文化,人的灵魂是要靠上帝来管理的。中国文化则不然,它是以人为中心的,人的灵魂是要靠自己来管理的。这是东西方文化的重要区别之一。

那么,人怎样管理自己的灵魂呢?时下有一个时髦的说法,叫做"要学会管理自己的情感"。情感、情绪能够左右人的行为,情感偏颇、情绪失控就会出乱子。我这里有一张《北京晚报》,上面有一篇报道,题目是"三分之二的命案属于激情犯罪"。

《中庸》开头说的"天命之谓性,率性之谓道,修道之谓教",是全篇的核心之所在。"天命之谓性",是说人的喜怒哀乐之情,是与生俱来的天性。"四海之内其性一也",尊重人性,具有普世的意义。"率性之谓道","率"就是沿着尊重人性的理路来治理老百姓,充分考虑到民众的喜怒哀乐之情。那么,几乎就是治国之道了。可是,人性有天然的弱点,我们每个人都是如此,除非你是圣人。如果过分张扬人性,肆意放纵它,那么人性与兽性就没有什么区别了。因此,需要通过教育来引导民众,让他们懂得修正自己的情感,这就是"修道之谓教"。朱熹在《四书集注》里说,修道的"教",就是指礼乐教化。

《中庸》接着说:"喜怒哀乐之未发谓之中,发而皆中节谓之和。"人的喜怒哀乐之情在没有外发的时候,是处于"中"的位置,既不过分,也没有不足的问题。当人在受到外界的影响,情感的外发就不是这么一回事了,往往不是太过,就是不足。要想做到"发而皆中节",就是恰到好处,就像孔子评价《诗经》的时候所讲的,"乐而不淫、哀而不伤",就不是一件容易的事情了。一旦进入"和"的境界,在任何时候都能波澜不惊,从容面对一切,情绪不会大起大落,不会大喜大悲、狂怒暴躁,"举世誉之而不私悦,举世毁之而不加沮"。这是一种很高的修养,需要长期的学习。

《中庸》又说:"中也者,天下之大本也。和也者,天下之达道也。"民众原本就有中正的本性,这是我们得以治国的最大的"本"。通过礼的方式,把民众引导到和的境界,把残留在人性中的动物性转变为理性,这是治国平天下的最大的道。《中庸》之道,就是追求和的道理。"礼之用,和为贵",礼的终极目的,就是造就和谐的人以及和谐的社会。现在西方有人说中国的发展方向不清楚,其实中华民族从古代就是讲和的民族,最有资格谈和谐。我们今天提出建立和谐社会,要走和平发展的道路,绝不是应付海外舆论的权宜、粉饰之词,而是我们千年传统的自然延续。

儒家认为,人修身需要在质和文两个方面下功夫。质是人之所以为人的品德,比如质朴、诚信、正直、敬让,这是做人的底色。文,说得简单一点就是一个文明人的典雅的文采。孔子的一个学生对此非常不理解,认为质就行了,干吗要文?孔子说,虎豹与犬羊的重要区别是在于它们的皮毛上面的"文"不一样,如果把它们的皮毛统统剃掉,还能区分虎豹和犬羊吗?质是文的依据,文是质的表露。《乐记》里有一句非常经典的话,叫做"德动于内","礼发诸外"。所以,中国人的礼,非常强调内在的德性,把它当做学习礼的起点。

(四)礼是中华民族价值观、行为方式的体现

西方人讲平等,我们东方人讲尊卑,乍一听我们太落伍了,都什么年代了还讲尊卑?其实,西方人讲平等也是宗教文化的体现,因为人人都是上帝的儿子。你爸爸是上帝的儿子,你也是上帝的儿子,没有区别,孩子见了爸爸可以拍肩膀。现在这种平等被很多人追捧,但它就一定好吗?《参考消息》转引的《纽约时报》的一篇文章说,由于一些学生的行为无法容忍,2004年有三分之一的美国教师认真考虑过要改行。因为百分之八十的学生

张口闭口都说享有自己的权利,如果老师的管教过于严厉,他们的父母就会提起诉讼。所以,孩子毫无顾忌,变得很粗野。这种所谓的"平等",造成的结果是学生凌驾于老师之上,使得正常的教育很难进行。

中国人讲尊卑,看似不平等,其实不然。尊卑是相对的,父亲与儿子在一起,父尊子卑,因为父亲岁数大,社会经验丰富,对儿子有养育之恩,当然要受尊敬。但这种关系不是不变的,儿子会变成父亲,那时也就成了尊者,受到子女的尊敬,公平得很。平辈之间交往的原则,是以对方为尊,实际上是彼此为尊。我敬你一尺,你也会敬我一丈。实际上是一种更高层次的平等。所以,钱穆先生讲,礼是以对方的存在并且心存敬意作为前提的。礼的原则是与人为善,处处为对方着想,以此求得社会的和谐。

在我们的历史上,最早实行礼治的是文王。《史记》里记载,商朝末年,纣王暴虐无道,天下怨愤。周文王用道德来收揽人心,威信很高,诸侯之间发生争端,都会找文王做裁判。

当时,虞、芮两国为了中间的一块田地长期纷争,于是去找文王评理。可是,他们走进周的地界,发现"耕者皆让畔,民俗皆让长",感到非常惭愧的是"吾所争,周人所耻",我们所争执不休的私利,正是周人感到可耻的东西,去找文王评理,岂不是自取其辱?于是,他们转身回国,通过互相谦让解决了争端。文王没有出面,就把虞、芮之争解决了,两国的风气也得到了改善,这就是礼乐教化的力量,成为后世追慕的典范。

因此,后世为政者十分重视礼的教化作用。《史记》在介绍制度史的时候,就把《礼书》放在第一篇,并且强调它对于治理社会的基础意义。《旧唐书·礼仪志》说礼是"人伦之绳墨,失之者辱,得之者荣","不可须臾离"。汉代有《曲台集礼》140篇。唐太宗践阼之初,就命令房玄龄、魏征等礼官学士修订了《贞观礼》100卷。后来,唐高宗又命令长孙无忌等增益补订,撰成《显庆礼》130卷。再后来,徐坚等奉命修撰《大唐开元礼》150卷。这些礼书使得大唐的典制粲然大备,对社会的繁荣起了重要作用。同时,衣冠文物,声教迄于海外,对于新罗、日本等地的文明进步产生了重要影响。

二 礼在当代还有价值吗

有人可能会讲,现在是工业文明甚至是后工业时代,我们的礼都是农业文明时代的产物,太老旧了! 应该把它淘汰了! 说老实话,把社会的发展分成石器时代、铜器时代、铁器时代,或者原始社会、奴隶社会、封建社会等阶段,是学者为了研究和叙述的方便而做的划分。历史的发展,并不是刀断斧劈式的,而是一个有机体。就像一个人,从少年到老年,他体内有一以贯之的东西,不是说到了一个阶段一切都要从头做起的。比如孝敬、诚实、守信等这些基础性的道德,是可以超越意识形态而存在的,我称之为"人文基因",它不仅有继承性,在某种程度上还会有所遗传。

(一)物质文明的发展需要精神文明的引领

人类在追求物质生活的同时,从来就是伴有精神追求的。新石器时代,人类生存条件非常恶劣,即便如此,他们还会在陶罐上面画画,用海蚶壳、石片做成佩饰;他们还会思考地球以外的事物,许多神话就是这一时期的产品,这就是精神追求啊!

改革开放之初,有不少人认为,只要走上市场经济的道路,什么难题都不难解决。没想到,制假、贩假之风随之而起,不仅损害了消费者的利益和健康,而且败坏了我们国家的形象。于是,又有人认为,只要把法制建立起来,一切问题都会化解。可是,知法犯法、有法不依、钻法律空子的现象几乎无处不在,令人不胜其烦。事实证明,社会的发展,离不开人文精神的引领,需要提升大众的道德水准。在杂乱无序甚至是无政府的状态下,市场经济、自由竞争不仅很难长久,而且会带来灾难。

(二) 礼是国家软实力的重要内容

一个国家的实力如何,大家往往只注意那些看得见的硬指标,比如外汇储备、人均 GDP、钢铁产量、进入世界"五百强"的企业等。软实力是指一个国家的历史、文化、理念等。软实力很难量化,但确实是在影响着国家的发展的。软实力不但可以在凝聚人心、激励士气、提供史鉴、醇化民风、树立民族形象等方面发挥作用,还可以为经济、政治、外交的发展助力,在这个问题上,我们的邻国似乎比我们觉悟得早一些。

《环球时报》有一篇文章:《日本借软实力提升形象》。日本人意识到,现在仅仅用金钱、军事手段增加自己的影响力已经很困难了。21 世纪是各国软实力较量的时代。因此,应该以文化力量为中心,用独创的传统的自然协调的人文力量来赢得各国的信赖。日本的做法是,"动漫、游戏、生鱼片,一个都不能少",希望借此树立自己的文化形象。

礼作为中国传统文化的核心,完全可以为社会主义精神文明建设和再塑中华民族的形象服务,它的作用千万不能低估。

(三) 礼的缺失带来的问题

过去我们一讲到礼,就讲是封建秩序。于是,我们把礼统统打烂了,结果连起码的社会秩序也没有了。不管是骑自行车的,还是开汽车的,都互不相让。将来大家有钱买了飞机,在天上一定也会这么撞来撞去的。

美国《新闻周刊》有一篇报道:《在中国开车危险又刺激》。据调查显示,中国车祸的总量占全世界的百分之二十。中国每辆车发生车祸的比例是美国的 16 倍。在过去 5 年中,中国交通事故的死亡人数是 10 万。中国的"交通法"虽然规定了礼貌驾驶,但和现实是有差距的。《纽约时报》有一篇题为"可怜的中国空姐"中报道说,从郑州到上海的一架飞机,本来 90 分钟就到了,可是客人带的行李多得摆在厕所前边。于是,有人就开始嚷嚷,有的人说饿了,有的人说扰乱了我的商业计划,结果把空姐都弄哭了。空姐说,请系好安全带,结果客人毫不理会。客舱里总是很吵,有的客人还大声唱歌。空姐请他们安静下来,结果客人瞪着眼看着她。

(四) 生活质量提高的需要

管子说:"仓廪实而知礼仪,衣食足而知荣辱。"经济发展后,生活水平提高了,就应该知礼仪、懂荣辱,营造适合于人居的人文环境。遗憾的是,我们的生活虽然已经进入了小康,而生活方式还停留在改革开放之前,主要的表现是:

1. 不懂得尊重他人,不懂得谦让,处处以自我为中心。礼是以敬为主,可以说没有敬就没有礼,而敬又是以谦让为基本内涵的。现在是凡事争先恐后,生怕吃亏,在这种心态之下,不愿排队,不肯让座,无论是骑自行车还是开汽车,彼此抢道。北京的马路之宽,海外也不多见,而交通秩序之混乱,同样是海外罕见,其根源是无礼。

2. 没有公德心,自己家里弄得干干净净,门外如何就不管了。有的人把大地当做大痰盂、大垃圾桶,乱吐乱扔,使得大环境脏、乱、差。

3. 不会用敬语。敬语是文雅的交际语言,需要有一定的教养和文化才会使用,如今,许多人还停留在"文革"时期的风气里面,说话以粗俗为美,以带脏字为豪爽。不知有雅言,不会用敬语,见到人不知道怎么表达对他的尊重。

总之,我们经济上去了,可是人文素质上不去,影响生活质量。

三 振兴中华礼仪之邦的建议

(一) 礼要成为社会法规

礼是全社会的行为规范,只要全社会都遵守礼了,移风易俗的目标就可以实现。当前,不少国家都有国民礼仪,例如在升国旗、奏国歌的时候,要把右手放在胸前,向国旗行注目礼,并且要跟着唱国歌。这一类规范有与没有,我想是不一样的。因此,应该建立公务员礼仪、校园礼仪乃至外交礼仪等等。去年初,我在凤凰卫视《世纪大讲堂》做关于古代礼乐文化的演讲,节目播出后,我收到一位美籍华人的来信,他说重振礼仪之邦,不能只是停留在口头上,应该让全国人大立法,颁布执行。我非常赞成他的建议。

(二)礼仪教育要进课堂、进主流教材

少年儿童思想单纯,对他们进行礼仪教育,久而久之,就可以收到"习惯成自然,少成若天性"的效果。这样,我们民族的总体素质,就会在不太长的时间里得到明显的提升。这个问题,古人非常重视,例如朱熹就曾经反反复复地谈到这一点。他认为对于孩子,做比说更加重要,因为他们还不太懂事,对他们讲大道理是不会有什么效果的,要紧的是要教他们学会正确的行为方式,越是具体越好,比方说吃饭的时候,只要没有特殊情况,一定要等父母先举筷子,然后再吃。再比方说,父母有所召唤的时候,不能拉长了声音应答。再比方,吃菜的时候,如果拿起了汤匙,就要放下筷子;反之亦然,不要这两样东西一起上手,如此等等。这些看似简单的行为规范里面,都包含着尊敬父母、文明进餐等道理,对于奠定他们做人的基础至关重要。目前,这方面的教育尚未进入学校的主流课程,只有社会上的一些志愿者在零星地做,属于"体外循环"的性质,效果不理想。

(三)炎黄子孙要行中华礼仪

这些年来,我们的文化出现了严重的西化现象,例如传统节日都快要被"洋节"给替代了。节日是民族文化最显著的表征,如果连它都消失了,那后果真是不堪设想。

自古以来,就有一个通行的规则:入境随俗,就是说要尊重到访国的习

惯。这种尊重是对等的,我们到外国,要尊重外国人的习惯,他们吃饭用刀叉,我们也不应该特殊。其实,我们到外国去,没有人会给我们准备筷子的。相反,外国人到中国,则要尊重中国的习惯,我们用筷子,他们也应该用筷子,这是对我们文化的尊重。

我们应该有文化自尊,这是非常简单的道理。为此,尽快制定和推广富有中华民族特色的礼仪,已经是刻不容缓的大事了。

中华传统文化的重要思想及其古为今用

金开诚
北京大学中文系教授

金开诚

1932年生。北京大学教授、博士生导师、书法艺术研究所所长,中央社会主义学院、中华文化学院副院长。主要著作有《楚辞选注》、《屈原辞研究》、《文艺心理学概论》、《中国书法文化大观》等。

>>> 阴阳思想认为世界上任何事物都包含对立的统一。

>>> "天人统一"主要认为人类社会在大自然中生成并发展。

>>> "和"是中华传统文化的核心,现在常有人提到"中华'和'文化"。

>>> 中华传统文化非常强调修身,并强调"一是皆以修身为本"。

中华传统文化的内容非常丰富复杂,其中有四个思想最为重要,也最有概括性。这就是:1. 作为基本哲理的阴阳"五行"思想。2. 解释大自然与人类社会关系的天人统一思想。3. 指导解决社会问题的中和中庸思想。4. 指导如何对待自身的修身克己思想。这四个思想之所以重要,是因为它们渗透至各个文化领域、各种文化表现之中,并起着指导作用。

同时,从一个角度来看,这四个思想对中华传统文化有全方位的概括作用。试想一个人活在世上,他总要对万事万物的存在与变化有个基本看法,这就是基本哲理。其次,这个人又是存在于大自然中,所以他必须对大自然与人类社会的关系有所认识。再其次,这个人又是生活在社会上,所以他必须懂得如何对待社会问题,如何处理人际关系。最后,这个人的自身也是一个存在,所以他必须懂得如何对待自身并实现其应有的价值。所以总起来看,可以说"四个重要思想"是一种全方位的概括,可以单独作为一个重要文化课题来讲。

一 "阴阳五行"

"阴阳"和"五行"本是两个思想,在战国时代才合为一个哲学体系。现在为讲述方便,仍分为两部分来讲,先讲阴阳思想。

阴阳思想认为世界上任何事物都包含对立的统一。对立是指两种势力、两种因素、两种趋向、两种地位,等等。它们是一正一反互相对立的,但又统一在一起。同时,对立双方又各向对方转化。

这显然是朴素的辩证法,但朴素的东西未必没有深度和特色。

阴阳思想有个模式,就是《太极图》。此图长期被人做了神秘的解释,成为宗教和迷信活动的标志物。实际上《太极图》是一个哲学模式的形象表现,把阴阳对立统一的思想表现得非常简洁明白。

阴阳对立统一的模式有丰富深刻的含义:首先,任何事物的内部都包含两种对立因素的统一。其次,两种对立因素不是固定不变的。对立双方始终处于消长交替的不停运动之中。《太极图》中有一条S形曲线,把一个圆形分为两条鱼形,非常生动地表现了两种因素的运动变化。而且,正是在"阳"的一方发展到最为壮大之际,开始了"阴"的生成;又正是在"阴"的一方发展到最为壮大之际,开始了"阳"的复生。自然现象中的"日中则仄,月满则亏"、"冬至一阳生,夏至一阴生"等等,正证明了这种辩证的运动变化。还有,《太极图》中的黑白"双鱼",黑"鱼"有个白"眼",白"鱼"有个黑"眼",这正说明阴中始终含着阳,阳中始终含着阴;而这正是阴阳各向对方转化的内在根据。

以《太极图》为标志的阴阳思想告诉人们:强弱盛衰都是会发生变化的,所以人类居安应该思危,绝处可以逢生。强者要谦虚谨慎,韬光养晦;弱者要奋发进取,自强不息。尤其是安富尊荣、处于强势的人更应有忧患意识,严于律己,切不可骄奢淫逸,任性妄为。

再次,事物内部虽然都包含对立因素的统一,但对立不一定就是你死我活的斗争。中华民族至晚在汉代已经认识到阴阳之间可以有四种关系,即"阴阳磨"、"阴阳争"、"阴阳和"、"阴阳合"。之所以会有多种关系,主要有三个原因:

第一,阴阳对立有种种不同的性质,其相互作用当然会有差别。例如大家都知道"夫为阳,妻为阴",夫妻关系是对立统一的关系。他们之间当然有可能发生摩擦、争吵、打架乃至于离婚;但大多数夫妻关系不至于发展到你死我活,势不两立;多数是"少年夫妻老来伴",天长地久相依为命。

第二,对立统一还要看运动变化的各个阶段,其相互作用的主导方面可能有很大的差别。例如买一辆新汽车要经过"磨合"阶段,在这个阶段,部件之间是以"磨"为主的;等到磨合完成正式启用了,部件之间虽然仍旧有"磨",但却是以"合"为主了。正因为如此,这辆汽车可以行驶30万公里以上。假如这汽车的部件之间从头到底都以"磨"为主,那么这辆车连3万公里都走不了,根本就是个不合格产品。所以,要注意区分对立统一在各个发展阶段上其相互作用究竟以何者为主,不要一说到对立统一就理解为一斗到底。

第三,对立统一相互作用的方式,还往往取决于当事人采用什么方法来处理事情。例如"人民内部矛盾",照理并不具有对抗性,但有的因为处理不当却导致严重的对抗。相反,有的对抗性矛盾却因处理得当而不一定成为你死我活的斗争。例如现在世界上有种种对抗性矛盾,所以局部战争连绵不断;但中国人却始终反对诉诸武力,主张和平共处,有问题通过谈判协商来解决。

阴阳思想的这些含义给人以警示与启迪,使中华民族从群体到个体都深受教益,有助于长达5 000年的生存与发展。因此它的传播与弘扬,显然也能对全人类起到有益的作用。

下面讲一讲"五行"思想。

"五行"思想指世界统一于金、木、水、火、土五种物质及其运动,这显然是朴素的唯物思想。同时,"五行"思想强调五种物质运动之间是有联系的,它们之间有生与克的作用。

生是指生成、促进、助长、发扬等作用,克是指克制、束缚、挫折、摧毁等作用。生的模式是:金生水、水生木、木生火、火生土、土生金,画出来就是一个圆圈。克的模式是:金克木、木克土、土克水、水克火、火克金,画出来成为一个星形。

在历史上,"五行"思想曾被做过"神学目的论"的曲解,又被用于迷信活动。这是应该剔除的糟粕。

"五行"思想不仅指明宇宙统一于以金、木、水、火、土为代表的物质运动,而且通过"五行"之间的生克作用表明世上任何事物都是被其他事物所生,也被其他事物所克;同时,任何事物本身也都生着或克着另外一种事物。所以,世界上绝没有任何事物或力量能够凌驾于其他一切事物与力量之上而独霸天下;谁想独霸天下,必然狼狈不堪。而且,一种事物对另一种事物的生或者克,做过了头又都会引发反生或反克。这更加发人深省。

直接的反生:如水生木,但如果灌水太多,也能把植物(木)淹死。又如父母爱子女是生,但如果是溺爱,反而不利于子女健康成长。

直接的反克:如用斧劈柴,劈多了,斧也受磨损。又如一味恃强凌弱,仗势欺人,必然为群众所不容。

间接的生克后果更加复杂多变:例如水克火,火却可以生土,而土却可以克水。又如木生火,火太旺了又生土,而土却是木的克制对象。

在各种生克关系中,克之反以生之的现象更发人深省:如金克木,木因而成器。火克金,金因而成为纯金、精钢。做人"修身克己"可以提高自身的素养与价值。这都说明克可能导致更高境界的生。

通过对"阴阳五行"思想的诠释,人们可以看到世界上各种事物之间的相互制约是多么严厉,而其运动变化又是多么生动。它使我们高度戒惧,也使我们充满希望。中国人为此一再明确声称"不称霸",主动坚持韬光养晦,大力宣扬和而不同,不论国力多么强大也决不将自己的意志强加于人。这样,中国就成为世界上非常真诚的巨大和平力量。这种真诚是深深植根于传承悠久的民族智慧之中的,是决不会动摇的。

二 "天人统一"

这个思想又叫"天人相应"、"天人和谐"、"天人合一"等等,内涵大致上都相同。主要是认为人类社会在大自然中生成并发展,是大自然的一部分。所以人与自然相通相应,息息相关,是个统一体。由此得出结论,人与自然必须和谐相处。

但是,我们应该看到:中华传统文化中的"天"有双重含义:一是有意志、人格化的"天",其实也就是上帝;其意志即为"天命"。二是无意志、非人格化的天,其实就是大自然。

在传统文化的"天人统一"这个思想中,"天"的含义也是双重的,有时指上帝,有时指大自然。我们现在是对"天人统一"做新的诠释,当然主要是讲大自然与人类社会的关系。

在中华传统文化中,拿"天"来指大自然的观念的确占有一定的文化比重,这不是偶然的。从文化比较来看,世界上多数民族和所有的宗教都认为最初是上帝创造了宇宙和万物;但中华民族却没有得到全民族信仰的宗教,所以对"上帝"的观念比较淡薄。

中国有道教。道教出于道家,当它在汉代后期正式成为宗教时,当然也宣扬上帝及其统属的仙官与神将。但道教推尊道家学派的代表老子为教祖,而老子早在春秋时代就指出是"道"创造了宇宙和万物。他说:"道生一,一生二,二生三,三生万物。"(《老子》第四十二章)

"道"是指事物运动的规律,或有规律的运动。这种运动创造了宇宙本体("道生一");这个本体一分为二,成为阴与阳的对立统一("一生二");两个对立面相互作用产生了新的事物("二生三");这种新的事物是千姿百态、多种多样的("三生万物")。在这种说法中没有上帝存在的余地,一切都是事物运动的结果。

既然道教的祖师都不认为"上帝创造万物",所以道教宣扬上帝就远不及其他宗教宣扬上帝那样有力度和影响了。

不过,在中国漫长的奴隶社会和封建社会中,统治者都曾以"神道设教",竭力宣扬"上帝"和"天命"来维护自己的统治。所以,把"天"解释为"上帝"这种观念在传统文化中还是相当多见的;并且这种观念还往往和天就是大自然的观念纠缠在一起。对此也应有充分的认识。

下面还要做一个文化比较。

西方人认为大自然和万物是上帝创造的,既然创造出来了,人类如何对待它?在这方面,西方人经历了三个阶段:崇拜自然,征服自然,协调自然。

在人类早期,由于生产力低下,人在大自然面前无能为力,因而对它既恐惧又依赖,从而产生崇拜自然的观念。到了17世纪,由于资本主义的发展和工业革命突飞猛进,西方社会的生产力大大提高,从而致力于依靠科学技术去征服大自然,予取予求,为我所用。但征服自然又带来了一系列严重问题,如环境污染、生态失衡、能源短缺、人口膨胀等。于是才认识到不能只想征服自然,必须保护环境和生态,合理地利用自然资源,使人类社会与大自然和谐相处,协调发展。这种认识是到了近现代才逐渐形成并日益加深的。

中华民族的情况与此有所不同。我想在最早的时候,中国人肯定也有崇拜自然的倾向。因为你没办法,只能既赖以为生,又畏其巨大威力。故而拜倒在地,势所必然。但接下来中国社会没有经历过比较发达的资本主义阶段,所以也没有明显的征服自然的观念。

有人也许会说,中华传统文化中有"人定胜天"的思想,这岂不也是想战胜大自然吗?这话不对。"人定胜天"的"天"不是指大自然,而是前面说过的"天"的另一种含义,就是"上帝"或"天命"的意思。"人定胜天"就是不怕上帝、不信天命的奋斗精神,这种精神当然是积极的。

中华传统文化不讲"征服自然",相反的非常重视"顺应天时"。这正是"天人统一"、"天人相应"的突出表现。

"顺应天时"的思想在社会诸多方面起到了指导作用:

一是用于政治机制的设置。《周礼》设定的官制是"六官",即天官冢宰、地官司徒、春官宗伯、夏官司马、秋官司寇、冬官司空。在古人心目中,这"六官"的职能是与天地四时的自然特征相适应的。同时,"六官"对后世影响深远。后世各朝设置的"六部"(吏、户、礼、兵、刑、工),都有《周礼》"六官"的遗意。

另外,各朝的行政措施也有"顺应天时"的特点。如"赏以春夏,刑以秋冬","春日劝农,秋日点兵"之类。

二是用于经济。封建时代主要是农业经济,那时农业基本上"靠天吃饭",所以事事处处必须"顺应天时"。中国长期通用"农历"(阴历),现在已不通用;但农业所遵循的二十四节气,仍为农业生产者所重视。

早在战国时代,孟子说过一段名言:"不违农时,谷不可胜食也;数罟不入洿池,鱼鳖不可胜食也;斧斤以时入山林,材木不可胜用也。"(《孟子·梁惠王上》)这是从农业"顺应天时"进而涉及正确利用自然资源、保护生态平衡等问题。这在全世界是最早提出来的。孟子的本意只是强调农业生产(也包括渔业和林业)要"顺应天时",但在客观上起到了保持生态平衡、合理利用资源的作用。可见"天人和谐"的思想的确与环境学说有逻辑的联系。

三是表现于民俗。各种民俗都与"天时"有关系。例如春节庆寿("天增岁月人增寿"），春季婚嫁（因春为生发季节），清明扫墓（利于植树、除草；也利于上坟的人踏青春游，感受春意）。

在民俗中，历来受到中国人重视的是传统节日活动。这些活动都与"顺应天时"关系密切。例如春节，以旧历而言正值旧年过去，新年到来，所以特重除旧布新之意。传统春联"爆竹一声除旧，桃符万户更新"，王安石《元日》诗"千门万户曈曈日，总把新桃换旧符"等名句，都突出了这层意思。新年到来，对个体和社会群体而言，有可能打开新的局面，带来新的机遇，萌发新的希望，从而满怀信心展望未来。这种与"天时"相应的除旧布新的心态，对一个历史悠久的古老民族而言极为重要。正因为年年都有除旧布新的感觉与心态，所以中华民族虽历经五千年之久，却仍然毫无暮气，充满活力，时刻准备迎接新的机遇和挑战，创造新的美好前景。除此以外，春节还有凝聚家族、念祖追远、敦亲睦邻、和谐人际关系等作用；而这一切都是为了团结进取，争取有更加美好的未来。

又如端午节，主要意义在于消毒、驱邪、健体。因为此时天气热了，细菌滋生，容易得病。所以端午要喝雄黄酒、熏艾条、挂菖蒲，都为了杀菌消毒。小孩额上写王字，戴虎头帽，穿虎头鞋，那是为了借老虎的威风压邪去病。端午还要赛龙舟，船旁有健儿游泳，桥上有健儿跳水。这都有益于强身健体，提高对疾病的抵抗力。

再如中秋节，此时月亮最亮最圆，举办夜宴象征"天上月圆，人间团圆"，而团圆正是中华民族最重视和向往的。

另外各大节日都重视吃食，要尽量花样翻新吃好一点。现代青年看不起这一点，那是"饱汉不知饿汉饥"。古代劳动人民生活穷困，全靠节日补充营养，以迎接农忙。如春节以后是春耕大忙，端午以后是夏季"双抢"，中秋以后是秋收大忙。所以必须吃好一点，以增强体力。同时节日聚餐也是为了家庭凝聚，增强团结以利战斗。

四是用于人体保健。传统文化认为天时变化在人体上有反应，所以节令交替要特别注意保健。过去老年人都重视"两至两分"(即夏至、冬至,春分、秋分)。认为这是大节气,对人体有大影响。医生治病用药也要考虑天时节令,力求因时制宜。更加值得重视的是人体的生物节律问题。这种节律是在人类进化的漫长过程中形成的,与自然环境关系密切。现在人类生活的环境(包括自然的与社会的)都在很短时期中发生了很大的变化,这显然使人体的生物节律难以立即适应。所以必须用种种方法来调剂,使人不致因环境变化而影响健康。

三 "中和中庸"

《礼记·中庸》说:"中也者,天下之大本也;和也者,天下之达道也。致中和,天地位焉,万物育焉。""中和"是中华传统文化所追求的一种理想境界,即社会上(或自然界)的事物尽管千差万别,矛盾交织,却能实现多样的统一、复杂的平衡;种种不同的事物聚在一起却能协调和谐、共生并存、互相促进,实现"和而不同"、"和实生物"。

"中和"也简称为"和"。"和"是中华传统文化的核心,所以现在常有人提到"中华'和'文化"。

《论语·学而》:"有子曰:礼之用,和为贵。"意思是社会秩序的作用,贵在使社会和谐。大家都认为和谐最好,这在中华文化中处处可见。例如一个家庭要做到"家和万事兴",做生意讲"和气生财",搞政治要求"政通人和",做事业要"和衷共济"、"内和外顺",与人相处要"和以处众",对外关系要"协和万邦"。总而言之,方方面面都要追求和谐。可见和谐是中国人的普遍要求,极其深入人心。

和谐好极了,但如何才能达到和谐境界呢?传统文化认为必须坚持中庸之道,以中庸为手段,达到中和的目的。

但是中庸常被人误解,以为是折中调和、庸庸碌碌,不分是非、不讲原则,各打五十大板、各赏十块大洋。其实根本不是这样。

中庸是要求处理问题不偏不倚,恰如其分,恰到好处。也就是把握准确的度,既不要不到位,也不要太过分,"过犹不及"。中庸之"中",的确要求事物出现平衡状态,但它乃是一个动态的平衡点。犹如一杆秤,秤锤必依所秤之物的轻重而在秤杆上移动,才能找准平衡点,从而把秤杆摆平,把重量搞定。假如中庸之"中"固定为折半以取中,那就犹如把秤锤固定在秤杆的中点,那你这杆秤就只能添乱而一点用处也没有了。

当然,处理矛盾交错,情况复杂的社会问题,要做到准确把握一个度,是非常困难的。所以孔子说:"天下国家可均也,爵禄可辞也,白刃可蹈也,中庸不可能也!"(《礼记·中庸》)在这里,孔子明明白白把中庸与平均主义对立起来,可见决不是"折中"的意思;再则中庸如果只是各打五十大板,各赏十块大洋,那是任何一个蠢材都会干的,怎么会比上刀山还难?怎么会断言"不可能也"?

当然,中庸虽然很难很难,但如果不要求把握绝对准确的度,而只要求处理问题大致把握一个度,这应该是可以做到的。"有度"总比"无度"更能促成整体的平衡与和谐。

作为一个现代人,要处理各种复杂矛盾与冲突,更必须具有"度"的意识,注意把握分寸。假如事事处处都趋于极端,态度绝对化,做事没商量,一味任性妄为,那无论对人对己都是很不利的。所以中庸应是人类的明智抉择,对解决世界上各种矛盾冲突都是很有用的。

实行中庸之道、把握准确的度很不容易,因为这必须具有三个前提:

一是承认各种事物互不相同,各有特色,这是客观事实,不以人的意志为转移。所以这个世界只能"和而不同"。

二是要有忍让意识。处理问题最好彼此有益,实现"双赢"。"双赢"虽好,但有时实在做不到;为了避免冲突的恶性发展,造成严重的后果,有时就只能单方面让步,达成某种妥协。无论"双赢"或单方面让步都需要一定的忍让。忍让的精神在东方文化中往往受到赞扬。

我说两个故事。第一个是"六尺巷的故事":清朝时,安徽桐城有一个著名的家族,父子两代为相,这就是张家张英、张廷玉父子。康熙年间,张英在朝廷当文华殿大学士、礼部尚书。他家在桐城的老宅与吴家为邻,两家府邸之间有个空地,后来吴家建房,要占用这个通道,张家不同意,双方将官司打到县衙门。

在这期间,张家人写了一封信,给在北京当大官的张英,要求张英出面,干涉此事。张英收到信件后,给家里回信中写了四句话:"千里来书只为墙,让他三尺又何妨?万里长城今犹在,不见当年秦始皇。"家人阅罢,明白其中意思,主动让出三尺空地。吴家见状,深受感动,也出动让出三尺房基地,这样就形成了一个六尺的巷子。两家礼让之举传为美谈。

另一个是"日本白隐禅师的故事":有一对夫妇在白隐禅师住处附近开了一家店,家里有一个漂亮的女儿,但女儿没结婚就怀孕了。震怒的父母逼问女儿那个男人是谁,女孩指了指寺庙说:"是白隐的。"她的父母怒不可遏地去找白隐理论,但这位大师不置可否。孩子生下来后就被送给白隐,此时白隐名誉虽已扫地,但却非常细心地照顾孩子。后来那家的女儿不忍心欺瞒下去,向父母吐露真情:孩子的生父是另一个青年。她的父母将她带到白隐那里道歉,白隐只是在交回孩子的时候,轻声说:"就是这样吗?"

这些事例都表明忍让的结果很好!

三是要有修养与品格。孔子说:"君子和而不同,小人同而不和。"(《论语·子路》)又说:"君子中庸,小人反中庸。"(《中庸》第二章)可见,要做到适度与和谐不仅仅是个认识问题,还与人的品格、修养有关系。所以要建立和谐社会必须致力于国民整体素质的提高。

四 修身克己

中华传统文化非常强调修身。《四书》的第一本是《大学》(《大学》又是《礼记》中的一篇,而《礼记》则为《五经》之一),《大学》一开始就讲格物、致知、诚意、正心、修身、齐家、治国、平天下,并强调"一是皆以修身为本"。

在漫长的中国历史上,曾大力宣扬可作为修身样板的人与事;还有许多有关修身的警句格言,包含了丰富的思维成果。直到新中国成立前,小学还有修身课。可见修身思想在中国有深厚的传统。

现在人们不谈修身,却侈谈"实现自身价值",但很多人并不真正理解什么是自身价值,更不知道自身价值的可变性。

人生下来便是"万物之灵",有超过其他动物的价值。但这种原生的"自身价值"毕竟是很有限的,尤其是把任性快意满足种种物质欲望和虚荣心视为"实现自身价值",那更是一种误解。

做人必须自觉地致力于提高自身价值。孔子要求"成仁",孟子要求"取义",这是为了实现很高的自身价值,在中国历史上也的确有很多人做到了。文天祥说"人生自古谁无死,留取丹心照汗青",林则徐说"苟利国家生死以,岂因祸福避趋之",他们并且把这种信念付诸行动,这才是实现了很高的自身价值。

司马迁说"死有重于泰山,有轻于鸿毛";其实人活着更有"重于泰山"与"轻于鸿毛"的区别,这就是自身价值有轻有重的表现。而衡量这种价值及其实现程度,又决不是以自我感觉为准,而要得到社会乃至历史的评定。

提高自身价值要通过修身,修身才能使人超越原生状态而进入自觉追求崇高的境界。修身离不开克己。克己并不是叫人一味逆来顺受、忍让退避。要知道一切进德修业的积极行为都免不了要克服自己身上的弱点。例如见义勇为要克服怯懦之心,坚持原则要克服患得患失之心,做学问、创事业要克服怠惰之心,等等。这些就都是"克己"的表现。老子说:"自胜者强。"(《老子》第三十三章)"自胜"就是克己;克己方能不断地超越自己原有的水平,这当然是"强"的表现。

中国的"文化大革命"摧毁了传统文化修身克己的优良传统。因为"文革"专门研究如何整人,整人与修身显然是针锋相对的两种行为。"文革"倡扬"造反派的脾气",要求"头上长角,身上长刺",专门去斗别人;而且极端任性,为所欲为,这当然与克己背道而驰。"文革"在国民精神世界中留下的影响是深远的,直到如今仍影响到国民素质的提高与社会公德的树立。

《三字经》说:"人之初,性本善。性相近,习相远。苟不教,性乃迁。"这话很有道理,人在少年时期正是接受德育、修养品性的最佳年龄段。但现在中小学生在应试教育的重压之下,不大可能做到德智兼修。中小学虽有进行德育的某些形式,但因为功课、作业、考试的分量实在太沉重了,所以德育进不了学生的注意中心;而进不了注意中心的说教就只是"耳旁风",不可能在精神世界中真正发挥作用。

从实际情况看,德育应包含"意商"和"情商",就是意志的坚强程度和情绪控制能力。一个人倘若意志薄弱,他怎么可能持久而顽强地"进德修业"?现在因意志薄弱而走向堕落的人比较多见,且不说吸毒、卖淫、偷盗这类违法行为,就染上"网瘾"而言,青少年一头扎进网吧,荒课逃学,几天几夜出不来,这又如何进德修业呢?

再说情绪控制能力,消极现象也很严重。现在有些人实在太任性了,情绪一激动就走向极端,而不考虑行为的后果。还有的青少年(包括大学生)缺乏心理承受能力,受到挫折就做出消极或过激的反应。所以,"意商"、"情商"是实实在在与进德修业紧密关联的,理应成为修身克己的重要内容,积极自觉地经受锻炼。

　　我通过自己的人生阅历,深感随着现代物质文明的发展,人的任性与纵欲程度正呈现出攀升之势。中华传统文化的修身克己思想正是任性纵欲的对症良药。中华民族在这方面的独创性思维经验很应该在全世界传播与弘扬。

中国哲学的特点与发展

任继愈
国家图书馆研究员

>>>

任继愈

1916年生。国家图书馆名誉馆长,兼任北京大学教授、中国社科院研究生院博士生导师、中国无神论学会理事长。主要著作有《汉唐佛教思想论集》、《中国哲学史论》、《老子全译》等。主编有《中国哲学史》(四卷本)、《中国哲学发展史》(七卷本)、《中国佛教史》(八卷本)、《中国道教史》等。

>>> 人的衣食足了以后,他要考虑更多的问题,哲学总是从先解决温饱以后才产生的。

>>> 中国哲学一开始就宏观地看思想的发展和存在。

>>> 中国哲学发展阶段,可以分三个时期。第一个阶段是导源期。进一步发展到了秦汉时期,哲学进入了第二个时期——奠基期。第三个时期是成熟时期。

>>> 将来的新的哲学思想体系,应该是吸收世界所有先进文化融合成的有中国特色的哲学,现在它正在形成中,还很不成熟。

一 中国哲学的特点

"哲学"这个词中国过去没有,在 1903 年以前都没有,但关于哲学的问题是有的。我们现在的教科书里面讲的大都是近代西方的哲学及标准,意思说哲学是研究思维与存在的关系。这个定义对西方哲学来说是有意义的,但对中国哲学来说就不完全是这样了。司马迁在《史记》中说,他写这部书是"究天人之际",就是探求人和自然的关系,这一条恰恰是中国哲学要研究和解决的问题。古希腊有"爱智"的说法,"智"包括的很广,社会、政治、自然,还有哲学都属于智。后来希腊的哲学思想就提出做学问没有什么目的,而是要每一个人认识他自己,这是研究人的问题。提出人要认识自己,这是一个很大的进步。为什么这样说呢?人类要生存,首先要解决认识自然的问题,人的进步也是从认识自然开始的。人的衣食足了以后,他要考虑更多的问题,哲学总是从先解决温饱以后才产生的。所以当人开始认识自己的时候,是很大的进步。

哲学的产生是有条件的,要有一定文化的基础。每一个民族都有自己独特的文化,而且每一个民族的文化都对世界文化宝库有所贡献。比如诗歌、舞蹈、饮食、服装,这些都包含有文化内容。但是哲学不同,哲学是抽象思维,不是认识一件一件具体的事情,它要抽象到涵盖面更广的领域和范围。每一个民族都有它的独特文化,但不能说每一个民族都有哲学,没有文字的民族就没有哲学,这是哲学的抽象意义决定的。过去我在云南一些地区做社会调查,发现那里的人们对好坏、大小这样的概念可以理解,但是对"仁、义、礼、智"这个程度的概念就很难理解。哲学有更高的抽象思维,比一般的科学还要更抽象一些。西方有的学说认为哲学是一个高入云霄的概念,也就是说随着科技的发展,很多的哲学都要解决一个问题,这是它的任务。哲学"究天人之际",将自然、社会、人生都包括在里面,它又不是针对具体的某一个问题,但任何问题如果缺少了哲学的指导,就会出问题。哲学有一种看不见的用处,就是中国人说的"无用之用"。哲学能盖工厂、盖房子吗?都不行。但哲学与社会活动、社会生活以及社会的需要是分不开的。如果哲学脱离社会和现实生活,不能解决实际生活中的问题,那这样的哲学就没有尽到它的责任,就不够格。我看到中国人对哲学的定义范围与西方近代不同。宋朝的哲学家张载说一个读书人的任务是"为天地立心,为生民立命,为往圣继绝学,为万世开太平"。这是最高的目的,这个目的对中国的哲学家来说是一个很重要的定义,很多哲学家、很多种中国哲学史也提出这个定义,在西方看来这个是哲学问题吗？"为万世开太平"是政治家的事情，"为天地立心、为生民立命"是宗教的事情，他们总是觉得不一样。

在西方中世纪的时候，哲学和神学没有分开，一切的学问都属于神学，哲学是神学的奴婢，神学统管哲学，哲学比神学低一层。随着人类对自然认识的深入，各门学科分类越来越细，自然科学分物理、化学、生物等，哲学也分美学、伦理学、认识论、价值论、方法论等。中国的哲学为什么没有分那么细呢？因为西方文艺复兴以后自然科学逐渐发达，使用的机器也越来越多，手工业开始发展，开始有手工业的工厂，劳动者集中，分工细致。这使社会科学的研究发展方向分散，哲学与宗教就分开了。中国封建社会维持的时间特别长，但资本主义的兴起却比西方迟，缺少西方"越分越细"的一个历史过程，中国哲学一开始就宏观地看思想的发展和存在。

中国哲学讲综合，西方哲学讲分析，这种说法不算错。但是有一点必须提醒大家，就是西方哲学的分析也是跟现代的科学分类和科学发展分不开的，中国缺少了这一段历史，因此它讲"分"就讲得少，而且分类不像西方这么细，这都是社会历史发展阶段的差异造成的，不是说生来就是这样的。从历史发展阶段来看，西方的苏格拉底、柏拉图的时代就相当于中国的孔、孟时代，人类认识自己都大致有这样一个过程。

中国的哲学还有一个特点，就是它始终跟宗教密切结合。西方有一个政治和宗教分离的过程，教权、政权这两者是对立的有矛盾的，教权的地位比政权高，实际控制的地位和影响比较大。拿破仑在欧洲是英雄，他当皇帝要教皇给他加冕，皇帝地位才合法，政权和教权是分离的。中国政权和教权从秦汉以后一直是结合在一起的，中国的政治和宗教也是结合在一起的，皇帝是天子，天子是上帝的儿子，是宗教的名称。在外国天子是耶稣，国王不是天子。中国的政权巩固也跟这个制度有关系。10世纪以后在教育制度上，《四书》代替了《五经》，成为全国通用教材，任用官员必须经过《四书》的考试，官吏同时具有教职人员的身份，中央统治就更稳定了。多民族、统一的大国的好处就是内部没有战争，它的弊病也就出在这里。那时中国自认为是世界的中心，只有中国是最好、最强的，所以在这期间中国的哲学发展有一段停滞时期。当时老百姓的要求和权利也就没有机会表达，人们的痛苦也就没有机会改变。这时中国是靠圣人、圣君来治理国家的。这种状况也不利于哲学发展，哲学要不断地接触新的事物，阶段地解决新问题才能发展。但在中国古代，你只能照古代圣人说的去做，不能改变，甚至有怀疑圣人的想法都是有罪的。比如说孝，就不能问为什么要孝，问这个问题本身就有罪，因为孝是天经地义的。这就像西方的教徒问为什么要信上帝，有这样的怀疑就是犯罪。

可是科学是不断在发展的，政教不分的长期统治，这个流弊越来越明显——考试内容、教学内容陈旧，不接受新生事物，自我封闭。从鸦片战争以后，特别是五四运动以后，旧的哲学思想不那么灵了，从西方传来的新思想被人们广泛地接受。新思想的传播有一个特点，从南往北产生影响。太平天国起义是从广西开始的，康有为、梁启超是广东人，接下来孙中山也是广东的，国民党改组是从广东开始的，第一次国共合作也是从广东开始。思想的进步必然要交流，广东是一个对外交流的大门，而此时的中国北方相对锢蔽保守。近代以后，思想上南方比北方的影响大一些，就是这个道理。

二 中国哲学的发展阶段

下面我简单介绍一下中国哲学的发展阶段，它可以分三个时期。

第一个阶段是导源期。这个阶段提出了好多问题：人类责任、人类社会的关系、人与自然的关系等问题都提出来了。导源时期哲学家们对人和天（包括人对自然）的关系产生了不同的看法，有的哲学家说天是不可抗拒的，是最高的命令者；也有的哲学家说人可以胜天。还有人性问题的争论，有的说人性善,有的说人性恶。这些争论都没有确切的结论,但是这些问题都涉及了。代表人物就是孔、孟、老、庄,孔、孟算一个大的流派,老、庄算又一个大的流派。孔、孟更多的是从政治和统治阶层方面考论问题,怎么样解决人民的温饱问题。老、庄注重自然,主张政府少干涉个人,希望个人的思想、行动自由多一些。后来有很多"家",基本上是从这两个主流派生出来的。我有文章讲过,孔、孟是代表从政府管理者的立场观察世界,提出方案;老、庄是从劳动者的角度考虑,怎么样能过得自由一点,不受到政府过多的干涉。后来孔、孟代表在朝的方面多一些,老、庄代表在野的方面多一些。过去中国的知识分子,同样一个人在朝的时候就讲孔、孟,被贬官到了外地或者不当官退休了就讲老、庄,同时具有这两种思想,像苏东坡、白居易,也在过朝也在过野。他们既崇孔、孟,也崇老、庄。

进一步发展到了秦汉时期,哲学进入了第二个时期——奠基期。奠基期是从秦汉开始的,这是一个特殊的阶段。因为在春秋战国时期,列国分立,诸侯国家很多,武王伐纣的时候有八百多个国家参加,到了春秋只有几十个国家,到了战国时期只剩下了七个大国,国家之间最后兼并成一个国家——秦。秦朝统治时间很短,汉朝继起,统治时间长一些。

这个时期中国成为多民族统一的大国,这是顺应时代和社会进步的需要。因为在战国时期,没有一年不打仗,老百姓不得安宁,战胜的也有损失,战败的损失更大。当时百家争鸣,许多学派提出不同主张。归纳一下这些不同的主张,他们都关心一个共同的问题,就是怎么样治天下。当时的天下不是指现在的世界,是指国家,如何把国家治理好、管理好。无论是孔、孟还是老、庄,他们都是在讲自己治理天下的主张,有一些主张强硬一点,有一些主张则缓和一点,不过有一个共同的要求就是要统一,诸子百家反映了那个时代的趋势。

统一以后对哲学有新的要求。秦汉统一非同寻常,因为国土面积太大了,南方从长江流域延伸到珠江领域,北方是黄河领域,这么大的一个国家,要实行有效管理,怎么把它管理好?汉武帝征求把国家治理好的方法,其中董仲舒的"天人感应"学说应运而生。这种学说认为天跟人是一个整体,人自身就是一个小天地,天上(自然)有的,在人身上也有所体现——人的眼睛代表日月、血脉代表江河、毛发代表草木森林,与天人是相配的。因此人做好事上天会有所反映,人做坏事上天会有所告诫。即使是皇帝,实行的政策好,上天就会有祥瑞;施政不好,上天就有灾难。当时通过这一学说对统治者的作为有所制约。

"阴阳五行"是基于"天人感应"说法的一套框架。金、木、水、火、土,有互相克制的作用,也有互相辅助的作用。金克木是从生活经验提炼出来的,金属的刀子可以砍木头,水可以克火,火可以克金;反过来木可以生火,火可以生土,土可以生木。"五行"相生相克的知识作为一个框架,可以推广解释其他现象。比如说中医用"阴阳五行"的学说来解决治病的问题,人的脾胃属土、肝属木、肾属水等。还有朝代的更替也是用"五行"来说明的。秦朝"五行"占水,接下来的汉朝就把自己作为土的象征,土可以克水,水来土掩吗。而且颜色也不一样,秦朝上朝以黑色为尊贵,汉朝则以黄色为尊贵。这个体系从汉朝一直到后来很长的时间,来解释人们生活中的许多问题,给现实提供一个框架或说明。今天看来这种说明很粗糙,也不科学,可是在当时却起了很大的作用,它能够解答问题,成为一个体系。"阴阳五行"学说被董仲舒建立以后,长期影响着社会,这是现实社会的产物,当时的现实社会需要这么一个哲学,这个哲学可以解答当时社会的一些问题,这是第二个时期。

第三个时期是成熟时期。中国统一以后,多民族的国家形成了,战国时期的弊端没有了,生产可以稳定了,像长江、黄河这样的大河如果发生灾难,可以全国统一治理,外来的侵略可以组织全国的力量抵抗。像长城,可以动用全国的力量兴建,这样,物质建设、精神建设都取得了跨越。从汉朝开始,国家兴办学校,还开辟了丝绸之路,对外交流使人们的眼界扩大了。

但是从秦汉到宋朝,威胁统治的问题不是出自下层的老百姓,而是出自上层统治者之间,他们不断发生宫廷政变,这时还没有建立一个稳定的统治制度和体系。从宋朝开始,哲学需要进一步为巩固中央政权服务,所以对人类社会的地位和国家的职能考虑得更多、更周到。比如说《四书》、《五经》中,《四书》比《五经》的内容浓缩了,《论语》、《孟子》、《大学》、《中庸》加起来不到3万字。这就说明我们的哲学慢慢自《五经》集中到《四书》。

《四书》中的《大学》特别强调教育的三个主要原则:一个是明德,一个是新民,一个是止于至善。完善你的人格,造就一个完整的人。有八个详细的条目,从格物开始,致知、诚意、正心,这是内心的修养,推广开以后就是修身、齐家、治国、平天下,从内部到外部,使整个社会有一个框架。《大学》从天子到老百姓都给摆正了地位,制定了一个制度,这个变化是宋以前没有的。从宋以后,《大学》从上到下的中心思想,一个是忠,一个是孝,这两个观念深入千家万户,如果你不忠不孝,在社会上就没有立身之地。客观上这适合于封建社会的要求,能稳定封建社会的秩序。忠、孝两个观念是中国社会自秦汉以后一路强调下来的,这两个关系的轻重有点变化。在汉魏以前,孝比忠的地位更重要一些。管仲参加战斗时经常打败仗,不是他没有勇气,而是家里有老母要照顾,不能拼死一战。可见那个时候,忠与孝相比,孝更重要。后来忠被放在更重要的位置,当忠孝产生矛盾的时候,孝必须让位于忠。这也说明国家越来越集权。在汉唐的时候,君臣是坐而论道,都是坐着讨论问题。到了宋朝,宰相以下包括宰相没有坐着的。朱熹当过皇帝的老师,他老是发议论,皇帝不喜欢他,给他写了一个客气的指示,说你年纪大了,讲课也很辛苦,以后就别来了,就辞退他了。到了明清以后,君臣会面时站着都不行了,臣要跪着,跪着就不是讨论了,就是听命令。所以君权更为集中,哲学也进入了最后的停滞时期,这个时期国家比较统一,综合国力比较强,可是从明朝中叶以后,科学已经开始停滞不前,以前中国的科学是世界领先的,宋以后就开始停滞了,到明以后天文历法、日食月食都算不准了,西方的科技开始超过我们,西方资本主义萌芽了。

三 中国哲学的未来

将来中国哲学的前途与中国的国家命运是合在一起的,因为中国哲学始终离不开实际,离不开社会问题,哲学必须结合实际。马克思没有讲哲学原理,他的《资本论》就体现了哲学,具体地进行分析,实事求是地来说明一个社会,他不回避问题。

我认为现在社会的转型时期就是我们正在吸收各种文化,总结自己的文化,来展望将来、创造未来。将来的新的哲学思想体系,应该是吸收世界所有先进文化融合成的有中国特色的哲学,现在它正在形成中,还很不成熟。因为第一,对中国自己的哲学,我们现在没有一个明确的答案。我们有几千年的哲学没有整理透。有一些哲学家个人的著作里面写出自己的看法,真正讲到一个哲学应该是有生命的,有很多人接受它,很多人支持它、了解它,这样的哲学寿命就长。一个哲学家的书可以成为畅销书,但是不能指导社会。中国的哲学现在首先要积累资料,这是第一步,有了完备的资料下结论就可以放心。外国哲学的情况怎么样?我们比对中国哲学知道得更少,因为留学生到外国去要看当时流行的思潮,是什么思潮就带回来什么样的思潮,这是照搬。我们也照搬过不少,但都是不成功的。哲学不是靠照搬,而是要靠实践的考验,哪些是正确的,哪些经得起实践的考验,实践是检验真理的唯一标准。

经过近代到现代,西方哲学与自然科学一样,也是走越分越细的道路。当初哲学从宗教分离出去,还包括一部分宗教功能,试图解决人生归宿、终极精神安慰等人人都会遇到的困惑。还有一些社会不平等造成的心理不平衡等问题,都曾要求哲学来答复、解释。后果,人生终极精神追求由宗教去解决，心理不平衡由心理学分担。本来与生活十分贴近的哲学逐渐脱离生活，陷入到概念分析、语言分析的狭窄地带。

中国哲学本来离中世纪哲学不太远，它一直在干预生活，在古代曾起过重要作用。进入近代社会后，由于没有洗尽封建残余的影响，个人的权利不被重视，合理的物质要求得不到合理的对待，轻视科学技术，以贫困为荣，以生活富裕为精神堕落的诱因，把农村田园贫困生活当成净化思想的课堂，把城市现代文化看成罪恶的渊薮。在极"左"思潮泛滥时期，哲学思想一度与现代社会背道而驰，对资本主义带来的弊端没有克服的信心，缺少对应的办法。对封建社会不适应现代社会的流弊不予重视，这种精神状态从根本上来说，是缺乏建设有中国特色社会主义的勇气。

中国哲学的前景无限广阔。因为我们有前人没有遇到的机遇，有前人留下的丰富遗产。文化遗产早已存在，只是过去没有科学地对待它，有时捧到天一样高，不敢触动它一根毫毛；有时又贬斥得一无是处。这两种偏向，我们这一代人都有切身经历。文化有继承性，不能白手起家，传统文化是抛不掉、打不烂的。"文化大革命"中曾捣毁曲阜孔庙，这种疯狂行为恰恰是披着马克思主义外衣的封建迷信的泛滥。中国哲学中封建主义的深层次的问题清理得不够，我们责无旁贷。

世界上的各种思潮一起涌来，我们对它们要鉴别取舍，还要有一个消化吸收的过程。为了鉴别取舍，要提高我们的文化识别本领，才不致上当受害。有的人到外国取经，取经者正赶上某种学说流行，取回的未必是真经。即使是真经，他们用得上，拿来是否对我们适用，还要通过实践的检验。"五四"以后，我们既有成功经验，也有失败的教训。这些经验和教训都是可贵的教材。

西方哲学的发展，由混沌到分析，又由分析到综合，看来这是21世纪的大致轮廓。对中国哲学来说，我们不能安于自己的混沌、综合，认为比西方的分析更高明，这是一种误解。有人讲今天电子计算机的二进制法《易经》

早已讲过了;火箭发射原理宋代早已发明,只是西方火箭飞得更高而已。这是极端无知的说法。从原始混沌的统一,经过近代科学分析的洗礼,再进行综合,这个否定之否定(黑格尔说的"正—反—合")的认识步骤必不可少。经过新的否定之否定的必由之路,从宗教分离出来的哲学,今天要以崭新的面貌,接过当年宗教负担的职能,化解人们的心理和精神负担,解答人生的终极追求和终极关怀问题。未来的哲学要干预生活,深入生活,提高人们的精神境界,使人性的优点、特点得到充分陶冶,全面发展。哲学要解决人类最自由的追求,最大的精神安适问题。人类社会生活中总会遇到问题。要通过自己的力量,来对待一切正在产生的疑难问题,不图侥幸,不靠神仙皇帝,哲学必将与人类共存。我相信,到了大同社会,国家机构自然消亡后,哲学还要继续存在发展。

哲学的使命是指导整个人类怎么生活,不是指导哪一个人,使整个社会、整个人群受益,不是哪一部分人受益。过去董仲舒的思想指导汉朝四百多年,现在我们的哲学应该有更长久的效益。未来是酝酿和准备阶段,我们正在转型之中,希望大家共同努力,共同把转型期的工作做好。

我们学《易经》的什么

杨庆中
中国人民大学国学院教授

杨庆中

1964年生。中国人民大学哲学院、国学院教授,博士生导师,兼任国际易学联合会副秘书长。主要著作有《二十世纪中国易学史》、《周易经传研究》等。

>>>《周易》离我们一点都不遥远,不但不遥远,而且还活在我们的日常生活之中。

>>>《周易》是中国传统文化的哲学基础;《周易》是中国古代知识分子的哲学教科书;《周易》在中国传统学术中居于核心的地位。

>>>作为一个中国人,应该了解一点《周易》。

>>>《周易》对于帮助我们安身立命、过正常合理的生活有很大的启发意义。

>>>今天学《周易》,就是要学《周易》的智慧,而《周易》的生活智慧可以概括为一个"变"字。它的生命智慧主要是从安身立命、终极关怀的意义上来讲的。

一 今天学《周易》学什么

很高兴与大家分享《周易》。说到《周易》,我想很多朋友可能都会有一种扑朔迷离的感觉,说它遥远吧,好像又经常听到它的名字;说它离我们很近吧,又似乎不太了解它到底是讲什么的。甚至有不少朋友,一提到《周易》,好像只知道它只是算卦的书。事实上,只要我在这里提示一下,大家就会发现,《周易》离我们一点都不遥远,不但不遥远,而且还活在我们的日常生活之中。例如,我们平时说话、写东西的时候,时而会用到成语,我给大家举几个:居安思危、穷变通久、自强不息、韬光养晦、否极泰来、三阳开泰、革故鼎新、求同存异、殊途同归、洗心革面、义结金兰……这些成语,诸位大概都耳熟能详吧,但如果我要说它们都来自于《周易》,你会不会吃惊呢?比如"否极泰来"这个成语,就是由《周易》里边的两个卦名"泰"卦"否"卦组成的,"泰"卦后面是"否"卦,"否极泰来"意思是坏的过去好的到来。又如"革故鼎新"这个成语,也是由《周易》里边的"革"卦和"鼎"卦组成,"革"就是变革,"鼎"就是鼎立。革去旧的东西,然后建立新的东西,就叫革故鼎新。还比如"义结金兰"这个成语,是指两个人或几个人的感情不错,要结义为兄弟(俗称拜把子),也就是通常所谓的结金兰之好。它实际上与《周易》的"同人"卦有关,出于孔子对"同人"卦的解释:"二人同心,其利断金;同心之言,其臭如兰。"这就是义结金兰的出处。还有"三阳开泰"这个成语,过农历新年的时候,人们都喜欢说这个成语,它就来自于"泰"卦,"三阳"指的就是这个"泰"卦下面的三个阳爻。你看,这些成语都来自于《周易》,那你还会觉得《周易》离我们遥远吗?

　　我再举一个例子。大家可能都去过故宫,故宫里有三大殿:保和殿、中和殿、太和殿。为什么皇帝居住和办公的地方,叫保和殿、中和殿、太和殿呢?这个"保和"、"中和"、"太和",就来自于《周易》"乾"卦《彖传》讲的"保和太和,乃利贞,首出庶物,万国咸宁"。过去称皇帝为"九五之尊"。这个"九五之尊"是怎么来的呢?它也来自于《周易》,《周易》的"乾"卦九五爻的爻辞说:"飞龙在天,利见大人。"这是"乾"卦中最好的一个爻位,"乾"又代表天,而"九五"呢,又是"飞龙在天",所以把它比做皇帝,并称之为"九五之尊"。再比如,我们定下了一件事情,第二天又改变了主意,通常用什么样的话来形容呢?我们说,唉,又变卦了。"变卦"一词,也来自于《周易》。

在我们的日常生活中,《周易》处处可见,简直可以说,它就活在我们的生活之中。在这里我特别强调它"活"在我们的日常生活中,是为了表明它已经变成了中华传统文化的一种基因,它将永永远远地传下去。你不了解《周易》时,你是在无意中传承它;你如果知道了《周易》,你就可以自觉地去传承它,也就是由日用而不知,变成日用而知之。

既然《周易》就活在我们的生活中,那么应该怎样界定《周易》呢?或者说我们应该怎样给《周易》定一个位呢?现实中我经常遇到一些朋友,他听说我是研究《周易》的,就问能不能给他算一卦,或者能不能给他的小孩改改名字,好像研究《周易》,就是搞这些玩意儿的。当然我并不觉得他们这样理解《周易》是多么可笑,这是因为大家对它还不太了解。那么应该怎样界定《周易》呢?我觉得如果给它下个定义的话,可以先借助清代人编的一部大书《四库全书》。这部书的提要里边,有这样一段话:"易道广大,无所不包,旁及天文、地理、乐律、兵法、韵学、算术,以逮方外之炉火,皆可援《易》以为说,而好异者又援以入《易》,《易》说至繁。"

这段话的意思,就是说《周易》是中国传统文化的哲学基础。天文、地理、乐律、兵法、韵学、算术,以逮方外之炉火(方外之炉火就是道士炼丹),各个方面都与《周易》有关。都与《周易》有关说明什么问题呢?说明《周易》就是它们的哲学基础。所以,透过清代人编的这部书,我们可以看出,《周易》对于中国传统文化的方方面面都有影响,它就是中国传统文化的哲学基础。

因为《周易》是中国传统文化的哲学基础,所以在中国历史上,它的地位是非常特殊的,可以说,自汉代以来,中国传统学术的核心是经学,现在经学比较热,《周易》就属于经学的范畴。《诗》、《书》、《礼》、《易》、《春秋》,还有《论语》、《孟子》、《大学》、《中庸》等,都是经。传统学术的核心是经学,而《周易》又被尊为众经之首,所以经学的核心就是易学。在中国古代,《周易》处在学术核心之核心的地位。因此,当代大儒、已故的著名哲学家梁漱溟先生就说:"《易》乃大道之源。"还有的学者认为,《周易》是中国传统文化的活水源头,几千年的中华文化,就是在不断地诠释《周易》的过程中,生生不息地焕发青春的。刚去世不久的著名易学家、哲学家朱伯崑教授,也曾经说过一句话。他说中国人在与西方人接触之前,也就是近代之前,主要是靠研究《周易》来提高自己的思维能力。这也就等于说,《周易》是中国古代知识分子的哲学教科书。怎么看这个世界,怎么看这个宇宙,怎么看这个人生,靠什么?就是靠《周易》。我们说,作为一个中国人应该了解一点《周易》。通过前面的介绍,以后再提到《周易》,大家一定要记住三句话:《周易》是中国传统文化的哲学基础;《周易》是中国古代知识分子的哲学教科书;《周易》在中国传统学术中居于核心的地位。

既然《周易》这么重要,而大家对《周易》的感觉又扑朔迷离,想看看,想学学,可翻不了几页,就觉得头大,其中的原因究竟是什么呢?我想一方面是由于大家接触得少;另一方面呢,是由于《周易》一书的结构,确实有和其他经典不一样的地方。比如说,《周易》有一套独特的符号系统,学习这套符号系统往往是枯燥乏味的。可是不了解这些东西,想知道《周易》的奥妙,又几乎是不可能的。所以不少朋友往往是望而却步,终于进不了《周易》的门庭。我经常举这样一个例子,说学《周易》好比是去山顶看日出,日出的景象是美轮美奂的,但是登上山顶的路却不一定处处引人入胜。可为了看日出,我们还得上山。学《周易》呢,一开始也要克服这个枯燥乏味带来的烦恼。但是学《周易》与到山顶看日出又不完全一样,看完日出,你获得一种美感,可那下山的路和上山的路仍然没什么区别。学好《周易》就不同了,一旦你透过这些符号系统,领会到了它的奥妙之后,回过头来再看这些符号的时候,就一点也不觉得枯燥乏味了,而且会感到字字珠玑,奥妙无穷,读每一句爻辞,都觉得这里边,简直是智慧太丰富了。

我想应该讨论一下今天学《周易》,到底应该学什么的问题了。我个人

体会,学《周易》至少在三个层面上可以满足我们的需要:

第一个层面,也是最起码的,就是知识的层面,至少知道《周易》到底是讲什么的,包含什么样的内容。这对于丰富我们的知识,当然是有好处的。

第二个层面再进一步,对于了解中国传统文化,中国传统文化的特质、中国传统文化的核心内涵是什么,肯定是有很好的帮助作用的。

第三个层面,也是我今天想重点和大家分享的,就是对于帮助我们安身立命、过正确合理的生活有很大的启发意义。孔子晚年曾经说过一句话:"假吾数年,五十以学易,可以无大过矣。"孔老夫子把学习《周易》的目的,定位在"无大过"上面,"无大过"就是不犯大错误。这是孔老夫子的学习体会,也应该是我们今天学习《周易》的目的。所以说,今天学《周易》,就是学智慧,学习少犯大错误的智慧。我把它分为生活智慧和生命智慧两个层面。

二 《周易》的生活智慧

今天学《周易》,就是要学《周易》的智慧,而《周易》的生活智慧可以概括为一个"变"字。"变"是《周易》的核心观念之一,西方人以前翻译《周易》,就把它翻译成"变化之书"。《周易》讲"变"就是强调人们要顺应事物发展变化的规律,并在这种顺应的过程中找准自己的位置,使自己永远处于一种恰当有利的位置。具体来讲又可分为两个方面:一方面是在成功或走运的时候如何防止变;一方面是在失败或倒霉的时候如何促进变。简单一点说,就是如何变和如何不变。

你现在很成功,希望保持住这种势头,那你就要防止变,但防止变的办法仍然是变。变什么呢?就是调试自我,谦卑虚心,戒骄戒躁。只有这样才能够保持住自己的成功。一个人成功的时候,往往会得到很多荣誉,很多好处。这个时候你如果骄傲自满,觉得自己了不起,那就麻烦了,因为这样有可能会促使你走向失败。所以清朝的名臣曾国藩曾经说过一句话来形容人生的最佳处境,那就是"花未尽开月未圆"。花开尽了,那么紧接着的就是凋谢;月亮圆了呢,紧接着的就是亏损。所以这时候就需要你想办法不让它开尽,不让它特别的圆。现实中的花,开到一定程度一定是要尽的;月亮到了十五、十六,一定是要圆的。但是人却可以通过自己的努力来做到未尽开,未尽圆,这方法就是谦卑。《周易》里面有一卦,名字就叫"谦"。汉代人说,《周易》里有一卦,大可以保一国,小可以保一身,指的就是这一卦。我们看到听到过很多这样的例子呀,很多企业曾经名噪一时,结果说垮一下子就垮了,走马灯似的。就是因为它不知道怎样防止变,不知道怎样通过变来防止变。

在失败或倒霉的时候怎么促进变呢?人的一生总不会时时事事都顺,倒霉的时候、走背运的时候、环境不好的时候、对自己不满意的时候,你就要促进变,这叫"穷变通久"。穷是指你现在境况糟糕,变是要变这个"穷",通则是克服、超越了穷,也就是走出了困境。这就是"山重水复疑无路,柳暗花明又一村",越失败越要有信心。我常常做这样的比喻,成功、辉煌时就好比登上了山顶,这时如果不谦卑,那你无论往哪个方向走,都是下坡路。失败、倒霉时就好比走到了谷底,这时只要你保持信心,坚持不懈,无论往哪个方向走,都是上坡路。

防止变或促进变,都是要人努力追求和保持存在的合理性。相传在周庙里有一种器皿,叫"右坐之器",这种器皿有一个特点,注满水以后呢,它就倾覆;注得太少呢,它也是倾斜的:只有恰到好处的时候,它才能够端正。有一次,孔子带着他的弟子,来到这个地方,问看庙的人有没有这么回事儿,这个人说确实有。孔子就让他的弟子取了一瓢水来试验,结果果然如此。孔子看罢,慨叹道"呜呼,恶有满而不覆者哉"!也就是说哪有满了而不倾倒的呢,言外之意就是太满了容易倾覆,容易溢出来。这时候有一个叫子路的弟子问孔子,保持盈满有没有办法。孔子说,办法是有的:"持满之道,挹而损之。"也就是说,保持盈满的关键在于注意"损",具体说就是:"高而能下,满而能虚,富而能俭,贵而能卑,智而能愚,勇而能怯,辩而能讷,博而能浅,明而能暗,是谓损而不极。"孔子认为,"能习此道,唯至德者及之"。《周易》讲变化,就是这样,要让人变得恰到好处,立于不败之地。走出低谷,恰到好处,就是成功;防止走下坡,恰到好处,就是保持成功。

防止变也好,促进变也好,归根结底都是一个变。但变并不是没有条件的。《周易》讲变,根据就是"时",也就是"变通趋时"。《周易》中这方面的材料很多,我想结合着"屈伸随时"这个成语来讲。我们说大丈夫能屈能伸,屈伸就是变。但什么情况下屈,什么情况下伸,这是有智慧的,"因时而变"就是智慧。在现实生活中顺而能进易,逆而能屈难;逆而能屈易,屈伸随时难。人们常常讲"识时务",这里面就特别强调一个"时"字。

我们知道勾践卧薪尝胆的故事,他在复仇雪耻时主要依靠了两个人物:一个是文仲,一个是范蠡。这两个人都是经邦治国之才,但是一个功成身退做了大富翁,一个流连忘返却成了刀下鬼,下场很不一样。据历史记载,勾践在灭掉吴国之后,曾经摆宴庆功,群臣欢呼雀跃,喜形于色,大家都很高兴。越王勾践却面有不悦之色,一般的人都没有察觉到,可范蠡一眼就看透了勾践的心思,知道他这个人不愿意把灭吴之功归于臣下,心肠比较狭隘,虽然他曾经卧薪尝胆,但这个时候他的狭隘心胸就表现出来了。范蠡发现了他这一点,猜透了他这一点,就暗自做出了急流勇退的打算。他便向勾践请求退休,勾践沉思了半晌,然后煞有介事地对范蠡说,你范蠡不能退休,不但不能退休,我还要分越国的一半给你,要你和我一起掌管越国。你必须答应我,你不答应我,我就杀掉你。范蠡心里当然很明白了,他知道杀掉他是真,分享越国是假,他就悄悄地打点行装,带着家眷,包括倾城倾国的一代佳丽西施,泛舟而去,跑了。史书上说他到别的国家做买卖,成了大富翁。范蠡逃离越国时,曾给老朋友文仲留下一封信,告诉他勾践这个人只可共患难不可同享乐,你要早做打算,赶紧离开是非之地。可惜的是,这个文仲收到范蠡的信以后,犹豫不决,当他看到了问题的严重性,打算退隐的时候已经晚了,勾践赐死的宝剑已经送到了,只能是横刀自刎了。

从《周易》的角度来讲,文仲的悲剧,就是没有处理好屈与伸的关系,也就是不知道因时而变。勾践兵败会稽山之后,求贤若渴,文仲当了大官,可以说是得时有位,因为勾践要复仇,文仲有韬略。但当勾践灭了吴国,雪了国耻之后,文仲仍身居显位,就是有位无时了。文仲忠君忧国之心没改,勾践阴险毒辣之性已彰,结果必然是时位乖离,因位而招祸,这个位反而成了文仲的祸端。这就是不能因时而变的惨痛教训呀!范蠡在勾践用人之际,能够因时得位,施展经邦治世之才;在勾践如愿以偿之后,又能因应时变,急流勇退,改行经商,总能立于不败之地。因时而变是与时偕行,亦即与时俱进的明智之举呀!我们说《周易》讲变,根据的就是"时"。有学者甚至认为《周易》就是讲"时"的书。

那么,如何把握"时"呢?《周易》认为,要想很好地把握时,就要多在"知几"上下功夫。通俗一点说,"几"就是苗头、兆头。《周易》里面有一段话:"夫《易》,圣人之所以极深而研几也,唯深也,故能通天下之志;唯几也,故能成天下之务;唯神也,故不疾而速,不行而至。""深",就是"幽深"。这两个方面的最大特点,就是"神",也就是变化莫测。因为变化莫测,才难于把握,才需要下功夫认真地研究。

我们常说:"合抱之木,生于毫末;九层之台,起于累土;千里之行,始于足下。"特别粗的一棵大树,"生于毫末",一粒种子种下去,然后长出幼芽。幼芽如果有一个合理的生长,就会成为参天大树。"九层之台"——一个很高的台子,"起于累土"——是一筐土一筐土垫起来的。"千里之行"——很远的路,"始于足下"——是一步一步迈出来的。这些话都是在强调开好头,并坚持下去。《周易》里面也讲到了类似的话:"积善之家,必有余庆;积不善之家,必有余殃。臣弑其君,子弑其父,非一朝一夕之故也。"关键看你能不能及时地辨察出来。天大的坏事都有一个开始,你能及早辨察,就有可能避免。《周易》特别强调"知几"的功夫。它认为如果能够发现并研究细微的征象,就能够成就大事业。知道了"几",知道了这个苗头、兆头,就能够达到很

"神"的程度。因为"几"是"动之微",是"吉凶之先见者",是吉凶最先表现的那个地方。我们很多人都是在吉凶已经非常明显的时候,才能够判断吉凶,而"知几"的人能在吉凶刚刚开始表现的时候,刚刚开始露头的时候,或者吉凶还没有表现出来而只有苗头的时候,就知道了。

据《战国策》记载,中山君有一次犒赏手下的臣僚,但由于羊肉羹做得不够,其实也就差一碗。大夫司马子期没有分到这碗羊肉羹,司马子期觉得中山君小看他,于是怀恨在心,一怒之下跑到楚国,游说楚王出兵讨伐中山君。结果楚王出兵,打得中山君溃不成军,夺路而逃。在他逃跑的过程中,有两个人提着大刀,尾随于后,始终保护着他,但中山君并不认识这两个人,所以他就问他们是干什么的,为什么要保护他。这两个人说:"我们的父亲,有一次快饿死了,您正好遇上,赐给他一碗稀饭,救了他一命。我的父亲临死之前,告诉我们哥儿俩,中山君有事的时候,一定要豁出命去保护他。"中山君听了这哥儿俩的叙述,仰天长叹:"与不期众少,其于当厄。怨不期深浅,其于伤心。""与不期众少",给予别人不在于多寡,而在于"其于当厄",在于他正好需要的时候;"怨不期深浅",怨恨不在于浅也不在于深,"其于伤心",在于你是不是伤了这个人的心。中山君因一杯羊羹亡国,又因一碗粥得救,说明这个"几"就是在平常的生活中不经意间形成的。这个例子,也能够说明这个"几"的意义、作用是何等之大。我们如果能够"知几",能够事先观察到苗头、兆头,就能够因应时变,防患于未然呀。《周易》这部书又被称为"忧患之作"。忧患的目的是防患,防患必从忧患始,"知几"就是忧患。

三 《周易》的生命智慧

前面讲的是《周易》的生活智慧,现在再来看一看生命智慧。生命智慧主要是从安身立命、终极关怀的意义上来讲的。这方面,可以用"乐天知命"

这句成语来表述。乐天知命,就字面的意思说,就是乐其天然,知其命运。而乐其天然之"乐",又必须以"知命"为基础,所以"乐天知命",归根结底还是"知命"。说到"知命",人们可能总觉得神秘兮兮的。其实,《周易》里面讲的"知命",一点神秘的成分都没有。

"知命",是孔子极为提倡的。孔子的"知命"说,可能人言人殊,但我的体会是,孔子所谓的"知命",实际上就是认识你自己。孔子有一个弟子叫樊迟,有一天,樊迟去孔子那里请教种庄稼的事。孔子说这方面我不如老农,你要想学种庄稼,可以问老农。樊迟又问种花的事,孔子说这方面我不如园丁,你要想学种花呢,可以去问园丁。樊迟碰了一鼻子灰,就出去了。孔子说,樊迟真是个干不了大事的人!"上好礼则民莫敢不敬,上好义则民莫敢不服,上好信则民莫敢不用情。"在上的统治者,如果好礼的话,那老百姓就不敢不敬畏他;统治者如果走正道、崇尚正义的话,老百姓就不敢不服从他;统治者讲信用的话,老百姓就不可能不为他效命,不为他效力。统治者能够做到这样,那么周围的老百姓,就会抱着自己的小孩跑到他这儿来要求当他的国民了,哪里还用得着学种地、学种花呢?

孔子这一段话,是想说明像他和他的弟子这个阶层的人,上天赋予他们能力,不是让他们学种地、学种花的,而是让他们当帝王的老师,在社会上宣传仁义,宣传忠信,教导统治者,让他们"导之以政齐以之礼"的。孔子一点也没有因为种地不如老农、种花不如园丁而感到自己缺少什么,反而斥责想在这方面获得知识的樊迟是个成不了大器的人。这就是孔子的天命自觉,这就是孔子所知的"命"。换句话说,孔子认为,他自己的使命不是种地、不是种花,而是做帝王师,为这个时代指一条明路,为这个社会提供一种规范。就这个意义上说,我觉得孔子的"知天命",实际上就是认识自己,认识自己应该干什么,不应该干什么。《周易》所讲的"乐天知命"也是这个意思。知道了这个"命",你就能够很好地设计自己的人生,并踏踏实实地去实现它。而且,在实现的过程中,即使遇到艰难困苦,也无所畏惧。你看孔子在周游列国时遇到了多少困难,但孔子从来没有灰心丧气过。比如在匡地,生命受到威胁时,大家都很担心,孔子却坦然地说,文王既然已经成为历史,记载他的思想的文献不是在我这里吗!天要想灭这些文献,像我这样的后继者就不可能得到这些文献,天要不想灭这些文献,匡人能把我怎么样?

怎样才能做到"乐天知命"呢?《周易》提供的思路是"穷理尽性以至于命",就是通过"穷理尽性",最后达到"命"。"穷理"用《周易》的术语说就是探讨阴阳变易的法则,"尽性"就是发挥人的仁义之性。在这里,"理"是就着万事万物讲的,"性"是就着人讲的,其实是一个东西,至少是有相通之处的。比方说,任何事物都有它的特性,这些特性从哪儿来的呢?古人认为是天所赋予的,这就叫"天命之谓性"。我们穷了物的"理",也就理解了物的"性";理解了物的"性",也就理解了宇宙的变异法则和人的本性,把人的本性发挥出来,就是尽了人的"性"。

正是遵循这样的路数,《周易》特别强调"推天道以明人事",也就是"穷物理以明人事"。比如《周易》讲:"天行健;君子以自强不息","地势坤;君子以厚德载物","云雷屯;君子以经纶","山下出泉,蒙;君子以果行育德"。在这里,"天行"即日月星辰在天上的运行、"地势"即山岳川流在地上的形势、"云雷"即云彩与震雷、"山下出泉"即山下冒出甘泉等等,这些都属于自然现象,都包含了事物之理。《周易》教人们通过这些物之理,去体会社会人生之理。看到日月星辰无休止有规律的运动,人要效法它,去体会自强不息的做人准则;看到大地养育万物乘载万物的特性,人要效法它,去体会厚德载物的美德。这种思路对我们应该是很有意义的,他教我们如何通过自然理解人生,如何通过自然之理提升人的德性层次。我们看到蓝天,看到白云,看到银河,看到繁星,或者去一个什么旅游胜地看到美景,我们会有什么样的感受呢?或者说,我们能不能也学着《周易》教给的思路,从做人的层面、从德性修养的层面,兴发一些感慨,体验一种道理呢?如果这样做,你就是在穷理尽性;如果这样做了,你就一定会在生命的层面产生一种特殊的感受。你看孔子说话,经常联系到自然,如"仁者乐山,智者乐水";"岁寒然后知松柏之后凋";"天何言哉,四时行焉,百物生焉,天何言哉";"逝者如斯夫,不舍昼夜"。这些都是在用自然之理打通生命之理呀!《周易》特别强调观物取象,观象取意;强调效天法地,明白宇宙之理,贯通生命之道。而这也正是"乐天知命"的最终目的。

贯通生命之道,在《周易》里的表述是:"立天之道曰阴与阳,立地之道曰柔与刚,立人之道曰仁与义。"这实际上也就是人们通常所说的"天人合一"。"天人合一"这个概念,在这个世纪之交出现的频率非常之高,尤其是前几年,你翻开杂志,各种层面的杂志,几乎都发表多篇讨论天人问题的文章。我的体会是,"天人合一"的本质是在探讨人与社会存在的合理性和合理存在的可能性问题。基督教认为人是上帝创造的,所以人存在的根据是上帝。《周易》认为"有天地然后有万物,有万物然后有男女,有男女然后有夫妇,有夫妇然后有父子,有父子然后有君臣",所以讨论人存在的根据便需要讨论天人关系问题。

天人问题,是中国哲学的核心问题。我重点说说"乐天知命"为什么要落脚到"天人合一"上。前面说了,《周易》讲"乐天知命"入手处是穷理尽性,"穷理"就是探讨阴阳变易的法则,"尽性"就是发挥人的仁义之性。照《周易》的说法,能做到这样就能够对宇宙人生有一个合理的理解,并因此使自己的生命活动也逐渐地合理化,而最合理的状态则是"与天地合其德,与日月合其明,与四时合其序,与鬼神合其吉凶,先天而奉天时,后天而天弗违"。合天人、合四时、合鬼神,实际上就是与宇宙合而为一。达到了这种合一,对于生命也就有了新的理解。所以,《周易》是从生命的意义上来讲"天人合一"的。正因为这样,《周易》才特别强调"生生之谓易","天地之大德曰生",也就是特别强调"生",而"生"恰恰又是宇宙合理性的最佳表现。《周易》讲"变"、讲"乐天知命"等,最后又可以归结为讲"合理性"这三个字:讲宇宙的合理性,讲天地的合理性,讲自然的合理性,讲社会的合理性,讲人的合理性。"合理性"这三个字,也就把生活智慧与生命智慧贯穿起来了。所以严格说来,在《周易》那里是没有生活智慧和生命智慧的区分的,我们做这样的区分,只是为了讲述的方便。把"合理性"这三个字,再精简一下,就是一个"道"字,而人如果一直遵循着这样一个"合理性",遵循着这样一个"道"来建构自己,展开自己的生命历程,那么就会与宇宙的合理性合而为一。这种合一毕竟是一种很高的境界,也是最合理的存在形式吧!孔子所谓的"随心所欲不逾矩",大概就是这个样子。

《周易》是个大宝库,内容相当复杂。我所讲的,不过是隔着宝库的门往里面瞥了一眼所看到的现象而已,有的地方可能还是假象,所以还需要朋友们自己去体会。最后,请允许我用我的一首打油诗来结束今天的讲座。

> 三千余年说《易经》,象数理占各不同。
>
> 哲人布爻思形上,术士摆卦演吉凶。
>
> 观变玩占德是本,乐天知命性为宗。
>
> 莫道诸家多歧解,求其德义乃圣功。

国学略说

张立文
中国人民大学教授

张立文

1935年生。中国人民大学哲学系教授、博士生导师、孔子研究院院长兼学术委员会主席,中国周易研究会副会长、日本东京大学客座研究员。主要著作有《周易思想研究》、《和合学概论》、《中国哲学范畴发展史》等。

>>>《周易》的三句真言可以这样概括：生生之谓易，保合太和，穷理尽性以至于命。
>>>我把儒家的核心精神概括为三句话：以治平为本，以仁为核，以和为贵。
>>>我把道家核心思想概括为三句话：无为而治，有无相生，道法自然。

为什么我要选择每家的三句真言？我们知道，司马谈在《论六家要旨》中仅就儒家的书籍就说过："六艺经传以千万数，累世不能通其学，穷年不能究其礼。"国学方面的典籍浩如烟海，"穷年不得尽其观"，因此我们应该掌握核心的问题。基于这样的考虑，我把每家的思想都概括为三句话，这样概括的标准有二：一是这家的核心思想；二是这些思想对后世的影响是最大的。从这个意义上讲，三句话尽管简约，但并不简单，因为它概括了这家思想的核心话题。

一 《周易》真言

先讲《周易》。为什么从《周易》讲起呢？我们知道《周易》是中华文化的根，也是中国思维方式的活水，它开启了中华学术的一个范式。从这个意义上讲,《周易》是中华思想和民族精神的源头,是一部由巫术包裹着的百科全书。它不仅深刻地展现了中国古代政治、经济、文化结构的特点,渗透在人们的生活方式、伦理道德、风俗习惯、价值观念里,而且产生了世界性的影响,比如说莱布尼兹关于"二进制"的思想,就得到了《周易》的启发;同时,它也开启了儒家、道家和墨家等中国历史上的主要思想流派。

易道广大,乾坤并健,阴阳消长,与时偕行。它的三句真言可以这样概括:生生之谓易,保合太和,穷理尽性以至于命。

(一) 生生之谓易

"生生之谓易"包括这样两层含义:一是"富有之谓大业",二是"日新之谓盛德"。什么叫做"生生"?《周易》上讲"天地之大德曰生",意谓天地最大的品德就是"生"。《周易》各卦产生的过程就体现了"生"的品格。《说卦》上讲:"乾,天也,故称为父;坤,地也,故称为母。"父母交感变化就化生了震、坎、艮、巽、离、兑,三男三女,他们与乾、坤两卦合起来便形成了八卦,八卦的不断重叠产生六十四卦,这个过程就是生生不息的过程。这种思想就影响了整个中国的思维方式。

只有变易才能生生,生生才能富有,此谓"富有之谓大业"。每个人都希望自己富有,富有应该包括每个人的道德水平、科技知识以及财富积累等,也就是说要成功立业,不仅仅是物质财富的富有,还有精神财富的富有。《系辞》上讲,"夫易圣人所以崇德广业也",就是说要注意道德这个层面的建设。一个人道德的缺失,可能会使他整个的财富化为乌有。中国人讲"富不过三代",为什么?是因为后继者没有一种创业的意识和道德。

生生和富有的另一层含义是"日新"。所以,《周易》把"日新"作为一个重大的德性。"日新"就是"日日新",用现代的话讲就是不断地创新。如果没有不断地创新,就不可能"富有",也不可能"生生不息",所以《周易》上讲"日新之谓盛德"。怎样才能保持不断地"生生"和"富有"?就要依据《周易》乾卦九三的爻辞所讲的:"君子终日乾乾,夕惕若厉,无咎。"君子终日要勤奋不懈地工作,到了晚上又能够不断地反省自己,这样就不会有灾祸。一个不会反省自己的人是不会进步的。

(二) 保合太和

《周易·乾·彖》上有句话叫做:"乾道变化,各正性命,保合太和,乃利贞。首出庶物,万国咸宁。"这里提到了"保合太和",在太和的"天道"内蕴涵着浮沉、升降、动静、相感的性质,因而产生氤氲、屈伸、胜负的变化,变化有一定的规则,在变化的过程中,每个事物都得到了它应有的位置,并"各得其所",在这种情况下,就可以取得一种协调、和谐。这种思想影响很大。

我们可以看看故宫的建筑。第一个殿就是太和殿,第二是中和殿,第三是保和殿,后面还有三个殿是乾清宫、交泰殿、坤宁宫。故宫六个大殿的建筑就是按照《周易》六爻所建。这里有了太和、保和,为什么还有一个中和殿?如果知道《周易》的既济卦(上坎下离),我们就可以清楚,"既济"卦是"离"卦和"坎"卦的重叠,"离"在下,"坎"在上;"离"是火,"坎"是水。在"既济"卦里面,九五是阳爻,在阳位;六二是阴爻,在阴位。五是奇数,二是偶数,阴在偶数位,阳在奇数位,称为"得位",九五为至尊的位置,古代皇帝称"九五至尊",与其相对应的六二阴爻,是臣位,君臣和谐为"得中"。九五、六二两爻阴阳相应,叫做"和",既当位又相应,所以称为"中和"。乾清宫是皇帝平时办公的地方,坤宁宫是皇帝结婚的地方,皇后、太后可以在那里活动,中间是交泰殿,"泰"卦是"坤"在上,"乾"在下,这时候,阳气向上,阴气向下,便可以交感。《周易·泰·彖》上讲:"天地交而万物通,上下交而其志同也。"天地不交万物就不通,上下不交万物就不成,交泰殿就是取《泰·象传》中"天地交泰"的意思,也就是乾清宫和坤宁宫的一个交合,这是故宫仿照《周易》思想的一个排列次序。从这里我们可以知道"保合太和"实际上是讲"和"的思想。

《周易》六十四卦都是相反相成的,讲和合、和谐的思想,八卦的天地、水火、山雷、风泽,也是融突而和合、和谐。"和"的思想后来得到儒家、道家、墨家等的阐发,成为中国思想上一个核心的范畴和首要的价值观,影响了中国的政治、经济、文化和思想等方面。

(三) 穷理尽性以至于命

这句话被看做是《周易》中的"易道"。"易"有"三义":一曰变易,二曰不易,三曰简易。"不易"讲的是"易道","和顺于道德而理于义,穷理尽性以至于命"就是不易之道。这里提出了三个概念:理、性、命。这三个概念在后来的"理学开山之祖"周敦颐那里做了重要的发挥,他在《通书》中有专门一篇文章叫做《理性命》。

"穷理"就是穷"易道"。朱熹讲只有"格物"而后方能"穷理"。王阳明年轻时笃信朱学,依朱子所说"格"他父亲王华北京官署里的竹子之"理",结果未果而中途病倒。"穷理"用我们现代的话讲就是认识事物的本质,认识事务现象的背后是什么。比如桌子的背后是什么呢?背后的东西能不能被认识?也就是"理"能不能被我们"格"出来?大家应该想一想。王阳明按照朱熹的方法没有"格"出来,那么这个"理"究竟在什么地方?王阳明穷尽儒、道、佛之书,后来他找到了"理"就在心中,心外无物,心外无事,心外无理。心就是理。这样他就开启了与朱熹不同的路向,一个是"理学"的路向,一个是"心学"的路向。

何谓"尽性"?首先,"性"就是我们所说的人性。对"性"的本性,人们众说纷纭,有人说人性是善的,有人说人性是恶的,也有人说人性是善恶混的。其次,"性"是从哪里来的呢?《中庸》开篇就说"天命之谓性",《郭店楚墓竹简》里讲"性自命出"。这说明"性"是"天"给我们的,是先天的。孟子讲人性本来是善良的,但是它常常被私欲所蒙蔽,因此才堕入恶。所以我们应该去除私欲,把我们放逐的"本心"找回来,这叫做"求放心"。把原来的"本心"恢复起来,这就得"尽心",即认识我们的"本心"是什么。所以孟子讲"尽心知性知天",只有能够"尽心",才能够"知性"、"知天"。

"穷理尽性以至于命"的"命"可以理解为天命和命运。"命"和"运"是两个不同的概念,如果说"命"是"天"赋予的、不可改变的必然性,那么"运"则是可以自己掌握的。人可以在"性"和"命"的互动中来掌握自己的命运。《周易》上讲:"夫大人者,与天地合其德,与日月合其明,与四时合其序,与鬼神合其吉凶。"就是说我们只要"穷理尽性"就可以与天地合德、与日月合明、与四时合序、与鬼神合吉凶,也就是说我们可以掌握它。孔子就说"五十而知天命"。从这个意义上看,《周易》上的"穷理尽性以至于命",可以说开启了后来的宋明理学以及儒家的理性命话题。

二 儒家真言

《周易》开启了儒家的思想,它是儒家思想的源头活水。孔子读《周易》曾经"韦编三绝",把用来穿竹简的绳子翻断数次,可见对《周易》做了很深入的研究,所以后人把《易传》归于孔子的名下。儒家讲"天行健,君子以自强不息",讲"经世致用"。我把儒家的核心精神概括为三句话:以治平为本,以仁为核,以和为贵。

(一) 以治平为本

《大学》中按照朱熹排列次序第一章就讲"格物、致知、诚意、正心、修身、齐家、治国、平天下",这叫做八条目。不管是天子、庶人"一是皆以修身为本"。"修身"以上是内圣问题,"修身"以下则是外王问题,内圣也就是"超凡入圣"的问题。这就需要通过"格物"、"致知"而"诚意"、"正心","身修"而后才能"齐家"、"治国"、"平天下"。从这里我们可以看出来,内圣可以直通外王。现代新儒家熊十力也认为可以直通，而他的学生牟宗三则认为不是直通，而只能曲成。需要经过"良知坎陷"，然后才能开出外王。换言之，内圣的"心性之学"只有这样才能开出外王的科学和民主来，这是他做的一个现代的解释。但是从《大学》来看，"格物"、"致知"是一个知识论问题，如果把这些做好了，然后"诚意"、"正心"，其实是可以开出"外王"来的。

现在为什么一些人，甚至一些高级领导干部，出现了贪污受贿问题？就是因为他们没有"格物"、"致知"，提高认识，然后"正心"、"诚意"，去做"修身"的功夫。只有自己的身修好了，才可以管理好家庭，如果连家庭都管理不好，他如何能治国呢？这当然会出问题的。

治平为本，在政治上看，孔子是主张德治的。孔子说："道之以政，齐之以刑，民免而无耻；道之以德，齐之以礼，有耻且格。"意思是说从政时，你用政令和刑罚来压服，那么百姓可以做到不犯罪，但是并不能使他有羞耻之心；如果你用道德来教化他，用礼来引导他，那么他就不会犯罪，并且有了羞耻之心。这是两个层面，一个是"自律"的，一个是"他律"的，只有把这二者很好地结合在一起，我想问题才能得到很好的解决。政治上孔子要求君应遵君德，官应遵官德，为政者要端正，所以说"政者，正也"。如果只有命令，自己不以身作则，下面也不会执行的。用俗语讲就是"上梁不正下梁歪"，这是很简单的道理，这是"治平"的根本。

"治平"为本，从经济上看，就是从小康到大同的社会目标。小康是"各亲其亲，各子其子"，自己把自己的亲人当做亲人去亲，把自己的儿子当儿子去爱。大同社会是"天下为公"，那么就不能仅"各亲其亲，各子其子"，而是要把这种亲情也推及到别人的亲人身上，"不独亲其亲，子其子"。

"治平"为本在道德上的要求，是要遵循"孝、悌、忠、信、仁、义、智、勇"这样一些道德条目，这是社会"治平"的保证。

从教育上讲，孔子主张"有教无类"，也就是说每个人都有受教育的权利，不受等级的限制。譬如周代就有这个限制，要上国子学，必须是三品以上的子弟,入太学必须是五品以上的子弟,入四门学必须是七品以上的子弟。孔子的伟大之处就是打破了这种等级制度,使得每个人都有学可上。同时他打破学在官府的教育制度,率先私人办学,为广大人民开辟了上学的方便之门。

(二) 以仁为核

《吕氏春秋·不二篇》说:"孔子贵仁。""仁",《说文》上言"亲也,从人从二",是讲人和人之间的关系。那么应该如何处理人和人之间的关系呢?要"仁者爱人"。后来有人讲"仁"是对别人而言的,它重人的价值取向;"义"是对自己而言,它重我的价值取向。"义"是你自己要做到,它由外在的道德行为内化为端正自我。"仁"则要求爱别人,人往往有一种本能的自爱心理,而丧失爱人的意识,所以强调爱人,只爱自己不是太自私了吗?因此,"仁"是由己及人,它包括三个方面的意思。

一是"己所不欲,勿施于人"。1993年通过了一个《全球伦理宣言》,这个宣言提出了四条"金规则":一是不杀人,也就是不要战争;二是不说谎;第三条是不偷盗;第四点是不奸淫,男女是平等的。这四条"金规则"的指导思想就是"己所不欲,勿施于人"。

二是"己欲立而立人,己欲达而达人",也就是说自己"立"起来了,也要使别人"立",自己通达了、发达了,也要使别人通达、发达。就像现在评教授,自己评上了,就不让别人上,这就不对了。在国际上一些发达国家总是制裁不发达的国家,不让不发达的国家发展,限制这些国家的发展。发达国家自己发达了也要让别的国家发达,这才是"己欲达而达人",这才符合孔子的思想。

三是"博施于民而能济众",就是广泛地给予老百姓好处,又能帮助老百姓生活得好,而且要帮助不发达的国家发达起来。

(三) 以和为贵

孔子的弟子有子说过"礼之用,和为贵"。"日本资本主义之父"涩泽荣一在经济领域中成就显赫,他创办了五百多个企业、六百多个慈善机构。他很重视中国的传统文化,他的一个著名的论点就是"《论语》加算盘",并在他的家乡立了一块"以和为贵"的碑。

"和"是中国哲学中的一个重要概念,是中华民族精神的体现,也是中华民族伦理道德的最高的价值目标。尧的时候,在中国这片土地上的国家大概有三千多个,到了周代还有八百多个,到了战国还有"七雄"。我在《和合学》中就讲,当时,中国就是一个国际社会,虽然国家小,但毕竟是一个国家。当时如何"协和万邦"?就提出了国家和国家之间应该协和、和谐,黎民百姓才能和睦相处。

《诗经》上也有"和羹"一词,"羹"就是肉汁,"和羹"就是说如何能够让肉汁好吃。晏子和齐景公对话的时候,就讲到了"和同之辩",他认为要让肉汁好吃,就必须把各种各样的调料,就是我们现在所说的油、盐、酱、醋等,把它们加到一块,又恰到好处,多种元素的和合,才能美味,才是"和羹"。《礼记》中讲"和"的地方就更多了。《五经》里面都讲"和"。孔子把"和"与"同"作为区分君子与小人人格的标准,他说:"君子和而不同,小人同而不和。"从这个意义上讲,"和"在儒家的思想系统当中是一个非常重要的概念。

在中国哲学中,关于天地万物是从哪里来的是一个根本的问题。它们是从哪里来的呢?这个问题大家好像没有考虑过,而且也觉得不需要考虑。其实,哲学就是对这种问题的追问,他们首先考虑的就是天地万物从哪里来的问题。中国古人对这个问题的回答就是"和实生物"。"和"就是"以他平他",也就是事物与事物之间是平等的、平衡的。也就是说你和我和他之间,不是你吞掉我、我吃掉你,而是一种平等、平衡的关系。对他者应该尊重,如何"和实生物"?中国古代哲学讲"土与水、火、金、木杂而成百物",不同的元素杂合才能生成百物。韦昭对杂有一个解释,杂就是合的意思,因此,"杂种"是优生的一种方法,杂能使万物融突和合化生。日本人就称自己的文化是"杂种文化"。

我们在这里也可以看出来，中国从思维的源头上，是讲天地、男女、父母等多种元素、事物融突和合而后化生万物的，并不是有一个绝对的、唯一的、全知全能的上帝来产生万物。正因为这样，所以中国的思维就从源头上开创了多元的、包容的、没有独断的这样一种思维方式；西方则认为由唯一的、绝对的东西产生万物，于是就开创了二元对立的、独断的这样一种思维方式，就会认为只有我才是唯一的、绝对的真理，其他的东西都不是真理，在这种情况下对不同的意见就会采取排斥的方法。而中国的思维方式从源头上便具有包容性。譬如在中国人的宗教信仰里，儒、释、道三教之神可以在一个寺庙里供奉。所以说，"海纳百川，有容乃大"这是中国思想文化的一个特点，也是中国文化能够包容各家思想的一个原因。

因此，我们可以这样讲，中国文化开创的是一个"和合"的思维方式，而西方开创的是一个主客二元对立的思维方式，从思维源头上讲是完全不一样的。中国的文化之所以伟大，之所以生生不息，确实有它的原因，这就是"和合"。世界上的四大文明——中华文明、印度文明、古埃及文明、古希腊文明，除了中华文明外，都曾断裂过，现代的欧美文明是有今无古的，唯有中华文明是亘古亘今的，它没有中断过。这是中华文化"以和为贵"的大化流行、生生不息的表现。

三 道家真言

道家思想属于黄老系统。它的源头之一是以坤卦为首卦的《归藏》。道家是讲逍遥的，你们可以看看庄子的《齐物论》和《逍遥游》，那是极富想象力的，庄子能把你的思想带到广袤的宇宙空间去遨游。在宇宙之中，人虽然看起来很渺小，但在道家看来，人也是很了不起的，是"四大"之一。老子说："道大、天大、地大、人亦大，域中有四大，而人居其一焉。"从这里来看，道家并非否定主体人的作用,也不是"避世"的。(这一点我可能跟传统的看法有些不同。)其实,它是讲如何批判社会的,它从批判现实社会中,提出了自己一套独特的看法,阐发了自己独特的价值理想和超越境界。我把道家的核心思想概括为三句话:无为而治,有无相生,道法自然。

(一)无为而治

为什么讲"无为而治",这就是道家所探讨的独特的治理世界的方法。它这样讲"为无为,则无不治",就是说把"为"当做"无为",把"无为"当做"为",这样就可以治理国家,我想这是很有道理的。如果一个领导,他事无巨细,什么都管,你想能管得好吗?肯定管不好,所以,道家就讲"道常无为无不为"。"道"经常是"无为"的,但是它"无所不为"。一个领导,你看他"无为",其实他什么都"为"了,因为他制定方针、政策、战略、策略,制定工作的方案、制度和秩序,按照这个制度的规范去做,就能够做好,对不对?这样,实际上他都"为"了。对于老百姓来说,"我无为而民自化,我好静而民自正"。百姓自然教化,这里"正"字很重要,过去就讲,皇帝正就能够正朝廷,朝廷正就能够正百官,百官正就能够正天下。宋代理学家们的思想是比较开放的,因为当时赵匡胤有一个"佑文政策",这个政策的重要特点就是不杀知识分子,这样知识分子就可以大胆地发言。朱熹上奏折的时候,他就大胆地说,皇帝的"心术不正"。他在奉召当侍讲的时候,朋友们问他给皇帝讲什么?朱熹就说要讲"正心诚意",朋友说你这样讲不行,皇帝不爱听。朱熹反问,我不讲"正心诚意"讲什么?他认为如果皇帝的心术不正,百官的心术就不正;百官的心术不正,百姓的心术又怎么能正呢?所以老子讲"我好静而民自正",皇帝正了,百姓自然正,不需要一个个地正。如果你自己正了,你自己不贪污、不盗窃、不走后门,我想别人也不敢,这样就可以"我无为而民自化",人民就可以自己教化自己,自己改恶从善,这就是老子讲的"无为而治"。

在中国历史上,有两次是用道家的思想来治理国家的,却出现了两次盛世,这就是"文景之治"和"贞观之治"。"文景之治"我们可能很熟悉,电视剧《汉武大帝》里有所描述。当时窦太后把儒生袁固生投到了猪圈里面,想让野猪吃掉他,结果是猪被他杀了,这可以看出当时儒道两家的斗争是很激烈的。另外一个是"贞观之治"。唐初受当时士族门阀制度的影响,想从李姓当中找一个最有名的人,以提高自己的门阀,他们找到了老子。因此,在唐朝开始的时候,虽然儒、释、道三教并用,但道家的思想是排在第一位的。当时,也是老百姓休养生息,取得了很好的政治效果。

(二)有无相生

老子不是只讲"无",他也讲"有",他说:"天下万物生于有,有生于无。""有"好理解,万物、人类都属于"有"的范畴。但是,"有生于无"就不好理解。

我们看看老子讲的。他是这样来看待这个问题的,譬如说房子。如果房子是一个实体,你们能在礼堂里听我讲吗?当然不能。所以老子说:"凿户牖以为室,当其无,有室之用。"又说:"埏埴以为器,当其无,有器之用。"用泥巴做一个杯子,中间必须是空的,如果中间是实的,那就没有用,不能装水。还有"三十辐共一毂,当其无,有车之用",车辐辘中间必须是空的,它才能转动,所以说"有无相生"。从这个意义上讲,我们可以进一步分析《道德经》,"道"就是"无",是形而上的,是看不见、摸不着的;"德"呢,如果就具体的行为来说,它就是"有"。你待人接物,就是一个具体的事件,是你生活的一种样式。从一定意义上说,《道德经》的"道"是讲"无","德"是讲"有",这就构成了《道德经》。反过来,就像马王堆帛书里面那样,《德经》在前,《道经》在后,这是说它对形而下的人们的道德行为更加重视,所以讲"失道而后德"、"大道废,有仁义"。《老子》当中,在讲"无"的时候,并没有忽视"有",所以有无相反而相成,两个是互补的、相生的。

(三) 道法自然

《老子》中有句话说:"人法地,地法天,天法道,道法自然。"人是效法地的,地是效法天的,天是效法道的,道是效法自然的。那么自然是什么呢?它是一种自然而然,正因为是自然而然的,所以道的最高境界也就是一种自然境界。老子对自然有一种描述。他举了一个例子,"希言自然,故飘风不终朝,骤雨不终日",飘风、骤雨不终朝日只是一种自然现象,体现出自然本身的一种状态。它从这样的一个角度来说明,用"无为"思想"以辅万物之自然而不敢为",辅助万物的自然而然。从这里我们可以看出道的自然而然的本质:第一点,不能加它一点,也不能减它一点,不能加减,不能损益;第二点,道是不主宰,既不主宰别人,也不要别人主宰它,它是这样的一种品格;第三点,它不需要超越别的东西,而是自然而然地超越;第四点,它既是万物之母,又不自以为是万物之母;第五点,是相辅相成、双赢互补的,也就是说,"万物负阴而抱阳,冲气以为和",它背负着阴,而正抱着阳,就是这样的一种状态。你们可以闭上眼睛想象"负阴而抱阳"是一种什么样的状态,它的"和合"化生了第三者,就是"冲气"。

儒、道两家正好构成了中国思想当中的两条路向,这两条路向又是互补的。它们又像是中国思想中的两条大河,气势磅礴、亘贯古今,两者既相反相成,又相得而益彰,在交融互设中维护着民族精神的平衡。我们的手心是阳,手背是阴;我们的躯体是阳,内脏是阴。任何事物都可以做这样两方面的区分。所以中国的思想是非常有生命智慧的,它既讲这一面,也讲另一面,两个又是互补的。这就构成了中国思想的伟大之处,也构成了中国哲学思想的精妙和深刻之处。大家了解了这一点,就应该为中国哲学思想的独特性而骄傲。

我今天讲这九句话,就是想让大家掌握儒、释、道三家思想的内在精髓,省去了同学们自己翻书、琢磨的工夫。当然这只是我自己的体会,也可能是错误的,所以请大家来指正。谢谢大家!

中国传统文化中的生态意识

叶 朗
北京大学艺术学院教授

叶 朗

1938年生。北京大学资深教授、博士生导师、艺术学院院长,国务院学位委员会哲学学科评议组召集人。主要有《中国美学史大纲》、《中国小说美学》、《现代美学体系》等著作。

>>> 生态伦理学和生态哲学的核心思想,就是要超越"人类中心主义"这一西方的传统观念,树立"生态整体主义"的新观念。

>>> 看一下中国传统文化,就会发现中国传统文化中包含一种强烈的生态意识,这种生态意识和当今世界的生态伦理学和生态哲学的观念是相通的。

在当今世界,国际社会的一个崇高理想是推进文明的和谐与共同繁荣,建设一个和谐、美好的世界。

推进文明的和谐与共同繁荣,面临着一个多元的文明带来的文化差异问题。无论在人类历史上还是在当今世界,人类的文明都是多元共存的格局,而不是一元独存的格局。这种多元文明共存的格局必然带来文化的差异。一方面是不同地区、不同民族、不同宗教的文化差异,一方面是传统文化和现代文化的差异。这两方面的差异,往往纠结在一起,显示出异常复杂的态势。这种文化的差异,受政治、经济等因素的影响,又往往引发地区的矛盾和冲突,造成国际局势的动荡不安。

解决这个多元文明的文化差异的问题,需要国际社会从多方面做工作。从一个方面看,一个地区、一个民族的文明和文化,都有不同于其他地区、民族的特殊性,都有自己的特殊的价值观和思想体系。这是在长期历史发展中形成的。就这一点来说,我们应该尊重文明和文化的多元性、多样性,提倡文明和文化的开放性和包容性。对于其他地区、其他民族的文明和文化,我们应该采取尊重的态度,要尊重他人、谅解他人,进一步还要欣赏他人、学习他人,并以此来提升自我,用费孝通先生的话来说,就是"各美其美"、"美人之美"。

这是这几年大家谈得比较多的一个方面。

我觉得还有一个方面也应引起我们的注意。一个地区、一个民族的文明和文化,除了有自己的特殊性之外,在某些方面(常常是十分重要的方面)也会有共同性,会有彼此相通的地方。也就是说,在不同地区、不同民族的文明和文化中,往往会有体现全人类普遍价值的内容。这部分内容由于当今国际社会各种现实利益的冲突而被人们忽视了,或者是掩盖了。如果这方面的内容得到国际社会的重视,并在世界范围内广为传播和交流,必将大大有助于不同地区、不同民族之间的文明与文化的沟通和互相认同,必将大大有助于推进多元文明之间的和谐和共同繁荣,对于实现人类的美好理想(费孝通先生概括为"美美与共、天下大同"),必将产生深远的影响。

就我们中华文化来说,中华文化一方面有自己的特殊性,这种特殊性表现在哲学、宗教、政治、道德、文学、艺术、生活方式、审美情趣等多个层面。另一方面又有体现全人类普遍价值的内容,这种体现全人类普遍价值的内容,也表现在哲学、宗教、政治、道德、文学、艺术、生活方式、审美情趣等多个层面。生态意识就是其中突出的表现。

现在全世界都普遍关注生态环境的保护问题。当今世界,人与自然的分裂越来越严重。人为了追求自己的功利目标和物质享受,利用高科技无限度地向自然榨取,不顾一切,不计后果,自然资源大量浪费。许多珍稀动物被滥捕滥杀而濒于灭绝的境地,大片森林被乱砍滥伐而变成沙漠,海水污染,气候反常,自然景观和生态平衡受到严重破坏。面对日益严重的生态危机，国际上出现了生态伦理学和生态哲学。倡导生态伦理学和生态哲学的学者们呼吁人们关注日益严重的生态危机，他们强调人类对自然环境的破坏已经达到从根本上威胁人类生存的地步。

生态伦理学和生态哲学的核心思想，就是要超越"人类中心主义"这一西方的传统观念，树立"生态整体主义"的新观念。"生态整体主义"主张地球生物圈中所有的生物是一个有机整体，它们和人类一样，都拥有生存和繁荣的平等权利。这种生态伦理学和生态哲学，已经成为当今全人类带有普遍性的价值观念。

我们看一下中国传统文化，就会发现中国传统文化中包含一种强烈的生态意识，这种生态意识和当今世界的生态伦理学和生态哲学的观念是相通的。

中国传统哲学是"生"的哲学。《易传》说："天地之大德曰生。"又说："生生之谓易。"生，就是草木生长，就是创造生命。中国古代哲学家认为，天地以"生"为道，"生"是宇宙的根本规律。因此，"生"就是仁，"生"就是善。周敦颐说："天以阳生万物，以阴成万物。生，仁也；成，义也。"程颐说："生之性便是仁。"朱熹说，"仁是天地之生气"，"仁是生底意思"，"只从生意上识仁"。所以儒家主张的"仁"，不仅亲亲、爱人，而且要从亲亲、爱人推广到爱天地万物。因为人与天地万物一体，都属于一个大生命的世界。孟子说："亲亲而仁民，仁民而爱物。"张载说："民吾同胞，物吾与也。"（世界上的民众都是我的亲兄弟，天地间的万物都是我的同伴。）程颐说："人与天地一物也。"又说，"仁者以天地万物为一体"，"仁者浑然与万物同体"。朱熹说："天地万物本吾一体。"这样的话很多。这些话都是说，人与万物是同类、是平等的，应该建立一种和谐的关系。

这就是中国传统文化中的生态哲学和生态伦理学的意识。和这种生态哲学、生态伦理学的意识相关联，中国传统文化中也有一种生态美学的意识。

中国古代的思想家认为，大自然（包括人类）是一个生命世界，天地万物都包含活泼泼的生命和生意，这种生命和生意是最值得观赏的。人们在这种观赏中，体验到人与万物一体的境界，从而得到极大的精神愉悦。程颢说："万物之生意最可观。"宋明理学家都喜欢观"万物之生意"。周敦颐喜欢"绿满窗前草不除"，别人问他为什么不除，他说："与自己意思一般。"又说："观天地生物气象。"周敦颐从窗前青草的生长体验到天地有一种"生意"，这种"生意"是"我"与万物所共有的。这种体验给他一种快乐。程颢养鱼，时时观之，说："欲观万物自得意。"他又有诗描述自己的快乐："万物静观皆自得，四时佳兴与人同。""云淡风轻近午天，望花随柳过前川。"他体验到人与万物的"生意"，体验到人与大自然的和谐，"浑然与物同体"，得到一种快乐。这是仁者的"乐"。

清代大画家郑板桥的一封家书充分表达了中国传统文化的生态意识。郑板桥在信中说，天地生物，一蚁一虫，都心心爱念，这就是天之心。人应该"体天之心以为心"，所以他说他最反对"笼中养鸟"。"我图娱悦，彼在囚牢，何情何理，而必屈物之性以适吾性乎！"就是豺狼虎豹，人也没有权力杀戮。人与万物一体，因此人与万物是平等的，人不能把自己当做万物的主宰。这就是儒家的大仁爱观。儒家的仁爱，不仅爱人，而且爱物。用孟子的话来说就是"亲亲而仁民，仁民而爱物"。郑板桥接下去又说，真正爱鸟就要多种树，使之成为鸟国、鸟家。早上起来，一片鸟叫声，鸟很快乐，人也很快乐，这就叫"各适其天"。所谓"各适其天"，就是万物都能够按照其自然本性获得生存。这样，作为和万物同类的人也就能得到真正的快乐，得到最大的美感（"大快"）。这也就是《乐记》说的"大乐与天地同和"。

我们可以说，郑板桥的这封家书，不仅包含了生态伦理学的观念，而且包含了生态美学的观念。

这种对天地万物的"心心爱念"和观天地万物"生意"的生态意识，在中国古代文学艺术作品中有鲜明的体现。

中国古代的画家特别强调，要表现天地万物的"生机"和"生意"。明代画家董其昌说，画家多长寿，原因就在他们"眼前无非生机"。宋代董逌在《广川画跋》中强调画家赋形出象必须"发于生意，得之自然"。明代画家祝允明说："或曰：'草木无情，岂有意乎？'不知天地间，物物有一种生意，造化之妙，勃如荡如，不可形容也。"所以清代王概的《画鱼诀》说："画鱼须活泼，得其游泳像。""悠然羡其乐，与人同意况。"中国画家从来不画死鱼、死鸟，中国画家画的花、鸟、虫、鱼，都是活泼泼的、生机盎然的。中国画家的花鸟虫鱼的意象世界，是人与天地万物为一体的生命世界，体现了中国人的生态意识。

中国古代文学也是如此。清代大文学家蒲松龄的《聊斋志异》就是贯穿着人与天地万物一体的意识的文学作品，它的美就是人与万物一体之美，它的诗意就是人与万物一体的诗意。在这部文学作品中，花草树木、鸟兽虫鱼都幻化成美丽的少女，并与人产生爱情。如《香玉》篇中的两位女郎，是崂山下清宫的牡丹和耐冬幻化而成，一名香玉，一名绛雪。她们成为在下清宫读书的黄生的爱人和朋友。牡丹和耐冬先后遭到灾祸，都得到黄生的救助。黄生死后，在白牡丹旁边长出一棵肥芽，有五个叶子，长到几尺高，但不开花。这是黄生的化身。后来老道士死了，他的弟子不知爱惜，看它不开花，就把它砍掉了。结果，白牡丹和耐冬也跟着憔悴而死。蒲松龄创造的这些意象世界，充满了对天地间一切生命的爱，表明人与万物都属于一个大生命世界，表明人与万物一体，生死与共，休戚相关。这就是现在人们所说的"生态美"，也就是"人与万物一体"之美。

下面，我把以上所说的内容再简单概括一下：

第一，中国古代思想家认为，"生"（创造生命）是宇宙的根本规律。因此，生就是仁，生就是善。

第二，中国古代思想家认为，人与万物一体，都属于一个大生命世界。因此，人与万物是同类、是平等的。人没有权利把自己当做万物的主宰，"屈物之性以适吾性",而应该对天地万物心心爱念,使万物都能按照它们的自然本性得到生存和发展,这就叫"各适其天"。

第三,中国古代思想家认为,天地万物(包括人类在内),都包含活泼泼的生命和"生意",这是最值得观赏的。人们在这种观赏中,体验到人与万物一体的境界,得到极大的精神愉悦。这就是仁者的"乐"。

第四,中国古代的许多文学艺术作品,充满了对天地间一切生命的爱,表明人与万物都属于一个大生命世界,生死与共,休戚相关。这就是生态美,也就是"人与万物一体"之美。

以上四点,大致概括了中国传统文化中的生态意识,其中包含了生态哲学、生态伦理学和生态美学的内容。这些内容,体现了当今全人类的普遍价值观念,极富现代意蕴。这些内容,既是民族的,又是全人类的;既是传统的,又是现代的。

中国传统文化中有这样的内容,世界其他地区、其他民族的文化中同样也有这种体现当今全人类普遍价值的内容。就像我们在开头所说的,我们应该高度重视这方面的内容,把它们发掘出来,加以新的阐释,并把它们放在突出的位置,使它们在世界范围内广为传播和交流,这将大大有助于不同地区、不同民族之间文化的沟通和互相认同,大大有助于构建多元文明之间的和谐和共同繁荣的格局,对于实现人类的世界大同的美好理想,必将产生深远的影响。

中国古代小说与当今世界文学

黄 霖
复旦大学中文系教授

>>>

黄 霖

1942年生。复旦大学中国古代文学研究中心主任、中国语言文学研究所所长、教授、博士生导师,兼任中国古代文学理论学会副会长、中国近代文学学会副会长等。主要有《古小说论概观》、《金瓶梅考论》、《近代文学批评史》等著作。

>>>中国古代的小说是座丰富多彩的宝库,有着光辉灿烂的历史。
>>>21世纪的世界,为中国古代小说走向更广阔的天地敞开着大门,创造了条件。
>>>中国古代小说在新的时代中仍然有着极强的生命力。

中国古代小说对世界文学的影响,要从大众文化的接受中得到检验。只有不断地唤起大众的记忆和热情,得到广大读者的认可和接受,才能保持长久的生命力。所以,要让中国古代小说在全世界广为传播,除了依靠翻译、讲解,让普通百姓直接阅读、欣赏和接受之外,用中国古代小说中的人物、故事、精神来诠说当今现实的一些问题以及扩大到形成各种文化产品,似乎也有它的必要。

当然,这些大众文化产品,与正宗的文学作品是有相当距离的。但我们也应该承认它们与文学作品之间还是有着千丝万缕的关系。随着时代的不断发展,我们也应该用开放的、现实的、大众的眼光,来看待中国古代小说的传播与接受。这不仅是指面向世界,即使是面对中国的读者,也是这样。

一 曾经有过的辉煌

中国古代的小说是座丰富多彩的宝库,有着光辉灿烂的历史,对世界文学,特别是对东亚小说曾经产生过至深至大的影响。

我们首先看一下中国古代小说是怎样对东亚国家的小说,产生直接而巨大的影响。比如,古代的朝鲜半岛在罗末丽初之所以产生《调信梦生》、《崔致远》、《虎愿》等稗说,就与中国古代的传奇有着千丝万缕的关系。后来,中国的《太平广记》、《剪灯新话》等文言小说,对朝鲜半岛小说的发展,更是起着明显的作用。当《三国志演义》、《水浒传》等通俗小说在中国流行之后,很快就传播到日本、越南与朝鲜半岛等周边国家。今就韩国而言,崔溶澈和朴在渊的《韩国所见中国通俗小说书目》、闵宽东的《国内中国古代小说的版本出版翻译状况》、郑炳昱主编的《乐善斋文库藏书目录》与不久前出版的全寅初主编的《韩国所藏中国汉籍总目》等,就从版本流布的角度,有力地证明了中国古代小说对韩国小说的形成与发展所起的历史作用。这种情况,在日本、越南等国也十分相近。如日本现代著名学者增田涉在谈到江户时期大量引进中国的白话小说时说:"这些中国小说刺激京阪、江户的读本作家,开拓出了至此我国从未见到过的新的小说世界。"在越南,如中国的一部小说《金云翘传》,被移植为喃传后成为名著,不但在越南家喻户晓,而且享誉世界文坛,被译成多国文字。

至于在西方,中国古代小说的影响当然相对较晚也较弱,但也不断地产生过积极的作用。有名的如德国大诗人歌德读了《好逑传》、《花笺记》、《玉娇梨》等清代小说之后,大受启发,认为人类的感情是相同之点超过了异国之情,乃至提出"世界文学"的概念。

二 面对当今世界

时至当今 21 世纪,中国古代小说的生命力究竟如何呢?是将渐渐被人淡忘,还是仍然在世界文学发展的长河中魅力常在呢?

诚然,目前的世界,在经济上越来越呈现出全球化趋向,文化上也有不少人在探讨全球化问题。然而,文化毕竟不同于经济,不可能形成"全球统一市场",不可能像规范全球经济行为规则一样来规范世界的文化。世界各国的文化有着相通之点,但同时也有着不同之处。西方国家凭借经济上的强势,常常在文化问题上也是以"欧洲中心"自居。东方的一些文学家,也往往不分青红皂白,认同西方霸权话语,把一些肤浅、庸俗、末流的东西奉若神明,热衷于走"西化"道路。与此同时,现在的世界还有一种暗流,就是越来越重物质、重实利,这对整个高品位的文化生产也带来了极为不利的影响。

总之,面对 21 世纪的世界,有两股风对作为东方文化之一的中国古代小说的传播是不利的:一股是崇西化、远东方的风,另一股是重实利、轻人文的风。但是,不论是在东方还是西方,还是有一些有识之士,重视真正的文艺精品与学术研究,拒绝全球化就是西方化,主张东西方文化多元发展,相互交融,携手并进。事实上,在文化上的真正全球化,就是这种相互交流、互补互利的全球化。在这种全球化的过程中,作为东方文化的源头和代表,中国的文化无疑具有举足轻重的分量。它不仅深深扎根在东方国家的土地上,而且越来越对西方具有吸引力。更何况,近年来中国经济的崛起也不能不引起人们的刮目相看,即使是出于实用的目的,也吸引了更多的人来学习汉语,关注中国的文化。21 世纪的世界,正是以这样的情势,为中国古代小说走向更广阔的天地敞开着大门,创造了条件。

三 通往世界的不同路径

我们应该用开放的、现实的、大众的眼光,来看待中国古代小说的传播与接受。这不仅是指面向世界,即使是面对中国的读者,也是这样。

当然,世界毕竟不是铁板一块,就文化背景来说,东方文化圈与西方文化圈确实不同;从接受对象来看,学者作家与普通大众也有差异;即使在同一文化圈内同一层次的人,也有华裔与非华裔之别;所以谈中国古代小说的影响也不能笼而统之,而必须从不同角度着眼。

首先,从专业研究的层面看。作为中国古代的小说,面对流行通俗文化爆炸的时代,不要说外国读者,就是中国目下的青少年,真正直接捧读乃至迷恋古代小说的人也是越来越少,这是时代发展的必然趋势,大可不必对此摇头或哀叹,也大可不必硬是将它纳入国学的旗下人为地制造什么"热"。但是,这并不排斥在世界范围内总是有一批专业的学者文人,对中国古代的小说乐此不疲,甚至以毕生的精力在中国古代小说研究的园地里辛勤耕耘,取得丰硕成果。这种情况特别是在韩国、日本表现得非常突出。至于在西方,不要说像美国的夏志清、王靖宇,澳大利亚的柳存仁,法国的陈庆浩等一些华裔的中国古代小说的研究专家硕果累累,就是一些非华裔的一流汉学家中,如美国的韩南、浦安迪,俄国的李福清等,都是以研究中国古代小说著称于世的。他们的许多成果推动了中国古代小说的研究。当然,中国古代小说研究者在世界什么地方都是少数,但他们的研究成果不但给中国学者以启发和推动,而且也是将中国古代小说向世界各国大众传播的重要桥梁。只有通过他们的注释、解说和阐发,才能真正使中国古代小说"飞入寻常百姓家",有可能通过不同的方式融入不同国家的不同社会。所以,在某种意义上说,他们是新世纪里使中国古代小说不断地在世界各地生根开花的最重要的播种者和耕耘者。令人高兴的是,现在世界各地不断有年轻的学者加入研究中国古代小说的队伍。这使我深信,在新的世纪里,中国古代小说进一步走向世界的道路是宽广的。

第二,从作家创作的层面上看。中国古代小说与其他国家、即使是东方国家,也是各具特点的。中国小说对世界文学产生影响,很重要的一点是通过其他国家作家的手,将中国古代小说的精华与特点,融化到自己的创作之中。这在日本、越南及朝鲜半岛等本来就使用汉字的国家的古代作家那里表现得十分明显。这里特别要指出的是,这些国家中不但有用自己的文字如假名、谚语、喃语所写的小说,还有大量用汉字所写的小说,现在一般称之为汉文小说。这是世界小说接受中国小说影响而创作的最为直接而典型的例子。当然,从近代开始,一些汉字文化圈的国家或先或后地推行去汉字化,这些国家中的一些真正由"国人"所写的文学作品,却因用汉字写作而被排斥在"国文学"之外,当代年轻人恐怕也没有再用汉字来创作小说的热情和兴趣了。但这不等于目前这些国家中的小说创作完全摆脱了中国小说的影响,像日本、韩国不断地有中国古代名著改编本的出现,就是一个明证。当然,这些改编本,有的是保持了原作的筋骨,有的则改得面目全非,但我认为,即使是完全进行了再创造,也不能说彻底摆脱了与原著的干系。像日本于2005年底出全的北方谦三写的《水浒传》,曾得了世称"日本诺贝尔文学奖"的日本司马辽太郎奖。作者说,"《水浒传》在我心中可能已经变质,我将塑造自己心目中的英雄"。的确,在他的笔下,宋江一变为革命理论家,鲁智深带着他的理论著作《替天行道》到处去宣讲"革命道理";他还添加了一个秘密警察组织"青莲寺",用来专门对付宋江们的地下活动;最使人匪夷所思的是竟将"天神"武松写成从小就偷偷地单恋着嫂子潘金莲,而潘金莲则贞洁得可怜,为拒绝小叔子的强暴而毅然自尽……评委会对这部小说的评价说:"对中国古典文学的研究分析,加以解体并且重建,保持了长篇小说应有的紧张感。"这就清楚地说明,它尽管"重建"了一部现代"日本版中国历史小说",但它的灵感毕竟还是从研究中国古代的小说而来。除了这些直接改编中国小说的作品之外,有些尽管表现得比较模糊和隐晦,但因为它们毕竟无法摆脱自己的传统,而这传统本身就隐含着汉文学的影响,所以从思想精神到表现技巧都可以感受到一些中国古代小说的脉搏。不仅在东方,即使西方的一些现当代作家,我们同样也可以看到中国古代小说对他们的影响。例如,以《大地三部曲》等获诺贝尔文学奖的美国作家赛珍珠,就深受中国小说的影响。在诺贝尔奖授奖仪式上,她的致谢辞便高度评价了中国古代的小说。她说,中国的古典小说与"世界任何国家的小说一样,有着不可抗拒的魅力","一个真正受过良好教育的人,应该知道《红楼梦》、《三国演义》这样的经典之作"。再如荷兰汉学大师高罗佩,从一本中国小说《武则天四大奇案》中得到启发,写成一部以唐代著名宰相狄仁杰为主角的侦探小说《狄公案》,在欧洲风靡一时,深深征服了西方读者。一时间,Judge Dee(狄公)成为欧洲家喻户晓的传奇人物,成了西方人心目中的"中国的福尔摩斯"。它被多次拍成电影,影响了欧洲,也反过来影响了中国侦探小说的发展。前几年中国也将《狄公案》拍成了电视连续剧,充分体现了东西方文化的交流。

最后,从大众文化层面上看。中国古代小说对世界文学的影响,还要从大众文化的接受中得到检验。假如,中国古代小说只是在专家学者的小圈子里得到认同,或者只是将某些因素不明不白地隐含在当今作家的创作之中的话,其影响必将会逐渐萎缩。相反,只有不断唤起大众的记忆和热情,得到广大读者的认可和接受,才能保持长久的生命力。而群众所关心的不是高深的学术问题或丰富的创作经验,更重要的是有可接受的趣味性与实用性,并且要符合本国、本民族民众的口味。不要说中国古代小说对外国读者来说是这样,就是对本国广大读者来说,同样也是这样。近来,像易中天的《品三国》,乃至像刘心武讲《红楼梦》时将他的索隐故事化,或者像《水煮三国》、《孙悟空是个好员工》那样,借中国古代小说的名目,讲现代理念的管理思想,都是因为符合大众读者的口味而大为畅销。当然,他们所用的往往是一些具有经典意义的小说。由于这类小说总是包含着诸如命运、真理、道德、情感等人类的永恒命题,因而在当代都具有非常强大的诠释潜能。一些当代作家、艺术家也就看中了它们的"经典效应",通过改造、"曲解"、引申、换一个角度说等"二度创作"去诠释当代生活,亲近时人感情,也就理所当然地得到了一批群众的追捧。

所以,要让中国古代小说在全世界广为传播,除了依靠翻译、讲解,让普通百姓直接阅读、欣赏和接受之外,用中国古代小说中的人物、故事、精神来诠说当今现实的一些问题以及扩大到形成各种文化产品,似乎也有它的必要。这在正统的中国古代小说研究者来看,往往会觉得有点近乎野狐禅。但我觉得,这对于传播中国古代小说也不失为一条道路。特别是他们通过电影、电视、动漫等更为接近大众的传媒形式,就越有普及性,就越能使中国的古代小说扎根在世界各地的大众之中。比如,就小说《西游记》而言,在中国,前几年也有改编的电视连续剧,这基本上是忠于原作的依样画葫芦。而在上世纪90年代的香港,则拍摄了一部《大话西游》,非常搞笑地重编了一个跨越时空的爱情故事,使一些年轻人为之倾倒。日本也对拍摄《西游记》有很大的热情。在上世纪80年代拍过《西游记》不久,今年1月日本富士电视台又开始播放的连续剧《西游记》仍然引起轰动。无独有偶,韩国出了一部名为《幻想西游记》的动漫也很红火。在这里,孙悟空是被一个新冒出的乐神杰特弹钢琴弹得头痛,无法还手,被压在五指山下。另一个新造的公主美娜成为本剧的第一号灵魂,变得不听话的悟空就是怕美娜的禁咒之笛。在这里,唐僧尽管成了武艺高强的法师,但也被女性化得分不清是和尚还是尼姑;孙悟空的筋斗变成超级滑板,丢下了金箍棒改用了双截棍;猪八戒戴着墨镜,在石油村外做大王……一路想颠覆《西游记》的传统,用西洋化、现代化来调适现代青年的口味,但无论如何还是像原《西游记》中的孙悟空跳不出如来佛的手掌那样,这部《幻想西游记》的主要人物还是离不开唐僧师徒四人,孙悟空的性格还是与原作相近,猪八戒还是那样好色贪财……说到底，它还是从《西游记》而来。当人们在兴致勃勃地游玩《幻想西游记》迷宫之时，也就是原本《西游记》再显魅力之日。当然，这些大众文化产品，与正宗的文学作品是有相当距离的。但我们应该承认它们与文学作品之间有着千丝万缕的关系。

四 让中国古代小说更好地走向世界

中国古代小说在新的时代中仍然有着极强的生命力。只不过，这种生命力在新时代经受着严峻考验。

作为专业的中国古代小说研究者，我们有责任为全世界有更多的人来了解、欣赏中国古代小说而多出点力。为此，我觉得当前除了本身加强研究之外，有三项工作特别要注意。

第一项工作是加强各方面的合作与交流。这包括中国的专业研究者与国外的同行之间的合作与交流，以及各国专业的中国古代小说研究者与各国的"国文学"研究者、"汉文学"研究者，乃至同各种文化工作者之间的合作与联系。由于历史原因，有关资料往往分散在世界各地，相互交流，可以互通有无。同时，由于国别差异，各国研究者的知识结构、文化心理、研究方法往往也多有不同，相互交流，可以优势互补。目前这方面的形势很好，比之二十多年前已不可同日而语。

第二项工作是加强中国古代小说与小说理论的译介。中国古代小说要走向世界，最主要的无疑是要使世界上不同语言、不同文化的普通大众能阅读，这个道理是最容易理解的。这个工作就需要各国的文学、语言工作者合力来做。过去已做过不少工作，有的就做得比较好，如1939年伦敦出版的克莱门特·伊杰顿翻译的《金瓶梅》（英译本名《金莲记》），因为得到了老舍的指导，就翻译得比较好。但总体上这方面的工作还很不够。在重视小说翻译的同时,还要加强译介中国化、东方化的小说理论批评著作。中国古代的小说理论批评有着与西方不同的体系与批评机制。我们在传播中国古代小说的同时,也有必要让西方人领会与认同东方式的小说理论思维,这才能更好地促进他们接受中国古代的小说,认识中国的古代文化、审美观念和民族风尚。

第三项工作是加强中国古代小说信息化、数字化工程的建设。就文学研究而言,在全球化格局下,运用电脑、电子网络和数码技术逐渐成为一种重要手段。包括小说在内的古代文学作品以及文化典籍的电子文本的出现和广泛运用,各种电子书库、期刊检索网站和专门的文学研究网站的纷纷建立并不断更新完善等等,都为我们的文学研究尤其是小说研究带来了重大变化。据有的学者统计,目前至少有七百余种中国古典小说实现了数字化存储。但是目前的小说电子文本,大多只有一般性的阅读功能,不仅缺少相关的附加功能,更缺乏综合性、系统性的小说研究资料。上世纪八九十年代,美国和中国的学者都尝试对《红楼梦》做一些数字化的工作,但其工作的细致性与应用性都有一些问题。近年来,《三国演义》的数字化工作比较引人注目。围绕着《三国演义》数字化的问题,中、韩、日三国学者已开过多次学术研讨会。中国的周文业先生与日本的上田望先生等,都做出了一定的实绩。我期待着在这方面有更大的收获,同时也期待着其他小说的数字化也能乘势跟上。我相信,中国古代小说名著的数字化工程迟早会完成,以促进中国古代小说的研究与传播。21世纪无疑是一个更加全球化的时代,也是一个更加信息化与数字化的时代。我们必须紧跟全球资讯时代小说研究的新趋势,促进中国古代小说更好地走向全世界。

最后要说明的是,中国古代小说在不断走向世界,同样,世界各国的文学也在不断地走进中国。文学的交流是双向的。只有在这种双向、平等、互补的全球化潮流中,世界文学才能繁荣,各国的文化事业才能兴旺。让我们携起手来,共同去迎接世界文学灿烂的明天。

从桃花诗看中国诗的文化心灵

胡晓明
华东师范大学中文系教授

>>>

胡晓明

1955年生。华东师范大学中文系教授、博士生导师、古典文学教研室主任、中国现代思想文化研究所研究员,兼任中国古代文学理论学会秘书长、中国《文心雕龙》学会副秘书长等。主要有《中国诗学之精神》、《万川之月:中国山水诗的心灵境界》等著作。

>>> 文化心灵,即在代代相承的文学传统中养成的、具有悠久深厚的文化内涵、具有深刻的华夏民族特点的艺术心灵。
>>> 中国诗是中国文化最具有心灵价值的创造,通过中国诗来理解中国文化的心灵世界,通过中国文化的特点来理解中国诗,这是题中应有之义。
>>> 中国诗学的文化心灵的特点:有展开的存在,有根源的生命。先知先觉、古今相连、生生不息、心心相印,都既是展开,也是根源。

我们从中国诗中几首有名的桃花诗入手,以文化心灵为路径,将诗学理论、抒情传统、文化大义、历史意象和诗性感悟融为一炉,一起走进《诗经》、陶渊明、杜甫、苏轼以及陈子龙、柳如是等的诗歌世界,一边散步品赏诗史上的经典风景,一边也深入探寻诗学中的重大问题。或许,一种超越文化研究和文学性研究的文化诗学,有助于重建中国诗学与中国文化思想的深刻联系,有助于再认识中国文化的价值系统。

一 何谓"文化心灵"

文化心灵,即在代代相承的文学传统中养成的、具有悠久深厚的文化内涵、具有深刻的华夏民族特点的艺术心灵。为什么要从这个角度来讲中国诗歌?这是因为,"心"是中国文化传统的第一重要概念。绘画史上的"外师造化,中得心源"(《历代名画记》卷十),音乐史上的"高山流水"(《韩诗外传》卷九),哲学史上的"为天地立心"(《近思录》卷二),"我来看此花时,此花与我心一起明白过来"(《传习录》),以及宗教史上的"以心传心"(《五灯会元》卷二)等等,说"心"是中国文化传统世代相承的核心价值,应是无可置疑的。中国诗是中国文化最具有心灵价值的创造,通过中国诗来理解中国文化的心灵世界,通过中国文化的特点来理解中国诗,这是题中应有之义。

"兴"是最富于文化心灵意味的诗学概念。"兴"最重要的文化内涵,即生命与生命相接触。"兴"的逻辑起点,即"人神沟通",即巫史时代人心与来自天神的信息相通。无论是后来的"引譬连类"、"托事于物",还是"起发己心"、"合乐而歌",都有一个感发、接通的心理机制,此一心理机制,首先由"人神沟通"奠定,后转化而成"心物相通",即天地万物气化生成的心理图式,最终转化而为"起发己心"的诗学。不同的生命之间,以及在古人看来代表着生命的词语,为什么具有相感发的力量?我们细思其中的奥秘,其心理动力,即生命与生命是相接触的。无论是人神生命的接触,还是心与自然物生命的接触,还是人心与人心的生命相接触。最近有人认为"兴"的起源,正是一种挽诗的仪式,是与死去的亲人或友人的魂相沟通的歌唱仪式,这个新说法也加强了"人神相通"的文化内核,所以,生命与生命相接触,也包括精神生命在内。

"兴"的生命与生命相接触,对于中国诗学的心灵内涵,具有决定性的贡献。因为,生命不止于小生命自身,所以有"比兴",生命与时代社会等大生命相接触,此即先知先觉的心灵的来源。生命不止于个人,不止于当下,而具有历史的回声,与传统中的生命相接触,所以有"兴喻",此即古今相连的心灵的来源。生命不止于有限,不向下沉沦,所以有"兴会"、"兴感",

此即生生不息的心灵的来源。生命又肯定人心与人心的照面,不幽闭自我,所以有"兴寄",此即心心相印的心灵的来源。

二 桃花诗所含蕴的"文化心灵"

我们可以从以下几首桃花诗来理解。作品也是潜诗学,可以补理论的不足。按其表现的文化心灵内涵,可分成以下几组。

(一) 人世生活的心

《诗经》的《桃之夭夭》:

> 桃之夭夭,灼灼其华。
> 之子于归,宜其室家。
> 桃之夭夭,有蕡其实。
> 之子于归,宜其家室。
> 桃之夭夭,其叶蓁蓁,
> 之子于归,宜其家人。

《周易》:"夫妇,人伦之始也。"《孟子》:"丈夫生而愿为之有室,女子生而愿为之有家。"《诗经》中的这首诗有重要的文化意蕴。"男女以正,婚姻以时,文王风化之盛。"朱子的这句话表明这首诗是早期中国文化成熟之际、良俗美序的表现。"送嫁和迎亲的婚姻仪式歌。"张西堂认为它是人间欢天喜地的婚典歌。"平平常常,细思之,殊觉古初风俗之美。"崔述认为个体的人生,是在一个大的背景下才得到真实意义的。从文化的角度看,这首诗有以下几个特点:

第一,一上来就是结婚,似乎男女交往,恋爱不重要,而直奔结婚的目的。然而这完全符合《诗经》的实际。为什么这样呢？这关系到中西文学一个根本的区别：西方文学是表现的，是顺着人生的欲望表现人生的；而中国文学是文化的，文化即教化，所谓人文化成，不是顺着人生的欲望，而是顺着人心的要求，是要来建构人生的。如果不单单从表现的意义上来看，而更从人生的真实问题来看，那么，婚姻生活就比恋爱有更多的困难、更多的麻烦，需要更多的关心和指导，即现代人所谓相爱容易相处难。而恋爱生活是不需要指导的。因而，它表面上看起来是一个结果的地方，其实却是一个开始；表面上看起来没有问题的地方，它其实是处处有问题的。所谓文学的文化性，即表现在回应人生的真实问题上。

第二，美善合一。"夭夭，其少壮也、舒展也。""灼灼，华之盛也。"这是自然生命之美。"蕡"，实貌，这是道德人品之美。"蓁蓁"，至盛也，是最充实的内在生命之美。这已是经过了单纯的青春唯美时节，也经过了单一的道德主位的时节，这是内外合一之美。自然生命的内在化，与道德生命的自然化，一种由内而外、从内部生长出来的美与善的融合之美，它像一株生机盎然的树一样美。中国诗的文化心灵，推崇这样一种从道德看过去是情感，从情感看过去是道德，人性之真与正与美的合一。

第三，兴。从人神相通到心物合一（生命与生命的感发），从巫术中挣扎而出，从巫师独占神意到天意与人心和谐。心物合一的意思是，不是光秃秃的、荒漠化的心，不是孤立的破碎的心，是生命与生命相接触。一方面，不是孤立地专注于感觉世界的美，而是含有对于人事世界自发的关注、自觉的参与，将人事世界融入其中的美。现代主义诗学或西方唯美主义诗学，认为诗是信息越少越好，这从根本上就不是中国诗。另一方面，人世世界的美，又是活的、洋溢着自然气息的、兴象葱茏的、天机流荡的美。我们看这首诗对于一个好女子的歌咏，又是把她说成是一株又舒展又亮丽、又充实又生动的桃花，看见桃花，受自然生命的感动兴发，灼灼夭夭，都是原始、质朴、喜气的生命相感。这就是对天地万物有情。一方面是世界的心灵化、流转化，也是情意化;另一方面则是心灵的自然化、日常化。

第四,宜。心灵之间的感受,一整幅的大和谐,一整幅的人心与人心相通。它是给人家的感受,也是自己的感受。更是人与自然的和谐(及时、生命的季节),人与人的和谐("宜其家人"),人与自己的和谐("其叶蓁蓁")。这种生命与生命的接触(自然、人心、己心),不是平面化的心,而是生命意蕴深层向度的开掘(悦形、悦意、悦神)。

第五,很明亮。没有罪感,也没有二元化,这是一个特质。你可以说人生的负面不够,但这却是一颗反抗幽暗意识和黑暗层面的心灵。

(二) 先知先觉的心

杜甫的《题桃树》:

> 小径升堂旧不斜,五株桃树亦从遮。
> 高秋总馈贫人实,来岁还舒满眼花。
> 帘户每宜通乳燕,儿童莫信打慈鸦。
> 寡妻群盗非今日,天下车书正一家。

车书一家,是时北寇平、蜀乱息、吐蕃退。诗人回到草堂,身心得到暂时的复苏。黄生曰:"此诗思深意远,忧乐无方。寓民胞物与之怀,于吟花看鸟之际。"其才力虽不可强而能,其性情固可感而发。

第一,志在天下,先知先觉,不是封闭的、破碎的心灵。上推天人之理,下有万物之情,仁者爱及万物。"唯君子为能通天地之志。"(《易》)"诗者,天地之心。"(《诗纬含神雾》)"通天地万物为一心,更无中外可言;体天地万物为一本,更无本心可觅。"(刘宗周)"盈天地皆心也。"(黄宗羲)"天地之塞,吾其体;天地之帅,吾其性。民吾同胞物吾与也。凡天下疲癃残疾,惸独鳏寡,皆吾兄弟之巅连而无告者也。"(张载)

第二,中间四句是一个结构:宇宙与人心。高秋来岁,是春去秋来,天地自然之永远的仁意。帘户儿童,则是与人心世道之不舍的善心。尽管,"每宜"是一个命定的善,而"莫信"则是一个祈使(实践)的善(需要干涉儿童的行为,参与善的过程),表明人心世道的善既是信仰,又是人的现世活生生的实践,所谓"苦口婆心"、所谓有"一分热发一分光"。而宇宙与人心,在仁爱上统一,这里成为诗人对此世的一种大信。所以才会有最后两句:一句说历史的恶,一句说人道正在进行的善。这两句是说尽管历史是恶的,可是在这个背景下,人类向美向善的努力永远也不会放弃。"忧乐无方",是说诗人想得很深,内心痛苦而却是光明幸福的,可以称为忧乐圆融的文化心灵。中国的文化心灵,既不是罪感,也不是乐感,而是忧乐圆融。

陶渊明的《桃花源记》和《桃花源》诗,既是对专制社会的批判,又是自由精神的歌唱,展现了一个超越时间、放弃人为、体现自然而然的生命节奏的世界。

陶渊明和杜甫,一个是对历史人生的纵贯透视,一个是对时代人生的全幅关怀,十字打开,都是志在天下,都是士的文学精神。这是中国文学中国诗最具深度的文化心灵,也是最重要的抒情传统。对天下有道的向往,对自由精神的追寻,对一个美好的世界念兹在兹的想象与追求,它是中国诗人先知先觉的心灵表现。有些现代人,只从自己浅薄的人生出发,说杜甫一生只是哀愁可怜,说陶渊明只会逃避现实。他们实在是都没有能够顺着中国文化的脉络来讲,都不过是在文化心灵的外面来看这两位伟大的诗人。

(三) 古今相连的心

中国诗中的自由精神,还有不少变体:

问余何意栖碧山,笑而不答心自闲。

桃花流水杳然去,别有天地非人间。

(李 白)

春来遍是桃花水,不辨仙源何处寻。

(王 维)

这些诗里写的是神仙化、唯美化的自由精神。它消解了其中有历史文化真实人生的严肃内容,化而为准宗教的解脱意味。这种解放变而为解脱,是与唐代道教文化的广泛影响有关的。

神仙有无何渺茫,桃源之说诚荒唐。
…………
人间有累不可住,依然离别难为情。
船开棹进一回顾,万里苍苍烟水暮。
世俗宁知伪与真,至今传者武陵人。

(韩 愈)

这些诗句里写的是世俗化、儒家化的自由精神。它一方面不相信,另一方面又能体会到其中的美好;它一方面企想"乌托邦",一方面又不舍世俗。

一来种桃不计春,采花食实枝为薪。
儿孙生长与世隔,知有父子无君臣。
渔郎放舟迷远近,花间忽见惊相问。
世上空疑古有秦,山中岂料今为晋。
闻道长安吹战尘,春风回首一沾巾。
重华一去宁复得,天下纷纷经几秦。

(王安石《桃源行》)

王安石的这首诗是重回陶渊明的自由传统,明确表示迄今以来的历史,都是专制的历史。我们说,宋诗是比较重思想的。

在传统诗学中,有"以古为新"、"高古"、"脱胎换骨"、"古典今典合一"、"诗犯古人"、"比兴寄托"等理论。这些都表明,诗人主体并不是孤立的自我主体,而是有历史回声、人文共同体的主体。

（四）生生不息的心

即便是忧乐圆融，它也有不少变体。

苏轼《和蔡景繁海州石室》：

> 芙蓉仙人旧游处，苍藤翠壁初无路。
> 戏将桃核裹红泥，石间散掷如风雨。
> 坐令空山出锦绣，倚天照海花无数。
> 花间石室可容车，流苏宝盖窥灵宇……

苏诗说的是宋诗人石曼卿做海州通判时，山岭高峻，人路不通，植树不易。有一天忽发奇想，叫人将黄泥巴裹着桃核为蛋，一个个往山岭上扔。这一两年下来，竟然桃花满山，烂若锦绣，而正是"桃李不言，下自成蹊"。接下来桃花树中间的大石室，可以停得大车，可以看得见天宇。

从这首诗里，当然更可以看出苏东坡的刚健人格，以及宋代诗的"转悲为健"。东坡的这一品质，是对于生命无明、历史无明的一个回应。这也是我最喜欢的一个诗品，它表明中国文化的一个意蕴：在任何无理、无文、无序的沙漠之地，总有人文思想这个希望的绿洲。

（五）心心相印的心

我还要讲到一部相当个人化、心灵化的诗，那就像是友朋、情人间心灵的对话。

柳如是《西湖八绝句》：

> 垂杨小苑绣帘东，莺阁残枝蝶乘风。
> 最是西陵寒食路，桃花得气美人中。

这首诗是明清之际著名的一首诗，它可以说是一首很美的情诗，它背后隐藏着美人与英雄刻骨铭心的故事。这里不仅化用了苏小小的"何处结同心？西陵松柏下"，以及冯延巳的"百草千花寒食路，香车系在谁家树"；也不仅化用了崔护的"人面桃花相映红",而且更是心灵的秘史。据陈寅恪先生的考证,它是今典(本事)古典(故事)的融合,有暗码系统。陈子龙的《寒食》七绝:"今年春早试罗衣,二月未尽桃花飞。应有江南寒食路,美人芳草一行归。"以及他的《春日早起》:"独起凭栏对晓风,满溪春水小桥东。始知昨夜红楼梦,身在桃花万树中。"都是此诗的今典。这表明真正的情诗,是心灵与心灵之间的相印。陈寅恪先生对于陈柳姻缘诗的考证,给我们理解中国诗的文化心灵的启示是:

第一,表现与感应。我们常常将艺术语言理解为"表现",即单单强调作者对于自我的呈露,以我为主的传达。其实,深度的艺术语言乃是一种"感应",是对于传达对象的沟通与印心,亦即陈寅恪先生所说的"思旨印合"。今典中有古典,古典中有今典,能所双亡、主宾俱冥,这就超出艺术表现自我这一浅见,进入了生命照面、灵心呼应的层面。这里含有东方艺术精神的一个奥秘。

第二,抒情与叙事。它解构了西方诗二分的模式:自我与指涉性。人们一般将诗歌分为抒情与叙事两大类,其美学品质是:用语言符号构成表现其内在的精神特质、精神性格;相反,叙事艺术则通过指涉性符号的运用,外在地投射他们所创造的世界。抒情美学关心的是情感"体验",个别性而向普遍性敞开;而叙事艺术则更关心"经验",从经验出发的特殊性场合的独特感受。我们如果将陈寅恪的古典看做抒情美学的象征性,而将今典视为叙事艺术的指涉性,则今典古典合一的诗歌写作可视为"叙事的抒情诗"或"抒情的叙事诗",抒情可以转化为叙事,叙事也可以转化为抒情。于是,可以提供一种西方美学传统分类之外的新的美学品质。内在的精神生活既是其表现的对象、内在世界的投射及其反应与欢乐的痕迹、飞鸿雪泥般的人生经验,亦是审美创造的目的。这兼有生命的内敛自足与生命的感通融合的东方美学。交流的当下性、创造的独特性,与形而上的抒情传统思想之流的永恒性、延伸感,在这里统一在了一起。

第三,比兴问题。"兴"是中国古典诗歌的诗学原点与根本大法。"兴"首先是眼前景、心中事、当下情,在诗人心中所引起的创作冲动,亦即诗歌原质中最基本的感发力。有"诗兴"的诗歌必然保证审美表现的相当的新鲜度,而诗兴与创作冲动的联系,使中国诗歌非常注重某一特殊的从经验(而非超验)出发的场合,以及某一特定、不可重复的时刻的强烈感受。这是中国诗从《诗经》、《楚辞》以来的传统中的深层要素。"兴"经过汉儒的诠释衍生,更与具体特定的"事"、"情"相关联,使第一次诗兴都成为不可重复、不可替代的创造。这种不可重复、不可替代的特定性,在明清诗学的发展中,得到了前所未有的重视。柳如是这首诗就是一个佳例。另一方面,"兴"在中国传统诗学中的固定用法,又与"引譬连类"、"兴者比也"、"先言他物以引起所咏之词"等说法相关联,与"寄托"、"意境"、"言有尽而意无穷"相关联。这又使"兴"具有上述直接性、当下性、感发力、唯一性之外,更含有延伸性、间接性、深酿性等特点。特别是在心灵性很强的诗歌中,"兴"具有心灵生活的深度与精神意蕴的浓度。这当然与"兴"中人神相通的原初意义有关系。这就不是主张单面化、平滑化。人性通往神性,使中国诗保证了一定的超越层。

上述这两方面结合在一起,既超越又内在,充分体现了中国文化的特点。

三 "展开"与"根源"的结合

中国诗学的文化心灵的特点是:有展开的存在,有根源的生命。先知先觉、古今相连、生生不息、心心相印,这些都既是展开,也是根源。每一种心灵维度,都含有展开与根源,但不是二重性,而是即根源即展开。先知先觉的根源是士,展开也是士;古今相连的根源是"文",展开也是"文";生生不息的根源是"气"(宇宙),展开也是"气"(刚健);心心相印的根源是"性情",展开也是"性情"的灵妙无方。

前者是翕,后者是辟(熊十力);前者是阴,后者是阳。我们说诗的文化心灵,就是这二者的应答过程。

中国科技潮起潮落

杜石然
中国科学院自然科学史研究所研究员

>>>

杜石然

1929年生,历任中国科学院自然科学史研究所研究员、博士生导师,中国科技大学、中国矿业学院、东北师范大学兼职教授。主要著作有《中国古代数学简史》、《中国数学史》等,主编《中国科学技术史稿》。

>>>中华文明对社会伦理、秩序等问题的关心,超过了对自然现象的理论探求。

>>>科学技术的许多门类,大多是在两汉时期,定下其后影响悠久的模式并且出现了实际上是为后世树立了样板的各种著作。

>>>每当人们研究中国的文献中科学史或技术史的任何特定问题时,总会发现宋代是主要关键所在。

>>>在清初一段时期内,实学思潮得以继续发展。在明末清初的实学思潮影响下,产生了大批的杰出人物,其中有思想家、文学家、历史学家、自然科学家、医生等各方面人物。

>>>当西方正处在科学革命、产业革命之后,科学技术开始高速发展之时,在中国则是闭关自守(西学的传入几乎停止)、乾嘉学派的发展和"西学中源说"的流行。这使中国又失去了一次推行近代化、赶上世界潮流的机会。

首先我要说明的是,通过一次讲座很难讲到中国科技通史的所有问题。因此我在这里想和大家着重谈五个问题:一是先秦科技与先秦诸子。这个问题主要是想说明中华文明(包括科技文明)的起源是多元的,先秦诸子的主要论题是社会伦理、秩序的规范,他们不太关心对自然现象的理论探求。二是秦汉时期(主要是汉代)诸多中国古代传统科学体系的形成。三是宋元时期何以会形成传统科技发展的高潮。四是西方科学技术的传入和明清"实学"。五是"西学中源"、"洋务运动"、"中学为体,西学为用"——历史上的中西学交会。

各个问题繁简虽有不同,但其内容却大都是讲各阶段的科技发展和历史、文化、社会背景之间的种种关系。

一 先秦科技与先秦诸子百家

中国是世界上古人类文明发展较早的地区之一。人类文明的发展,在远古时代,萌芽状态的科学技术主要体现在生产工具的制作和发展上。而生产工具的制造和发展也构成了早期人类社会发展的不同阶段:石器时代、青铜时代、铁器时代。中国的先民,到公元纪元前后,大致上依次完成了上述三个时代的过渡。

旧石器时代的先民使用打击的方法制造各种石器,而没有任何进一步加工。到目前为止,中国已发现的旧石器时代的遗址有几百处。在这些遗址中发现了用火的证据,比如北京人遗址的灰烬堆积层厚达6米。此外旧石器时代的先民也开始制造并使用骨器、绳索。

我们的先民大约是在距今约1万年左右,从旧石器时代发展到新石器时代。新、旧石器时代的区别是:出现了经过加工的、更加合用,并有锋利刃口的磨光石器。由于可以在石器上钻孔而创造了绑扎得更好的带柄石器(斧、耙、锄等),还发明了制陶技术(又一种火的应用技术,熟食以及各种器皿更加多样)。此外弓箭普遍使用,出现了原始的农业和畜牧业,到新石器时代晚期,甚至已经开始酿酒。

我国在新石器时代的晚期,就已经开始出现铜器。商代中期以后我国的青铜技术逐渐成熟。青铜工具和大规模奴隶劳动的使用,使社会劳动分工进一步得以实现,促进了农业和手工业生产的发展。甲骨文、金文的出现和发展,使中国进入了有文献可考的历史时代。文字的出现使得文明发展大大地加速。

春秋战国时代,对中华文明史讲来,是一个非常重要的时代。社会发生急剧变革的同时,社会政治、经济、科学、技术、文化、思想等都在快速地发展。社会思想方面出现了诸子蜂起、百家争鸣的局面。各家学说争论的重心,乃是社会秩序如何变革以及道德观、伦理观、价值观等如何规范。在诸子百家思想当中,涉及与科学技术有关的内容则不是很多,例如对后世曾经具有长期影响的儒、道两大家,他们的思想并不很重视科学和技术。相反,我们却可以说他们大都是轻视甚至可以说是反对科学技术的。

首先,儒家讲的"六艺",道家讲的"人法地,地法天,天法道,道法自然"等,虽然他们都谈到了"天人关系",但他们大都是要人们顺从天意,很少要求人们应该对天、地、自然界的实质进行科学意义上的研究。实际上,也可以说先秦诸子对自然科学的研究和关心都是比较缺乏的。虽然在《孟子》那里可以看到"苟求其故,虽千岁之日至,可坐而致也"(《孟子·离娄下》)之类的话(清末科学家李善兰就曾用"苟求其故"的思想来解释科学的发展和进步),但是《孟子》思想的中心并不是提倡人们应该利用"苟求其故"的精神去进行自然科学方面的研究和探索,它的思想中心还是讲究"性善"、"性恶"的伦理学说,以及讲究"王道"、"霸道"、"民为贵"等政治思想,探讨人们应该如何修身、齐家、治国、平天下的大道理。

其次,在诸子百家的显学之中,特别是儒、道两家,不仅缺乏关于自然科学和技术的研究,而且可以说他们对此都是持比较反对的态度。儒家把它们看成是"奇技淫巧",认为纣之所以失天下就是因为他"作奇技淫巧以悦妇人",还说"作淫声、异服、奇技、奇器,杀",并认为"凡执技以事上者,祝、史、射、御、医、卜及百工。凡执技以事上者,不二事、不移官,出乡不与士齿"。由此可见,科技工作者的地位是很卑贱的,而且不时还有被杀头的危险。而道家则认为:"人多利器,国家兹昏;人多技巧,奇物兹起","常使民无知无欲","民之难治,以其智多","古之善为道者,非以明民,将以愚之"。

再次,儒家认为"玩物丧志"、"君子不器",鼓励君子要追求"大学之道",有"形而上者谓之道,形而下者谓之器"等说法。道家也说,"道常无为而无不为"、"万物莫不尊'道'而贵'德'"等。他们所追求的"道",大都属于精神境界、伦理道德的范畴。

第四,战国以后的中国社会,儒家一直处于统治者的地位。统治者心里也明白,在治理国家方面,单单只是一味地追求思想意识、伦理道德还是不够的,还有必要解决国计民生的问题。这也就是儒家传统思想中"经世致用"的思想。而"经世致用"思想的提倡,又在于为了统治者"长治久安"状态的维护。这一思想并不能形成对科学技术发展的强大推动力。虽然如此,但它对科学技术的发展终归还是有好处的。但是单单依靠"经世致用"的思想来发展科学技术,那恐怕还是远远不够的。

当然,春秋战国时期,诸家蜂起,百家争鸣,名家辩学很是发达。这种争鸣对学术的发展(包括科学技术在内)是有利的。在其后的中国历史进程中,也是如此。

在先秦诸子百家之中,相对地说,墨家则是比较重视科学和技术,而且同时墨家还对古代逻辑学方面的发展有所建树。但是墨家这方面的许多建树,其目的也并不是为了自然奥秘的探索和对各种技术的深入研究。它们乃是为了贯彻墨家的政治主张 "尚贤"、"上同"、"节用"、"节丧","非乐"、"非命","天志"、"明鬼","兼爱"、"非攻"等五组、十大主张("十事"),并为它服务的。而且,墨家并没有像儒家和道家那样得到持续的发展,秦汉以后几乎成为"绝学",在社会上也较少具有影响力。当然,这并不排除它的某些思想、它的某些论辩方法,被儒、道两家所吸收。

总之,在战国时期形成的上述思想长期地影响着其后的中国社会,中华文明对社会伦理、秩序等问题的关心,超过了对自然现象的理论探求。

二 两汉——中国古代科技体系的形成

两汉时期,从社会经济形态(以小农经济为主的农本主义)、国家型制(中央集权)到官僚体系(六部、百官以及从中央到地方的各级官员),甚至它的"罢黜百家,独尊儒术"的意识形态政策,都无不成为其后持续大约两千年历朝历代封建帝国所效法的模式和样板。在科学技术方面也是如此。科学技术的许多门类,大多是在两汉时期,定下其后影响悠久的模式,并且出现了实际上是为后世树立了样板的各种著作。

汉武帝时期编制的《太初历》,通过西汉末年刘歆编制的《三统历》,在《汉书·律历志》中记录流传下来。《汉书·律历志》和其中所录载的《三统历》便成为其后历代《律历志》,以及历代各种历法的模式和样板。阴阳合历的模式,其中包括了气、朔、闰、交食、五星、晷漏等完备的具有中国特色的体系。这种历法的基本模式、框架一直被遵循下来,甚至在西方近代历法已经传入的明清时代(《大统历》、《时宪历》),也没改变。数学方面则出现了以算筹为主要计算工具、以解决实际应用问题为主要目的、以《九章算术》为模式范本的体系。医药学方面,形成了以《内经》、《伤寒论》为代表著作的医学理论和以《神农本草经》为代表的传统药物学体系。地理学方面,形成了以《汉书·地理志》代表的疆域地理志的体系,成为后来历代正史中的《地理志》所遵循的模式。此外如地图绘制、建筑,还有制瓷和造纸——这些造福全人类的发明,也都是在汉代形成其基本模式的。

对我国后世产生久远影响的各个学科的体系大都在汉代形成，这与汉代政治上大一统局面的出现，虽然还不能说其间有什么直接的联系（各个门类的科学技术当然自应有其各自发展的内在规律）。但是，大一统作为时代的潮流、时代的趋势，也不能不对各个学科体系的形成施以时代的社会影响。人们开始总结先秦以来各个学科所积淀下来的知识和经验，继往开来，形成了诸多学科自身发展的体系。正如明末思想家顾炎武所说："汉兴以来，承用秦法，一至今日者多矣。"

秦汉以来，由于建立了统一的中央集权国家，在科学技术方面设置了天文、农、医、建筑、水利、冶铁以及各种手工业的管理机构和各级官员。科学技术的发展，几乎完全被控制在这些机构和官员的手中，形成了官办、官营的局面。

这些管理机构和管理官员的设置，对新技术的快速推广起到良好的作用，它可以使农耕、钢铁、土木建筑、漆器制造等技术迅速在全国各个地方推广开来。由于财力、物力、人力都"雄厚"，这时可以兴办比较大的项目和工程。英国著名的科学史家李约瑟曾经议论道："在技术创造性方面，古老的中国官僚社会当然比不上文艺复兴时期的欧洲，但它却要大大胜过欧洲封建社会或希腊奴隶社会。"汉初的数学家张苍、耿寿昌，著名科学家张衡以及对造纸术进行过重大改进的蔡伦，都曾是这样的官吏。其他如天文仪器的制造、水利工程的修建、东西二京的都市建设、宫廷和皇家园林兴建、两汉长城的整备、隋唐时期南北大运河的开通等也都无不仰仗官办官营的优势。

但是官办官营的缺点也是十分显然的。其最明显的缺点便是不计成本，形成对材料、资源、人力的浪费，甚至虚报产量，或是盲目追求数量而不顾质量。再有，官办官营往往是产生贪官污吏的温床。西汉中晚期，在冶铁官营的过程中，就产生了不少的弊病："县官鼓铸铁器，大抵多为大器……不给民用，民用钝敝，割草不痛。"而且还会出现"铁器苦恶，价贵，或强令民买卖之"(《史记·平准书》)的情况。我在陕西省的县级文化馆见到出土于地下的汉时"县官鼓铸"的大铁犁,在黄土高原上真的是"十头黄牛也拉不动",真的是"不给民用"的废物。

三 宋元时期何以会形成古代科技发展高潮

宋元时期是中国传统文化、传统文明(当然应该包括科学技术在内)发展的高潮时期。正如英国科学史家李约瑟所说:"每当人们研究中国的文献中科学史或技术史的任何特定问题时,总会发现宋代是主要关键所在。不管在应用科学方面或在纯粹科学方面都是如此。"

宋元时期中国的传统数学出现了四大数学家及其著作:秦九韶及其所著《数书九章》、李冶及其所著《测圆海镜》和《益古演段》、杨辉及其所著《详解九章算法》和《日用算法》等、朱世杰及其所著《算学启蒙》和《四元玉鉴》。宋元数学在高次方程和高次方程组、高阶等差级数求和、联立一次同余式解法、"天元术""四元术"(中国古代特有的代数学)等方面都取得了领先世界数百年的辉煌成就。

宋代的天文观测仪器比较齐备,多次进行了恒星观测(至少有四次规模较大),多次制作了星图。宋代一共进行了18次的历法改革,对各种测算方法和计算方法也进行了许多改进(三次内差法等)。在元代则出现了郭守敬、王恂等所编《授时历》,被认为是我国传统历法中最优秀的一部。

在传统医学方面,则有"金元四大家"的出现:以刘完素为代表的"寒凉派"、以张从正为代表的"攻下派"、以李杲为代表的"温补派"、以朱震亨为代表的"养阴派"。"儒之门户分于宋,医之门户分于金元",医学门户、流派的出现,极大地丰富了传统医学的发展。

在农学方面,也出现了宋元时期的"四大农书":陈旉的《陈旉农书》是第一部关于南方稻作的农书;《农桑辑要》是元政府组织人力编写的;王祯编写的《王祯农书》是第一部兼论南北农业技术的农书,还绘有"农器图谱";鲁明善(维吾尔族)所编《农桑衣食撮要》是一部月令体农书,比较通俗,包含有西北少数民族的一些农事活动情况。

中国古代的"三大发明"——火药、指南针、印刷术,到了宋元时期都达到了广泛使用的成熟阶段。"三大发明"的西传,使得西方社会在各个方面加快了其进步的节奏,促使自给自足的经济形态逐渐转型为以商品经济为主的经济形态,向社会近代化的方向迅速推进。

著名近代学者严复曾说过:"若研究人心政俗之变,则赵宋一代历史最宜究心。中国所以成为今日现象者,为善为恶,姑不具论,而为宋人之所造就,十八九可断言也。"国学大师王国维也说:"天水(天水是赵姓的郡望)一朝人智之活动与文化之多方面,前之汉唐,后之元明,皆所不逮也。"历史学家陈寅恪说:"华夏民族之文化,历数千载之演进,而造极于赵宋之世。"宋史专家邓广铭则说:"宋代是我国封建社会发展的最高阶段,两宋期内的物质文明和精神文明所达到的高度,在中国整个封建社会历史时期之内,可以说是空前绝后的。"而日本汉学家内藤湖南则早就认为:"中国中世和近世的大转变出现在唐宋之际,是读史者应该特别注意的地方。""唐代是中世的结束,而宋代则是近世的开始。"

宋元时期科技发展高潮及其顶峰的形成、宋元时期科学技术的繁荣,都是有着深刻的时代原因和社会背景的。

首先,太祖、太宗两朝采取了一系列中央集权的种种措施,独揽大权,使军、政、财等权力集中于中央,集中于皇帝手中。较高层次中央集权的国家形态(皇帝独裁)及其官僚架构的模式,也为中国以后又大约持续了一千年之久的元、明、清等各个王朝所效法,为其树立了中央集权、君主专制的政权样板。

其次,从社会经济发展方面来看,唐中叶以来,以杨炎两税法的财政改革为法律标志,土地国有的制度——均田制崩溃瓦解,庶族地主经济以及小自耕农经济逐渐成为社会经济发展的主体,土地买卖更加自由。到了宋代,土地所有权频繁发生转移,正如词人辛弃疾所写的"千年田,换八百主"。土地占有制度的改革对以农业立国的中国来讲,其意义是带有根本性的改革意义的。并且改革以后土地制度新的占有模式及其影响,也都贯穿在其后千年左右的中国社会之中。

再次,科举考试制度,尤其是贡举科举制度的日益成熟,取士不问门第,而且在录取的名额数量上也远远超过了唐代。有人统计过,仅北宋一代即开科69次,进士和诸科共取士约为6.1万余人。为了打破门阀贵族的世袭制度,自隋唐时期开始的科举考试制度,到了宋代方才可以说发挥了实际的效果。反映在科学技术方面,则是出身低微的人的一些发明创造事迹,有更多机会出现在各种著作之中。

第四,从文化思想方面来说,自唐中叶开始,也发生了许多变化。例如元稹、白居易所提倡的新乐府运动,韩愈、柳宗元所提倡的古文运动,啖助、赵匡所倡导的新经学运动等等。为了使儒家思想复苏、复兴,人们进行了多方面的努力。

第五,如果我们没有注意到宗教思想方面所发生的变化,那么关于宋元社会思想背景的讨论则将是很不全面的。当时的宗教思想主要有佛、道两家,而且是以佛家为主。佛家思想随佛教于西汉时开始传入我国,到了唐代中期以后,纷呈林立的各个宗派逐渐式微,而以六祖慧能为开山祖的南禅宗却一枝独秀,得到了很大发展。有人说:南禅宗的出现说明佛教思想中国化的最后完成,使佛家思想由出世的变为入世的、平等的,从而和中国的传统思想更加接近。六祖号召回到世俗中间去:"若欲修行,在家亦得","离世求菩萨,恰如求兔角"。有人更进一步认为:禅宗思想的这一发展实际上是在中国发生的一次宗教改革,而其意义并不亚于马丁·路德在西方进行的宗教改革。

第六，在教育思想方面，唐代科举以辞赋取士，崇尚声律浮华，积重难返。号称"北宋三先生"之一的胡瑗则有针对性地提倡"明体达用之学"的思想，深受欢迎，影响甚大。特别是"分斋教学"的教学方法，更是他教育革新思想的核心。"分斋"就是整个学校分为"经义斋"和"治事斋"，相当于现代的分科教学。特别是"治事斋"中又分治民、讲武、堰水、历算等科，承认自然科学在学校教学中的地位。其实，"经义斋"所讲究的乃是中国传统的"读经"（当然也是新的读经方法），而"治事斋"乃是学以致用方法的提倡，这标志着传统儒家思想中的"经世致用"思想又再次抬头并且上升到一个新的高度。

第七，北宋时期出现了一批"博学善文，于天文、方志、律历、音乐、医药、卜算，所不通，皆有所论著"的百科全书式的人物。沈括及其所著百科全书式的著作《梦溪笔谈》，得到各方面的称颂。沈括还和苏颂一道编辑了《苏沈内翰良方》，这是一部医书。林灵素在为这部书所写的序言中说："（沈括）凡所至之处，莫不深究。或医师、或巷里、或小人，以至士大夫之家，山林隐者，无不访求。"这些博学多才的人物成批地出现，明显地是与当时的时代背景、社会风气、思想潮流有着极其重要的联系。

和沈括极相类似的人物中，有欧阳修之子欧阳发，他"少好学，师事安定胡瑗……自书契以来，君臣世系，制度文物，旁及天文、地理，靡不悉究"。和沈括同样也曾奉使赴辽并同样也是以熟知地理、描绘地图而闻名的刘敞，据《宋史》记载："敞学问渊博，自佛老、卜筮、天文、方药、山经、地志皆究知大略。" 类似的人物还有参加研制水运仪象台的宰相苏颂，《宋史·苏颂本传》说他虽官高为宰相，但"自书契以来，经史九流百家之说……律吕、星官、算法、山经、本草，无所不通"。"一代名臣"司马光也是"于物澹然无所好，于学无所不通"。

在这些人物当中，王安石当然要比其他人物显得更为突出一些。王安石曾经给同是"唐宋散文八大家"之一的曾巩写的一封信中说:"世之不见全经,久矣。读经而已,则不足以知经。故某自百家诸子之书,至于难经、素问、本草、诸小说无所不读;农夫、女工无所不问。然后于经为能知其大体而无疑。盖后世学者与先王之时异矣,不如是不足以尽圣人故也。"王安石在这里首先强调,时代变了,时代不同了("后世学者与先王之时异矣")。在这样变革了的时代里,如果不博学多问,将学不到任何东西("不如是不足以尽圣人")。他提倡亲自走出书斋,接触实际社会、解决社会实际问题("农夫、女工无所不问")。要求博学多能,力图开创属于自己时代的新的思想方法,建立属于自己时代的新的思想体系("于书无所不读")。应该说,这才真正是有宋一代的新的思想潮流和新的时代精神。

在这种思潮的社会背景之下,影响其后千余年的新的儒家学说,后来被称之为"宋明理学"的哲学思想体系逐渐形成。在宋代,由北宋的邵雍、周敦颐发其端,由张载、程颢、程颐创立体系,至南宋则由朱熹集其大成,由陆九渊为代表又形成了朱、陆相互抗辩的反对派等等,这也就是宋明理学——新儒学的兴起和建立。此外还有以王安石、陈亮、叶适等人所主张的反对理学的观点,和理学不断相互辩难,十分活跃。

理学在宋代,既不像汉代儒术那样被崇为一尊,更不像元、明时期把朱熹思想定为不准逾越的官方哲学那样不可侵犯。在宋代,一定程度上参加讨论的各方,可以做到自由讨论,各抒己见。这种学术空气无疑对科学技术的发展是有利的。

理学家们主张"穷理"、"格物致知"。"穷理"和"格物致知"的精神如果能够以自然科学的研究为目的,其成果自当是不可限量。而且"理""气"二元论,在一千多年前的当时,不论是用来开拓思路或是阐述终结成果,都堪称相当不错的工具。但是我们还没有发现任何一位知名的理学家曾经在自然科学研究方面做出了十分突出的成就;同时我们也没有发现任何一位卓有成就的科学家,他们的成就的取得是基于理学的思维。在这里,我只不过是想说明:是理学(清人因其产生的时代而将其称之为"宋学")得以创立的时代精神,同时也正是这种时代精神,构成了宋元科技高潮的社会思想原因。

正是产生两汉经学的两汉时代精神,使得两汉时期成为在科学技术的许多门类中立模式、创样板的时代;正是产生魏晋玄学、竹林论辩的六朝时代精神,形成了六朝时代很有创造力的各学科的科学思想;正是产生宋元理学的时代精神,促成了宋元时期中国传统科学技术发展顶峰时期的到来。

四 明清实学和西方科学技术的第一次传入

明末清初这段历史,在漫长的中华文明史上,虽然比较短暂,但却是一个特色鲜明的重要时期。它的这些特色可以概括为以下几个方面:

一是腐朽的明王朝的逐渐衰亡和新兴的清王朝的逐渐兴起。二是在经济上则是传统封建经济的繁荣和商品经济的抬头发展。三是为了开拓海外市场和殖民地,西方国家向东方挺进,并且开始进入中国。伴之而来的则是西学(科学技术是主要内容之一)的传入及其影响的日益扩大。四是在人们的思想方面,则是明中叶所兴起的王阳明的心学开始分化。在人们对王学末流的批判过程中,兴起了一股经世致用,以求实、务实为中心内容的实学思潮。

明王朝施行的《大统历》沿用了元王朝的《授时历》,到明代成化年间已经累计使用了三百余年,因此"成化以后,交食往往不验,议改历者纷纷"。但直到明末的万历三十八年(1610)十一月朔,朝廷的日食预报再次发生错误,明王朝才开始考虑利用当时传入的西方天文知识进行历法的改革。明亡之后,传教士们又将明末所编《崇祯历书》改头换面而成《西洋历法新书》,献给满清朝廷,成为编制清代《时宪历》的基础。

当中国的传统文明还在传统的老路上徘徊不前的时候，西方的近代文明（包括科学技术在内），经过文艺复兴时期后，却在大踏步地迅速向前发展着。

伴随着西方早期的殖民活动，传教士们展开了世界范围的广泛活动，也来至亚洲东部。利玛窦是成功进入中国内地的较早的传教士之一。经过长期摸索，他终于找到了可以通过科学技术打开向中国传教的途径。于是根据利玛窦的请求，罗马教廷陆续派来了比较熟悉科学技术的一批批传教士，如汤若望、南怀仁等。清初以后，又有法皇路易十四派来的传教士，由于这些传教士的介绍而传入的西方科学技术知识有很多方面，其中有天文历法、数学、地学和地图学、解剖学、医药学等等。这就是中国历史上的西方科学知识的第一次传入。

西学的传入和实学思潮的兴起几乎是同时发生的。如果没有实学思潮的兴起，虽然有传教士的努力，西学的传入仍然是不可想象的。正如地质学家丁文江所说："明政不纲，学风荒陋。贤士大夫在朝者以激烈迂远为忠鲠，在野者以理性道学为高尚，空疏顽固，君子病焉！迨乎晚季，物极而返，先觉之士，舍末求本，弃虚务实，风气之变，实开清初大儒之先声。"其中所说的"舍末"、"弃虚"，指的就是对宋明理学、陆王心学的批判；"求本"、"务实"，指的就是实学思潮的兴起。

不久，明朝覆亡，清兵入关，血腥统治，生灵涂炭。亡国之痛，使人们更加认识到理学空谈心性，不务实际，误民误国。因此在清初一段时期内，实学思潮得以继续发展。在明末清初的实学思潮影响下，产生了大批的杰出人物，其中有思想家、文学家、历史学家、自然科学家、医生等各方面的人物。其中著名思想家有黄宗羲、顾炎武等人，著名的文学家有吴承恩、汤显祖、冯梦龙、凌濛初、蒲松龄、孔尚任、吴敬梓、曹雪芹等人，著名的历史学家、政治家、政论家、考据学家有张居正、顾宪成、全祖望等。至于科技方面的代表人物，则有李时珍、徐光启、徐霞客、宋应星、傅山、方以智等等。

在百余年间的短暂时期内就涌现出如此众多的杰出人物，真可谓群星灿烂。这一现象在中国历史上也是十分罕见的。明末清初的实学思潮，在社会的政治思想、经济思想、哲学思想、科学技术、文艺思想等各方面都有突出的表现。实学思潮的主要精神主要体现在下面几个方面：

（一）批判精神，主要表现在对陆王心学末流空谈"心"、"性"，不务实际的批判。如顾炎武批判他们是："不习六艺之文，不考百王之典，不综当代之务……以明心见性之空言，代修己治人之实学。股肱惰而万事荒，爪牙亡而四国乱，神州荡覆，宗社丘墟。"李塨则批判他们是："高者谈性天，撰语录；卑者疲精死神于举业，不唯圣道之礼乐兵农不务，即当世之刑名钱谷亦懵然罔识，而搦管呻吟，自矜有学。"陆王心学的末流，对科学技术的发展也是一个阻碍。徐光启批判道："算术之学特废以近代数百年间耳。废之原有二：其一为名理之儒士苴天下之实事，其一为妖妄之术谬言数有神理。""明理之儒"指的正是这样一些理学家，而"谬言数有神理"的也正是这样的一些理学家。康熙在为其所主持编纂的《数理精蕴》一书的序言中也写道："天文算术之学，我中土讲明而切究者，代不乏人。自明季空谈性命，不务实学，而此业遂微。"这道理讲得也十分清楚。

（二）怀疑精神。黄宗羲认为："小疑则小悟，大疑则大悟，不疑则不悟。……彼泛然而轻信者，非能信也，乃是不能疑也。"徐光启这样说自己，"启生平善疑"，"欲求所以然之故……虽先儒所因仍，名流所论述，援徵辩证，如云如雨，必不敢轻信所疑，妄书一字"。

（三）经世致用的思想。明代中叶，实学思潮的先驱王廷相就认为："学者读书，当以经国济世为务。"他还说："君子为学，要之在具夫济世之才。"徐光启则认为："方今事势，实需真才，真才必须实学。一切用世之事，深宜究心。"陈子龙在整理出版了徐光启的《农政全书》之后，在该书的序言中介绍徐光启时写道："其生平所学，博究天人而皆主于实用。至于农事，尤所用心，盖以为生民率育之源，国家富强之本。"明末宋应星曾著《天工开物》

一书,专门记述有关农业生产、农副产品加工、陶瓷、舟车、纺织、冶铸、造纸等各种与国计民生极其关切的各种技术知识。他在该书序言中说,"大业文人弃置案头,此书与功名进取毫不相关"。《天工开物》实际上是一部中国古代技术百科全书,它享誉全世界。

（四）实测、实验、实证的思想。这些思想与那些曾经促进过西方科学技术得以迅速发展的思想极相类似,对中国科学技术由传统转向近代来说,也是必不可少的。同时,这些思想也是对那些坐而论道、空谈性理的理学家们的有力批判。朱载堉研究历法同时也研究音律,亲自动手做了许多次关于律管的实验。在世界上首次提出"十二平均律"的理论,他还亲自动手测量过磁偏角。徐霞客毕生进行野外山川等自然地理以及各地人文地理的考察,达数十年之久,对中国熔岩地区的地貌、长江江源等方面都提出了自己独到的见解,写出了著名的《徐霞客游记》。徐光启曾经在天津和自己的家乡上海,多次进行过农业生产的试验。他在历法改革工作中也十分注意进行实际的天象观测。他说:"谚曰,千闻不如一见,未经目击而以口舌争以书术传,虽唇焦笔秃无益也。……宜详加测候,以求显验。"另一位明末清初的天文学家王锡阐也是"每遇交会,必以所步所测,课教疏密,疾病寒暑无间……于兹三十余年"。

（五）对接受西学,持积极态度。徐光启在评论传教士时就曾经说:"泰西诸君子,以茂德上才,利宾于国,其始至也,人人共异之,乃骤与之言,久与之处,无不意消而中悦服者,其实心、实行、实学,诚信于士大夫也。"徐光启所看重的正是一个"实"字。王徵与传教士邓玉函合作翻译出版了《远西奇器图说》,这是一部介绍西方各种机械知识的书籍。王徵在此书的序言中说:"学问不问精粗,总期有济于世焉……所录者虽属技艺末务,而实有益于民生日用,国家兴作甚急也。""国家兴作甚急"、"实有益于民生日用",正是王徵翻译介绍西方机械知识的真正动机。

五 近代史上的中西交会——从"西学中源"、洋务运动、近代化和"中学为体、西学为用"谈起

对西学传入的抗拒和抵制,所采取的表现形式是各式各样的。"西学中源说"就是这些表现中的一种。持这种看法的人认为,西学虽有其可取之处,但穷究其源,则是起源于中国。由于西学的传入最初是以改革历法所引发的,"西学中源说"便也是以天文历法发其端,又因在中国历、算本是一家,因而也就当然地兼及数学。

最早提出"西学中源说"的有黄宗羲、方以智、王锡阐、梅文鼎等人,乃至清康熙帝也支持这种看法。"西学中源说"有明末遗民发端于前,又有清帝及其宠幸者倡导、发挥于后,至清中叶其影响遂逐渐扩大。加上乾嘉时期考求国故的学术空气,清中叶的"西学中源说"一时之间甚嚣尘上,以至到清末。

到了清朝的中叶,社会思潮由明清之际的实学思潮转化为以考据国故为中心内容的乾嘉学派思潮。当西方正处在科学革命、产业革命之后,科学技术开始高速发展之时,在中国则是闭关自守(西学的传入几乎停止)、乾嘉学派的发展和"西学中源说"的流行。这使中国又失去了一次推行近代化、赶上世界潮流的机会。直到林则徐、龚自珍、魏源等人的出现,方才由考据实学转为经世实学的社会思潮。魏源还提出了 "师夷之长技以制夷"的方针,席卷全国的太平天国农民运动的爆发,西方列强对中国的大肆侵略,鸦片战争的失败及各项不平等条约的签订,满清王朝封建锁国的大门被打开了。自19世纪60年代开始,清朝政府在国内外的各种压力之下,不得不开始推行"洋务运动"。

洋务运动虽然不是一个成功的运动,但它却是中国向西方学习的第一次的近代化运动。它涉及经济、军事、文化、教育、政治、外交等方面的近代化。其实近代化问题不仅仅是近四百年来中国历史的中心问题,它也是近四百年来

全世界人类文明史的中心问题。特别是洋务运动，更应该被看做是满清王朝政府，在当时的国际国内条件下，由政府自上而下、由中央向全国各地推行的一次力图使国家近代化的尝试，尽管它又是一次不成功的尝试。

我们之所以赞成应从近代化的角度来评论洋务运动，是因为近代化问题实质上乃是中国近代史的核心。从近代化的角度来评论洋务运动才能使人们从世界近代史的角度来认识中国的近代史问题，并使之成为现代史的借鉴。虽然推行洋务运动的满清政府，其直接的动因还是御外侮、平内患，但是军需和民用等近代工业生产方式方法的引进、大规模的翻译及引进西学、人数众多的近代人才的涌现等，使得中国的近代化进程进入了一个新的阶段。

但是从洋务运动还在酝酿起步之初，以及在后来二三十年的推行过程中，中西学之争、体用之辩，无论兴办新型工厂、矿山，还是修筑铁路，或是兴办新式学堂，洋务派和保守派之间的激烈论争几乎一天也没有停止过。满清王朝所奉行的政策，乃是正如洋务派的后起之秀张之洞所主张的，"中学为体、西学为用"。

但是西学的内容也在不断地发生变化。开头还只是船坚炮利之类的西方近代的科学和技术，但是到后来，它已经包括西方政治、西方历史等等更加广泛的内容。当"百日维新"失败后，为了打倒满清政权，中国人不得不走向辛亥革命。

由于时间所限，我的演讲就结束在上世纪之初了。时间又越过100年，我们便来到改革开放30年之后的现在——一个旷古未有的、和谐大发展的盛世。但是机遇与挑战同在，我国还存在各种问题，也还会遇到许多更新的问题。参照中国悠久的历史，有些问题似乎并不陌生，真的是"似曾相识燕归来"。以史为鉴，我们就应该认识到"科教兴国"的提出是来之不易的，也更应该认识到"提倡科技创新"、"提倡科学地和谐可持续发展"都是来之不易的。以史为鉴，我们一定会把我们的事情办得更好，也可以使我们更加愉快、更有信心地放飞未来。

科学的昨天、今天和明天

王渝生
中国科技馆研究员

>>>

王渝生

1943年生。历任中国科学院自然科学史研究所研究员、副所长、博士生导师,中国科学技术馆馆长、研究员。现为北京市科协副主席、科普工作委员会主任,国家行政学院、中央社会主义学院兼职教授。著作主要有《自然科学史导论》、《科技百年》等,荣获国家图书奖、中国图书奖等奖项。

>>>科学的诞生和人类的历史一样久远。

>>>近代科学诞生有一个标志,那就是天文学革命。

>>>第二次科学革命是物理学革命,这次科学革命诞生了两个科学理论:相对论和量子力学。

>>>21世纪最重要的高新技术就是信息、生物技术、纳米技术三足鼎立,并驾齐驱。

>>>进入21世纪,又有一场新的综合性的科学技术革命。其内容第一是信息科技,第二是生命科学和生物技术,第三是能源科技,第四是纳米科技,第五是空间科技,第六是基础研究。这些是21世纪科学技术的发展方向。

一 古代科学技术的萌芽与发展

今天,我想就科技发展的历史、现状和前景做一简要的回顾与展望,这涉及科技对经济发展和社会进步的影响;同时,也讲一点个人的体会。下面我讲四个问题。我们要讲科学,首先要"正名"。古人曰,名不正则言不顺。什么是科学?各种辞典有多种说法,我讲自己的体会。第一,科学就是知识。第二,科学不是一般的零散的知识,它是理论化、系统化的知识体系。第三,科学还是科学家群体和科学共同体对自然、对社会、对人类自身规律性的认识活动。第四,在现代社会,科学还是一种社会建制。第五,邓小平同志说,科学技术是生产力,科学技术是第一生产力。我补充一句,科学还是一种文化,科学文化理所当然地属于先进文化。

科学的诞生和人类的历史一样久远。我们人类已经在地球上生活了700万年,过去说350万年,前两年我在美国的《科学》杂志上看到,在非洲中部发现了700万年前的人类遗迹。地球的年龄已经有46亿到47亿年了,太阳的年龄约60亿年左右,整个宇宙产生于150亿到200亿年前的一次原始大爆炸。人类700万年的历史,绝大部分处于蒙昧状态、野蛮状态。据考古发现,大约距今30万年前,原始人就在制造石器的过程中,开始了认识自然、改造自然的活动。在距今一两万年前,原始人发明了新的劳动工具——弓箭。弓箭的发明对人类社会的发展和科技的进步有着十分重要的作用。一方面利用弓箭有组织地狩猎,提高了生产效率,而剩余的猎物则被饲养起来,使人类由狩猎进入畜牧时代。另一方面利用弓弦绕钻杆打孔的方法钻木取火,又发明了摩擦生热的制火技术,这不仅极大地提高了人类的生活质量,而且也增加了生产的手段:用火烧制黏土,发明了制陶技术;用火熔化铜和铁,制造出金属农具。这样使人类结束了1万多年的迁徙不定的生活,进入自给自足的农业社会,从而开始了人类至少5 000年的文明史。

人类文明的第一个形态是农业文明。我们说中华文明上下5 000年,实际上不止,浙江河姆渡出土的炭化稻谷有7 000年,古埃及、古巴比伦、古印度等人类文明遗址也有六七千年,所以说在六七千年前,有"四大文明古国"出现在世界上。当时的农业文明就有了一些科学知识的萌芽和原始的技术,因为农耕文明需对土地、阳光、水分等自然条件有一定的认识。因此,"四大文明古国"都是产生在大江大河流域的。所以,从农业时代开始就有了科学的萌芽。如果说六七千年以前,世界文明"四分天下"的话,中国就有其一。到了两三千年前,古埃及、古巴比伦、古印度文明相继衰亡,出现了中断现象,而古代中华文明还在持续发展。到了两千多年前,欧洲地中海沿岸崛起了一个新的城邦奴隶制文明,那就是古希腊文明和其后的古罗马文明。可以说,在2 000年前,古代中国和古代希腊、罗马的文明就像两颗璀璨的明珠,一颗在东方,一颗在西方,二者交相辉映,那时的世界文明"二分天下",中国还有其一。公元476年,日耳曼雇佣军攻占了罗马城,西罗马帝国灭亡,标志着欧洲封建时代的开始。从西罗马帝国灭亡到14世纪至16世纪欧洲文艺复兴之前,差不多1 000年左右,欧洲开始了政教合一的封建时代,宗教裁判所可以因为布鲁诺信奉哥白尼的日心地动学说而判他死刑,把他烧死在罗马繁华广场上。欧洲的中世纪被称为黑暗的中世纪,科技经济的发展和社会的进步在这个时期受到了极大的阻碍。而这1 000年中华封建文明在大踏步地前进,独具特色的农学、中医药学、天文学和筹算学四大传统科学体系取得若干领先世界的成就。这一切,引起英国科学史学家李约瑟的极大关注。李约瑟,英文名约瑟夫·尼达姆,生于1900年12月9日,卒于1995年3月24日,他是英国近代生物化学家和科学技术史专家。他所著的《中国科学技术史》对现代中西文化交流影响深远。他关于近代科学为什么没有在中国诞生的"李约瑟难题"也引起各界关注和讨论。他写的7卷本34分册的巨著《中国科学技术史》,每册的扉页上都有他这样的一句话:"在公元3世纪到13世纪,中国保持了一个其他地区和民族所望尘莫及的科学知识水平。"也就是说,1 000年前,中华文明在世界上一枝独秀!从"四分天下"到"半壁江山"到"独领风骚",中华文明一直在前进。

到了14世纪至16世纪,西方出现了宗教改革、文艺复兴、科学革命三大近代化运动,出现了思想启蒙运动、资产阶级革命和资本主义生产方式,一下就把在封建老路上蹒跚爬行的中华封建大帝国远远抛在了后面,但是,西方的近代科学和资产阶级革命的进步和发展,中国古代科学成就在其中是产生了巨大推动作用的。譬如说，中国的指南针、造纸术、印刷术、火药这"四大发明"，英国政治家、哲学家弗兰西斯·培根在1620年就曾指出，指南针、印刷术和火药这"三大发明"改变了整个世界事物的面貌和状态，没有一个帝国、没有一个教派、没有一个大人物对人类事务的影响，能像这三种发明那样巨大和深远。马克思说过："火药把骑士阶层炸得粉碎，印刷术则变成新教传播的工具，而指南针使世界航海和殖民成为可能。"因此，中国的"四大技术发明"是资本主义产生的前提和条件。只是在四五百年前我们没有顺应历史潮流发展，没有像西方那样从封建时代进入资本主义时代，后来我们又遭受帝国主义侵略，沦为半封建、半殖民地国家，所以我们落后了几百年。

二 近代科学革命与技术革命

近代科学是什么时候诞生的？近代科学诞生有一个标志，那就是天文学革命。1543年波兰科学家哥白尼出版了《天体运行论》，提出了日心地动学说。中世纪欧洲教会一直主张地心说，认为太阳围绕地球转。哥白尼经过观察实验，认为地球围绕太阳转，这是符合事实的科学真理。但是，他受到了教会的迫害。1543年他去世前几天，在病床上才看到了刚刚出版的《天体运行论》。他去世以后，伽利略、开普勒、布鲁诺等捍卫他的科学真理，伽利略坐了牢，布鲁诺被烧死了。科学革命与社会革命一样，也是要抛头颅洒热血的。科学家与革命家一样伟大！无独有偶，1543年比利时医生维萨里也出版了一本书《人体构造论》。过去的医学、生理学都没有建立在解剖和实验的基础上，维萨里的《人体构造论》就创立了人体解剖学。《天体运行论》从自然界的大宇宙，《人体构造论》从人体的小宇宙，分别把天文学、生理学建立在观察和实验的基础上，因此，我们说，近代科学革命开始了。

过了一百多年,到了公元 1687 年,英国的大科学家牛顿出版了《自然哲学的数学原理》这本巨著,当时的自然哲学就是自然科学,主要是物理学。今天我们学物理的时候,运动学的三大定律——惯性定律、加速度定律、作用力和反作用力定律,就是"牛顿三大定律",再加上万有引力定律,这就是《自然哲学的数学原理》的内容。它的价值在于把一百多年前哥白尼、伽利略等人奠基的实验科学数学化了,自然规律用数学公式表达出来了。所以,现代科学的本质是实验科学,是建立在观察和实验的基础上并且同数学的逻辑推理相结合的。从这个意义上说,近代科学是公元 16 世纪至 17 世纪才诞生的。从溯源的意义上来讲,可以说古代中国、埃及、巴比伦、印度的科学知识是科学的萌芽状态,还包括中世纪除中国以外的阿拉伯国家的科学等。但是,真正能够称为今天的科学的是从哥白尼、伽利略、牛顿才开始的,他们使科学成为一个理论化、系统化的知识体系,使人们用数学方式来表达自然规律。

16 世纪至 17 世纪的天文学革命、科学革命对于后世的科学发展产生了巨大的影响。到 18 世纪、19 世纪,产生了两次技术革命。第一次是 18 世纪的蒸汽机革命,它的旗手是英国工程师瓦特。1781 年他在前人研究的基础上发明了普遍使用的蒸汽机,技术由量的积累实现了质的飞跃,它不仅大大提高了纺织业的生产效率,而且也促进了机器制造业、钢铁工业、交通运输业的发展,并为资本主义工厂制造业的生产方式代替封建社会手工作坊式的生产方式提供了重要的物质基础,推动了社会生产力的迅猛发展。这便是近代史上第一次技术革命,也称为产业革命、工业革命。第二次是 19 世纪的电力革命。19 世纪 70 年代,具有实用价值的电动机和发电机先后问世,继而在 80 年代又实现了电力的远距离传输。同时,内燃机技术不断得到改进与广泛应用,它们不仅提供了方便而廉价的能源,推动了一系列新兴工业的发展,带动了一系列新技术发明,如美国发明家爱迪生 1879 年发明了电灯、贝尔 1876 年发明了电报等,而且为资本主义国家提高生产社会化的程度和资本的进一步集中,为自由资本主义向垄断资本主义的过渡提供了重要条件。这是近代史上的第二次技术革命。

我们人类本来出自于自然界,而在今天,我们除了要面对原本的自然界,还要面对人类利用科学技术创造发明出来的一个崭新的物质世界。譬如我们今天几百多人聚集在这里开会,举目四望,天花板、地板、门、窗、墙,哪里还有多少自然界的影子?除为了美化环境而放置的花草树木外,所使用的桌椅、扩音器、电脑,都不是原本自然的东西,而是人类利用科学技术创造发明出来的东西了。调节温度用空调,出门代步用汽车。我早晨还在北京家里吃早饭,中午就到苏州,现代技术的使用已经潜移默化地支配着我们的生活,给我们带来了舒适。但是,有没有副作用?有没有不好的方面?我们考虑得比较少。北京在这方面讨论得很激烈,有人提出科学是双刃剑,我认为没有双刃剑这一说,因为凡是剑都是双刃的,单刃的不是剑,而是刀。第一,你的表达方式不对。第二,科学就是客观存在的规律,自然界告诉我们地球就是围绕太阳转,重力加速度就是9.8米/秒。你只能认识自然,利用自然,尊重自然规律,按自然规律办事,与自然和谐相处,你一定要无限改造自然甚至于征服自然,那你就要倒霉。马克思说过,人类对自然界的每一次掠夺,自然界都会加倍报复人类。与其说科学是双刃剑,还不如说人类是双刃剑,科学是客观真理,它像一把钥匙,既可以开启天堂之门,给人类带来福祉;也可以开启地狱之门,给人类带来灾祸。科学本身没有错,关键是人类怎么发展和利用科学技术。

在发展利用科学技术的过程中,必然要消耗能源资源,必然要破坏生态平衡,带来环境污染,这是不可避免的。人类文明的第一个形态是农业文明,农业文明要种庄稼,从开垦第一块处女地开始就破坏原有的生态。工业文明要开山采矿,搞工业大生产,在地下挖煤、石油、天然气,就消耗了资源,在工业生产过程中,不可避免要对环境有所污染。

但是,我们要解决资源消耗、生态破坏、环境污染、人口爆炸、能源枯竭这些问题也要靠科学技术,也要靠发展生产,靠科学发展观。一方面发展是硬道理;一方面要坚持以人为本,坚持可持续发展,特别是要统筹兼顾。我认为科学发展观最重要的是协调。我是学数学的,学过协调论、协同论、统筹方法,只有统筹了,兼顾了各个方面,才能够比较全面和可持续发展。我们资源有限、自然条件有限、人力有限、人的觉悟有限,我们就要有所为有所不为,就要协调统筹发展,构建社会主义和谐社会。

三 20世纪的科学发现与技术发明

20世纪科学技术的发展是在19世纪的科技成就,如热力学、电磁场理论、化学原子论、细胞学说和生物进化论等这些基础上发展起来的。19世纪末,有所谓实验物理学上的三大发现:1895年发现了X射线、1896年发现了放射性元素、1897年发现了电子。

电子的发现不得了!从两千多年前古希腊的德谟克利特到近代的道尔顿的原子论,都认为组成物质的最小微粒是原子,而1897年发现原子内部还有构造,发现了电子,电子带有负电荷。到1911年发现了质子,1932年发现了中子。所以,19世纪末的三大发现引发了20世纪头30年的第二次科学革命。第一次科学革命是天文学革命,第二次科学革命是物理学革命。

第二次科学革命诞生了两个科学理论:相对论和量子力学。

相对论的创立者是德国物理学家爱因斯坦,他是20世纪也可以说是人类有史以来最伟大的科学家,他在1905年创立了狭义相对论。狭义相对论有个推论:质能相当关系式,就是说质量与能量可以相当,写出来是一个相当漂亮的数学表达式:$E=mc^2$ E是能量,m是质量,c是光的速度（300 000千米/秒）。用这个公式来计算物质内部的能量大到惊人的程度,如把1克物质代入m,算出的E可以相当于36 000吨优质煤在常规状态下完全燃烧所释放的热能。爱因斯坦在100年前就指出,1克物质内部蕴藏着36 000吨煤炭所具备的热能!谁说科学不是生产力?谁说科学不是第一生产力?爱因斯坦写出这个公式的时候是26岁!既不是博士,也不是教授,是瑞士伯尔尼专利局的一名小小的职员,但是,他掌握了科学真理,得到了诺贝尔物理学奖。1945年他66岁,第一颗原子弹爆炸,实现了他的公式。从科学理论到技术实现用了40年。到了1915年爱因斯坦又提出了广义相对论,揭示了物质、运动和时间、空间之间的内在联系,改变了人类的时空观。

20世纪前30年的物理学革命还有一个成就叫做量子力学。量子力学是几代科学家经历了二三十年的努力搞出来的,1900年德国物理学家普朗克提出量子论,他认为能量的发射和吸收不是连续的,而是一份一份的。后来爱因斯坦说,我在研究光,光是一种光波,也是粒子。1923年,法国物理学家德布罗意提出物质波的概念,所有的物质都具有波粒。到了1928年,26岁的英国物理学家狄拉克写了《量子力学原理》。相对于量子力学而言,牛顿力学是量子力学在宏观低速运动状态下的特殊情况,而量子力学要考虑宇观世界、微观世界、介观世界高速运动的情况。现在一切物理学、一切自然科学都离不开爱因斯坦的一个假设:光速不变原理。人类所有活动的速度不能超过光速,超过光速时间就倒流了。声音在空气中传播速度是340米/秒,如果没有扩音器,距离我340米的人听到我的声音是1秒钟之前发出的。同样,现在坐在前排、后排的人可以同时看到我,是因为灯光照到我脸上反射给你们,在你们的眼睛视网膜上成像,光的速度是300 000千米/秒,我们这里几十米的距离就忽略不计,从理论上说,如果你们站在300 000千米以远,你们看到的我就是1秒钟之前的我,如果现在的宇宙飞船能够达到光的速度,你们看着我,你们同时坐着300 000千米/秒速度的宇宙飞船离我而去,飞船走了1年,你看到的我,还是此时此刻的我!飞船飞了1年、10年、100年,你看到的我还是现在的我,永远长生不老的我,因为光的传播速度跟飞船的速度一致。如果飞船的速度超过了光速,你们看到的我就越来越年轻！马上会看到我的青年、少年、童年。纯科学理论与实际的东西有时候是不太一致的。

  20世纪前30年，两个理论成就，一个是相对论，一个是量子力学，这就是20世纪前30年的物理学革命。20世纪后70年，所有科学技术的发展都与相对论和量子力学有关，即所谓四大科学模型和八大高新技术。四大科学模型是宇宙的大爆炸模型、物质结构的夸克模型、全球大地结构的板块模型、遗传基因DNA分子结构的双螺旋模型，简单地说，就是大爆炸、夸克、板块、双螺旋。宇观世界有个大爆炸模型，微观世界有个夸克模型，地球宏观有个板块模型，对人和生物世界的认识有个双螺旋模型。

  20世纪的八大高新技术有不同版本。所谓"八大高新技术"是上个世纪80年代从国家科委即后来的科技部出来的，譬如核技术、航空航天技术、生物技术、环境保护技术、激光技术、信息技术、新材料技术、新能源技术，有时还有海洋技术等等，不管怎么说，一开始都要说核技术、航空航天技术，也就是我们的"两弹一星"、载人航天。我们讲的"两弹一星"是：核弹、导弹、人造地球卫星。原子弹和氢弹作为一弹"核弹"，另一弹是导弹。1956年国家制定12年科技发展规划的时候，有一个重大专项就是"两弹"——原子弹和导弹。氢弹是超额完成任务，原子弹和氢弹统称核弹。原子弹是用重金属铀235、铀238，利用中子轰击，产生核裂变和链式反应。氢弹是利用氢的同位素氘和氚，产生核聚变，是热核反应，二者都是要把原子核内部的能量释放出来，所以原子弹、氢弹统称核弹。有了核弹没有运载工具是没有办法发挥威力的，还得要有依靠自身动力装置推进、由制导系统控制飞行并导向目标的导弹相配合。1956年提出的重大专项搞"两弹"就是指原子弹和导弹，后来又有了氢弹，就把导弹忽略了。"一星"当然就是1970年发射成功的人造地球卫星。所以，"两弹一星"充分反映了我国核技术和航天技术的发展，但我国的航空技术不行，我们现在坐飞机，不是空客就是波音，钱都让欧盟和美国赚了。我们"两弹一星"出来了，载人航天成功了，难道大飞机不能造？现在国家2006年至2020年中长期科学技术发展规划有一个重大专项，就是大飞机，我们要搞400座到500座的大飞机。只要重视，只要拿钱，我们人才济济，大飞机是能够搞出来的。新能源、新材料、海洋、环境保护等等，都是20世纪出现的高新技术。

我个人认为，20世纪最重要的有三项高新技术：第一个是信息科学技术。人类社会从几千年前的农业时代到几百年前的工业时代到当今的知识经济时代，知识经济时代的核心技术就是信息技术，因此我们把21世纪称为信息时代。对于20世纪，我们过去曾经有过多种说法，40年代有了原子弹，就说人类进入了原子能时代；50年代又说人类进入了空间时代，因为有了人造地球卫星和后来的宇宙飞船。再早一些，也说过19世纪是电力时代，18世纪是蒸汽机时代。不要小看蒸汽机时代、电力时代这些提法，列宁在描述时代特征的时候就用了这些提法，他说，蒸汽机时代是代表资本主义的，电力时代是代表社会主义的，而共产主义就等于苏维埃政权加全国电气化。这是100年前列宁说的话。作为高新技术的信息时代是从什么时候开始的呢？1945年有了第一台电子计算机，以它为标志，以微电子技术为核心，人类有了这样一个高新技术，进入了信息时代。

第二个高新技术是生命科学和生物技术。生命科学作为前沿科学是从1953年发现DNA双螺旋结构开始的。生物技术作为高新技术是从1970年基因重组技术开始的。1968年和1970年两位美国科学家阿尔伯和内森斯发现细胞中有两种工具酶，一种酶可以像剪刀一样把基因剪切下来，另外一种酶可以把基因像浆糊一样黏贴连接上去，这样就可以重组基因。这就是作为高新的生物技术的开端。现在，生物技术发展成了生物工程。生物工程有基因工程、蛋白质工程、细胞工程、酶工程、发酵工程，其中最重要的是基因工程。现在，基因与我们的关系太密切了！CCTV-10《百家讲坛》请我去讲基因，我一口气讲了基因与健康、基因与疾病、基因与寿命、基因与伦理、基因与道德、基因与专利、基因与法律、基因与战争、基因与世界、基因与未来，讲了很多基因与我们的关系。2000年6月26日宣布人类基因组测序完成,中国科学家参与人类基因组测序1%,跻身于美、英、德、法、日等发达国家基因组测序梯队之列。过去认为,人类的疾病只有极少数是与先天有关,绝大多数疾病是后天造成的;现在,基因技术揭示出来新的认识:人类几乎所有的疾病,或多或少,或直接或间接,都与基因有关,都可以通过基因技术治疗。寿命也与基因有关。高新技术的发展促使人类对自身和科学的认识带来深化和改变。

第三个重要的高新技术是纳米技术。20世纪80年代以来,随着电子隧道显微镜的出现,人们对物质的研究和应用延伸到分子和原子的微观领域,1纳米=10-9米,即十亿分之一米。物质在纳米尺度有许多特殊的物理、化学性质,所以纳米材料是一种新材料。我们在开展全民科学素质调查的时候,有一道题目就是"纳米"的三个选择。结果选择"长度单位"的只占18%,选择"新材料"的占22%,选择"水稻新品种"的占5%,剩下55%选择"不知道"。目前纳米材料还很昂贵,纳米产品尚未进入市场。因为一个产品称为纳米产品,必须主要材料是纳米材料,主要工艺采用纳米技术。现在所谓的纳米洗衣机、纳米冰箱,可能仅仅在其内胆、内壁上抹了一点纳米材料,有一点消毒、漂白、防臭等作用,但这种产品可能出现纳米粉末污染。纳米粉末进入人体后可能有副作用。因此,对高新技术在生活中的运用必须持谨慎态度。

21世纪最重要的高新技术就是信息、生物技术、纳米技术三足鼎立,并驾齐驱。2006年1月9日至11日中共中央召开了全国科学技术大会,主要内容是要加强自主创新能力,建设创新型国家。这次会议在科技发展历史上具有里程碑的意义。胡锦涛总书记在大会报告中列举了新中国成立以来在科学技术上取得的辉煌成就,它有以下七个方面:第一是"两弹一星",第二是载人航天,第三是杂交水稻,第四是陆相成油理论及实践,第五是高性能计算机,第六是人工合成牛胰岛素,第七是基因组研究。这些就是我们国家 50 多年来自主创新的标志性科技成就。其中有前沿科学研究,也有高新技术;有自主创新、有集成创新,也有引进、消化、吸收基础上的再创新。

四 21 世纪的科学技术发展前景

进入 21 世纪,又有一场新的综合性的科学技术革命。第一是信息科技,第二是生命科学和生物技术,第三是能源科技,第四是纳米科技,第五是空间科技,第六是基础研究。这些内容就是 21 世纪科学技术的发展方向。

可以预见,21 世纪是科学技术更快发展的世纪。以物质科学和生命科学的突破,信息技术、生物技术、纳米技术和新能源的广泛应用为代表,科学技术将成为人类社会变革和经济发展的主导力量,科学技术将深入到人类生活的各个方面,改变我们的生活方式,重塑我们的文化模式,重新构造新的社会结构和价值观念,建设和平、和睦、和谐的世界,为人类提供一个充满希望的未来。

21 世纪初,将是中国科技、经济和社会快速发展,国家创新体系建设的关键时刻。关于建设国家创新体系,胡锦涛总书记的报告和《国家科学技术中长期发展规划》中也有表述,基本上是五大体系:第一是以企业为主体、以市场为导向,产学研相结合的技术创新体系;第二是科研机构与高等院校有机结合的知识创新体系;第三是军民结合、寓军于民的国防科技创新体系;第四是各具特色和优势的区域科技创新体系;第五是社会化、网络化的科技中介服务体系。

2006 年,国务院颁布了《全民科学素质行动计划纲要》。这个"纲要"提出了 16 个字的指导方针:"政府推动,全民参与,提升素质,促进和谐。"《全民科学素质行动计划纲要》的重点是提出了两个方面的内容,一是以重点人群的科学素质行动带动全民科学素质的提高,重点人群有四个:第一是未成年人,第二是农民,第三是城镇劳动人口,第四是领导干部与公务员。将来领导干部与公务员的培训、考试、晋升,都要考核其科学素质。二是国家科普能力建设基础工程,也是四个方面:第一是科普教育与培训,第二是科普资源开发与共享,第三是大众传媒科普能力提高,第四是科普场馆等基础设施建设。通过十几年的公民科学素质建设工作,到2020年我国公民的整体科学素质要达到世界主要发达国家20世纪初的水平;再经过30年,到本世纪中叶,要达到我国公民人人具备基本科学素质的宏伟目标,实现中华民族的伟大复兴。

大科学家爱因斯坦在70年前就说过,科学的社会功能有两个:科学的第一个功能是科学直接地但更多的是间接地转化为生产工具促进生产力的发展;科学的第二个功能是它的教育功能,科学作用于人类的心灵。第二个功能看起来不像第一个功能那样明显,但是与第一个功能同等重要。

大文学家高尔基在90年前说过,我认为世界上没有任何别的力量比得上科学和文学对人的影响那么大。我在讲这句话的时候,是真心诚意地把科学放在文学之上的,因为文学太容易受到个人的情绪和思想的支配,因此真正属于全人类、真正属于全世界的文学是不存在的,而科学是属于全世界、属于全人类的,科学只有一个,这个科学深深扎根于观察与实验的肥沃土地之中,受数学的铁的逻辑的支配,这个科学是人类认识自己过去欢乐和苦难的根源,这个科学带领我们奔向更加光辉灿烂的明天。

文化与书法

欧阳中石
首都师范大学教授

欧阳中石

1928年生。首都师范大学教授、中国书法文化研究所名誉所长、博士生导师。他在艺术领域博学多优:精于诗词曲联、擅长写意绘画、京剧为奚派嫡传。在书法上,他也是各体兼综,而会通于行草,形成飘逸沉稳、刚健温润、灵动厚重的艺术风格,在海内外享有盛誉。

>>> 人,从生存开始,总希望这会儿比过去好一些,明天比今天更好一些,追求美好的愿望是人们的一种天性。

>>> 人们的生活,一天一天美好起来的一切愿望、行动、结果,都可以涵盖在文化之中。

>>> 汉字是中华儿女智慧的结晶。

>>> 书法实践,不是一件很难的事,只要想达到一般的水平,是人人可及的。

今天是抱着向各位请教、学习的心情而来的,我希望大家肯于指出我的错误之处,一起来探讨一些问题。在讲中国的书法之前,我想先跟大家谈一谈文化问题。

为什么谈书法要先谈文化呢?文化问题,是一个根源问题——一切问题都必须从这里谈起。这个问题如不明确,就没有了依据,其他问题就没法谈起。尤其,文化是一个国家、一个民族的标志。

一 怎样理解文化

　　人,从生存开始,总希望这会儿比过去好一些,明天比今天更好一些,追求美好的愿望是人们的一种天性。

　　这种向美好追求的愿望,岂止是人,即使是一般的动物,猴子、猫、兔子、狗,也无不如此。因此,我们说这是物种的一种天性,也就是说这是一种活物生存的必然要求。人们对于美好的追求有很多表达方式,文便是其中一种。在《礼记》里古人对文做过说明,"五色成文而不乱",这是说多种颜色很有章法地聚合在一起便是一种美好的文。在《易经》里也说过:"物相杂,故曰文。"这是说多种东西聚集在一起,尽管物种很多,集聚一起,各有各的特点,各有各的姿态,多种多样地集聚。"杂",《说文》说是"五彩相会",所以纷杂多采,也应该是一种美好的征象。这种征象用一个"文"字概括起来,很妥帖,也很全面,既很形象又能表现出这种征象的内在含义。

　　什么是文化呢?就是以"文""化"之,也可以说就是,使之美好起来。

　　因此,做出美好的愿望,是文化;做出追求美好的实际行动,也是文化;以美好的愿望出发,经过追求的实际行动,最后做出了美好的结果,也必然是文化的结晶。

　　如此看来,人们的生活,一天一天美好起来的一切愿望、行动、结果,都可以涵盖在文化之中。所以,辞书中所说的:人类社会历史过程中,所有的物质财富和精神财富都属于文化之中,或者说是物质财富和精神财富的总和。我觉得我这样理解,可能靠一点谱,最少摸到了一点边儿。

　　说到这里,我还想做一点重要的说明:在美好的后面,还必须加上"和谐"一词。

　　既然文化是向美好的追求。你也追求,我也追求,他也追求,应该说这是全人类共同的一种追求。既然是全人类共同所有的追求,难免就有互相碰撞的可能;为了大家都能得到美好,就应当大家做出一个保证大家都能得到美好的行动规范。这个规范必须保证大家都美好,这就要求大家和谐相处,大家都要彼此谦和、容让、包涵、尊重。

譬如,这里有三个苹果,有两个人都想得到美好,都想吃苹果。这里必须先有一个规范:人人平等,公平分吃。不然两个人抢起来,要以抢决定谁分几个,必然引起争斗,不管是谁胜谁负,总不能实现大家都美好的结局。如果有一个公平的原则,就会省却许多矛盾。三个苹果两人分,一人一个而外还有一个。把剩下的一个分为两半也可;根据实际需要一个人多一些,一个人少一些,都无不可。大家和谐相处,皆大欢喜,该有多么美好!或者商量一下,这一次都给甲吃,下一次都给乙吃,只要大家都高兴就好。

所以,我认为美好和谐是文化的核心要求。像这样公平、和谐地相处,达到全人类的美好和谐,没有一个共同的约定,订出一个共同的规范,是很难达到的。我们的先贤对这个问题早有认识,他们提出了一个"德"字。早在《庄子》这部书里就提到过德,以为德就是得,"物得"以生谓之德。德是一种特殊的力量。它虽然不是一种东西,但是一种很不一般的内在的一种有能量的力量。这种力量会使东西生长,会使事情成功。可见它是一种可以增强生命的力量,可以推动成功的力量。我们怎么样来说明这种力量呢?我体会它是一种劲儿,说是一种契机似乎更容易被理解。

"德"这个字的构成也颇有意思,中国字中,凡带有"彳"偏旁的,都表示是一种"进行"中的意味。"悳"分开来看是"直"和"心"两部分。"直"原是一个"直"字,可能是表意又表声的。从会意的角度来说,"从直从心,直心为德"。所谓"直心"的意思可以理解为心中坦直平和的意思,就是说:它是一种"坦直平和"的契机,它自身如此,希望一切也都如此。

在老百姓的语言中,尤其是北京话中,有一种说法:"得咧"的"得",有时化简为"得",就是在说,行啦,一切都成功了,都达到了非常合适的状况。这种说法正好就是"得"的真正含义。还必须说明,这个"得"不是仅指一方面的,而是指所有方面,无论从哪方面都合适的"得",才是得的要求。

为了保证全面的"得",各方面又必须遵循一定的原则,这就落在了这个"德"的身上。

为了保证全面的美好和谐的要求,人们必须有一个德的契机,这才是文化中的一个核心。美好的文如何得到和谐,要通过"德"这个契机;如何达到全面的化,也必须依"德"这个契机。所以中华文化能有如此的生命力、凝聚力,与这一个"德"字,分离不开,也可以说:德是中华文化中的一个本质性的核心。

在我国的历史上有许多有趣的故事,如怀素习字,告诉我们学书法要有刻苦精神。

中国的书法艺术不是独立存在的,它与中国的其他文艺形式,乃至自然风光紧密地结合在一起。泰山的书法石刻就是这样的典范。

二 文的依据是理

文为什么是一种美好和谐的展现?它为什么展现出来的征象就是美好和谐?这是有依据的。自然天地间的各种事物是一种自然的、客观的现象。它们的生成出现有其客观规律。所谓"客观",就是不依人们的意志的转移而转移;所谓"客观",就是它有自己的必然。为什么它是必然的?因为它是合理的。

理在自然界、人类社会中,是一个无处不在,无处不遵的必然。

地球上高低不平,有山有谷,有水有河,有草有树,有人有兽;人们的性别族类各异,有这族那族,有这国那国,又都有男有女,有老有少……又都各自成了自己的风俗传统,不同的组合中又都有了自己的规范。——这都是自然而然的必然,这就是理。

文的出现是由于理的必然而形成的。

譬如人面部的分布。人有两只眼睛,横着靠上长在左右两边,人的视野上下之间空间不需要太大,而左右之间正非常开阔。两眼的里侧不如外侧开合方便,所以两眼外侧活动的幅度较大,而且它们的外侧很自然地有了所谓"鱼尾纹"。纹是具体形象的引申,原就是文。所以说文是以理为依据而形成的必然反映。

一个鼻子,如果横着长,将闻哪边呢?当然得竖着长,而且鼻孔向下,不然,下雨就灌汤了。

鼻、耳下面是嘴,也必然扭转一下方位,横了过来。不然,吃东西就要漏掉了。为了嘴要开合,在鼻子两则,一直延伸下来,有了两道腾蛇纹。这也是使嘴的活动得到方便,顺势而形成的一个可以松动的灵活地带。有了这个腾蛇纹,嘴的上下开合,便灵便了起来。可见,文的出现,是有理为依据的。自然,社会都有各自之理,文是要遵从这些理的基本规范的。

三 怎样理解中华文化

大家都知道中华文化博大精深,那是因为我们的历史悠久,人口众多,有我们的智慧,在神州大地上,在不断的进步中自然而然地凝结成了一套适合于我们自己的文化特色。应该毫不客气地说,我们中华儿女自己就有足够的能力一步一步地去追求美好、和谐!我们漫长的历史证明了这一点。在漫长的历史进程中,中华文化随着社会的发展,逐渐积累了起来。从先秦而下,它没有停止过新内容的增长。无论汉魏六朝,隋唐元明清,以至近代当代,都有一些新鲜的学问不断地增长。这就是说,在原来固有的文化之外又随着时代的前进而增加了一大部分文化的积累。特别是在明以后,域外而来的洋文化不断涌入,又使我们增添了一部分外来文化。应该这样来理解:域外文化的涌入,是我们所欢迎的事,它使我们长期发展着的文化又增加了新的内容,中国人在文化上也同样是不怕富有的。

更重要的一点是"化"。中国人不拒绝外来财富,先引进,再结合,进而化之,最后就再也不易分得清楚。譬如,佛学中有一个"禅"字。当然它有着其独有的含义,但传到中国以后,到了苏东坡那里它就有了他的诠释,到了黄庭坚那里又有他的诠释,都和释氏的原义有了显著不同。正因为我们有着这样一种引进、结合、融化的"三部曲",就使得我们中华文化成了一个有自己特色、随时在发展、善于融合的生命力量。所以,我们的文化就成了一个无所不容、博大精深、无可限约的文化。

有人说我们的文化发展还不够快,也不够先进,是这样吗?我觉得中华文化进步决不慢!火药是中国人发明的,在当时也是最先进的,可是后来我们就没有再发展下去。这是因为中国人不聪明吗?我想不能这么说,因为我们中国人根本就不想制造一种杀伤力强大的武器。中华文化追求的是避免征战、避免不幸,更稳妥地向前发展。所以我觉得中华文化是紧紧地抓住了美好、和谐向前发展的,宁肯慢走一步,少走一步,也不愿意在那些不妥当的路上去走。

因此说,中华民族形成了自己固有的文化,它是一套很完整的体系。虽然它随着历史的进程不断地在发展、在扩大,虽然它随着世界的发展不断地汲取融化,虽然它日益丰富、新颖、厚实、庞大起来,但有一条贯穿中心、毫不偏倚的总方向是决不改变的,那就是它的内核——美好和谐,摒除邪恶,期望全人类一起走向最理想的美好和谐之中。

四 文化的发展

人生活在社会上,生活在自然中,一代一代地传承下去,形成历史;人们生活在不同的地方,但又在同一个地球上,相互间一定有所沟通。这样文化就必须具备两点:一个条件是记录,一种能力是交流。因为文化是历史的又是全人类共有的,所以必须看到它的历史传承关系,必须看到它向四周的交流关系。如果没有历史的发展,人们不是一代一代地往下传承的话,我们这个社会就根本谈不到进化的问题;如果没有交流,我们的许多活动就不会共同走到美好与和谐的境界。所以我觉得人们的共同生活,由于它的历史性和全人类性,就会有历史记录和共同交流这两种能力。这是"文化"发展的两个必要的条件。我想东方也好,西方也罢,概莫能外,大家都是一个共同的愿望,追求美好与和谐,创造灿烂的明天。这就是文化的要求。

总之,历史需要记录,人们之间需要交流,如果没有这两个条件,人类就不容易进步。正因为有了这两个条件,历史就得到不断演化与进步;全人类的文化有了彼此交流,就变得更加丰富与辉煌。

用来记录和交流的最简单的工具是语言,语言是最直接的现实。但正因为它方便,随之而来的就是转瞬即逝,来得容易去得快。它既有时间的限制,又有空间的限制,不能久也不能远。

人是万物之灵,人们在生活实践中就创造出来了可以超越时空限制的文字。

用文字来进行记录和交流,不管东方和西方,大家都想到了一块。思路虽然不尽相同,或者直接记录语言的声音,或者用符号代替语言,或者以形体直接记录事物形象,或者各种方式兼用,务以表达其意为能事。应当承认,各国的文字,都在日臻完善地展示着它们的功用,充分地展示着记录与交流的功效,为它们的文化发展起着无可替代的作用。

五 汉字与汉文

汉字是中华儿女智慧的结晶。

中国的汉字是世界上最古老的文字之一,但一直流传并使用到今天。它之所以具有这么大的生命力,就是因为它一开始就抓住了文字的本质,尽管在历史的发展中,在形体上有很大的变化,而在基本原则上只是愈来愈完善愈精密而已。从迄今发现的最古老的、系统比较完备的甲骨文来看,以形状物、合形会意、象形为本的成字要领,很早就成了汉字最根本的原则,这就使它超越了诸多的限制而发挥出可传至久远的功能。所以我们说,汉字是中华儿女智慧的结晶。

譬如"又",是手的象形。两个手同向左,一上一下,则是朋友的"友";如果两个人出手相对,则成了"鬥"(斗)。

再如"人",两个人同向左,则是从;同向右,则成了比;如一左一右,则成了"北";如一正一反,就成了"化"。

另外,还有直接做符号专指某处的指事、一形一声的形声、辗转相注的转注,以及借字代用的假借等等,合起来称为"六书"。

应该承认,这种为了解决长远的交流传播的实际问题,创造出了把形、音、意集中为一体的汉字,这确实有着无可替代的科学先进性。我们不敢做更远的展望,想到那遥远的人类语言都达到了统一的将来,仅从已经过来的历史或者比较近的将来来看,它的先进科学性是无可怀疑的。我们这样说,决不意味着它不有待于向更高处发展,更不意味着它已十全十美,它当然在科学性上还需做更缜密的研究改进。

再说说汉文。由于汉字在锲刻以至于书写上,都有一个麻烦的过程,在展现中需要简单直接,因此,在行文上自然要求简约,比直接记音成文的办法要简而无误。于是,我们的祖先便发挥了极大的思维智慧,创造总结出来了一种结字成文的文字规范,使它逐渐通行于神州大地上。这套系统不是古代人们的口头所用,主要是书面的一套体系,所以称之曰"汉文"更确切一些。

汉文是在汉字的基础上,充分发挥每个字的作用,集结而成的文字规范。古文中的名篇、名句一直流传到现在,为人们所喜闻乐道。这充分说明我们的古文并没有过时,它有着它了不起的生命力。

我总这样认定,汉字是中华儿女智慧的结晶,汉文是汉字晶体连接而成的闪闪发光的串珠。这是中华文化中的一组亮点,也许正由于它们的存在与发展,中华文化有了它得以展现的方便舞台。

借鉴前人的经验,是学习书法的重要途径。王羲之被看做中国书法史上的"书圣",他的书法风格深深影响着后世。他的《何如帖》、《奉橘帖》就是其代表作品。

六 关于书法的理解

"书法"一词的意思,一直不十分明确。很早的时候它是说写文章的一种笔法,以后转而成为书写汉字的一种规范。在漫长的流传过程中,甚至以为如果只局限在书写法度之内,就会降低书法艺术的高度。甚至有人认为一幅字就是一张书法了。应当说,不管高看一眼,或低看一眼,都无关紧要,无论怎样它都与书写的问题有关。但规范、法度、过程、成果,应有所区别,这些本不是一回事情,笼而统之,不太合适。

如果把书法概括起来,无论规范、方法、书迹、评论、分析、鉴赏、考订,甚至文字学、用具等,都积聚梳理在一起,说这是一门学问,倒是很合适的。尤其我们不要把"法"简单地说成方法,而理解为"佛法无边"的"法",则可以说得过去,不至于产生糊涂观念,也再不致只拿着一张写成的字幅叫做书法了。

七 书法是一门有关书写的学问

书写的内容是文字,文字的功能是必须解决实际问题的。如果写出来不能让人认识,就失去了它实际存在的意义,因此它必须写的是字。写出来的字还应该尽可能地好看,否则就会大大降低了它存在而动人的力量。因此,写出来的字必须正确、美观。

怎样才能把字写得正确美观,这就需要从许多方面进行综合考虑。比如字的形体、字意的组合、词意的合时合体。字的形体是非常重要的一项书写内容,在历史上有成功的规范,历史上早已经有了定评,我们对于这些都不能粗疏任意地处理。

写的字到底美不美,不由我们随便来定,历史的眼光不能忽视,发展的眼光不能迷惘,人类社会必然有明晰的看法。

铺开来看,我们现在世界上所存在的学问,一点瓜葛都没有的几乎没有,对于一个文化人来说,这许多的学问,不能是无用的。当然有些是距离近的,有些是更直接的。诸如文字学,文学中的诗、词、曲、联,字体、书体的历史,美学,哲学,品鉴理论,行款格式,称呼仪礼,甚至纸墨、笔砚都有许多讲究,都是些必不可少的知识。

这里还要说到法书,它确实指的是通过书写而形成的书迹情况而说的。过去对比较好的书写作品做出称赞,说这是一件法书,意思是说,这是一件可以作为法式、作为榜样、作为学习范本的作品。这种作品之所以被称做法书,说明它本身已经是一件很有价值的艺术品了。在这种意义上说,书法是关于艺术的一门学问,通过这门学问的研究,要求有所落实,当然要落实到作品之上。因此,应该说这是研究这门学问很重要的最直接的一个落脚点。学问的发展越来越细,越来越深入,表现的侧面越来越多。要求把许许多多的方面都集中到一个人身上,这很不现实,社会在进行着各方面的分工,应该互不偏倚,互相尊重,从不同的方面集中成一门学科的研究,这样才会取得很好的成效。尤其是把理论的研究和实践的实际感受经验结合在一起，一定会在相互印证参照中得到更全面的收获。

八 关于书法实践的问题

我每每说,汉字是中华儿女智慧的结晶,汉文是晶体结成的串珠。现在再说一句,书是串珠之外的绚丽光环。至于如何能使文字得到展现,如何使书法的理论落实到实际中去,则必须要涉及展现的能力问题。

人们常说他在练字,"练"就是自己在实践中摸索成功。自己不断地进行实践,要用工夫去练习,功夫就是由时间的积累而形成的。一个人的生命不是无限的,做了这个,就占用了其他的,充其量能有多少呢？再说每个人的时间都差不多,工夫岂不大家一样,成就应该是差之不多。但事实上,的确优差之间距离极大,所以我不太同意下工夫去练。练不得法,很可能是重复自己的错误。当然,必要的时间是必不可少的,但用的时间越少而取得的成绩越大,才是最合算的"生意"。"学"则是把人家已经公认为成功的东西拿到自己手中来,不必自己去摸索,费事的不要,错误的不要,专拣好的拿,这是多么"合算"的事！当然,首先要能辨认好不好。辨认好不好肯定一开始自己是无能为力的,必须听一听社会历史的意见,不需要独特的偏见,而是要听公允的社会历史的共识。"取法乎上",是便宜的路程。认定目标之后,就要一点不差地把对象完全拿过来,就是纹丝不改惟妙惟肖地学到自己手上来。这样,第一,练好了你的眼睛；第二,练好了你的手,看得既准,看到了就能写得出,你的书写能力就了不起了。可能要写好一个字是很困难的,但只要能写这第一个字,第二个字就容易多了。能会了两个字,以后的第三、第四,就步步容易多了,会上十来个字,差不多许多字就都会了。这种先精而后深的规律,是给能够抓住第一个字的人准备的,与那种从来都是一摸就过的人无缘。这种学的方法,大家可以试试看,如果真能写好了四五个字,结果其他都不会了,可以推倒这种学法。不妨上一回"当",试试再说。总的说来,不学光练不行,太费工夫,学而学不死,结果一定是不死不活。所以学必须有实效,死抓一个,越抓越多,学得虽少而会得多:这是学中最便宜、最合算的方法。

书法的学习与实践,不是一件很难的事,只是要想达到一般的水平,是人人可及的。

以上这些只是我一些很幼稚的肤浅看法,说出来请专家朋友们指正。我希望书法这一学科,能够从各种学科中汲取丰富的营养,并能够为各学科提供一定的方便,在社会的发展中焕发出它应有的光彩!

中国传统建筑的文化反思及展望

叶廷芳
中国社会科学院外国文学研究所研究员

>>>

叶廷芳

1936年生。1961年毕业于北京大学西语系德语专业。留校任助教后,于1964年进中国社会科学院从事德语文学研究至今。先后任外国文学研究所文艺理论研究室副主任、中北欧文学研究室主任、所学术委员,全国德语文学研究会会长,全国政协委员等。

>>> 紧密结合本国、本民族的实际,把两种文化加以"嫁接",从而产生出第三种形态的新品种。

>>> 我国的建筑艺术和建筑风格始终不能更新换代,我想这与我们的人才培养方式有很大关系。

>>> 我们的古代建筑师被载入史册的很少很少,能被老百姓叫出名字来的更少。

>>> 中国的这种强大的"墙文化"历史上起过多少积极作用,需要研究,但它的负面效应是明显的。

>>> 增强创造意识,我们很有可能在21世纪创造出为数众多的、世界一流的建筑艺术品。

多年来我常思考一个问题:我们中国人的天资不亚于世界上任何民族,因此我们曾创造了世界上先进的文明和灿烂的文化,成为世界四大文明古国之一。但是从明代中期起的这五六百年来,我们却衰落了!而恰恰从这时期起,世界上另一个文明古国所在地的欧洲却从中世纪的委顿中重新崛起,走到我们前头去了!这是什么原因?我想这跟我们的文化传统有关,至少跟我们的文化心态有关。现仅以我们传统的建筑文化为例,讲点个人的看法。

世界上的建筑,这里主要指大型的、属于艺术范畴的公共性建筑,从形式上划分,基本上有两类:一类主要是用石头建造的,叫"石构建筑";一类主要是用木头建造的,叫"木构建筑"。前者流行地区很广,主要包括欧洲、非洲、西亚、中亚和南亚以及南北美洲;后者主要流行在以中国为主的东亚地区,包括日本、朝鲜等国。为什么会有这种区别,一下子很难说清楚,因为西方世界并不缺少木头,东亚地区亦不缺少石头。就艺术而言,两种形式的建筑各有不同的价值观和审美取向,很难分出高低。从今天的人文学科看来,中国的木构建筑似乎更接近自然,更亲近人性。这一点显然也被英国科学史家李约瑟看到了,他在所著的《中国建筑精神》一书中说,中国建筑贯穿着一个精神,即"人不能离开自然"。

但我在这里试图从反思的角度,着重谈谈我们的建筑文化中那些制约着我们发展、值得我们认真思考和克服的现象。

一 纵向承袭的惯性思维

首先,习惯于向前人看齐,而不习惯于超越前人。我们的木构建筑(这里指达到辉煌程度的木构建筑)至少已有两千多年的历史。在这漫长的过程中,从形式到风格都只是单一的发展,没有发生过质的变化,可谓"两千年一贯制"。而欧洲人的石构建筑,仅自古希腊罗马起,其风格上的更新换代至少在一打以上:古希腊风格、古罗马风格、拜占庭风格、罗曼风格、哥特风格、文艺复兴风格、矫饰风格、巴罗克风格、罗可可风格、古典主义风格、浪漫主义风格、新古典主义风格、折中主义风格、青年风格、现代主义风格、"后现代主义"风格……

造成这种差别的原因之一,恐怕是我们习惯于承袭思维,总爱向前人看齐;以前人的水平为坐标,一味以前人的成就为荣耀、为自满。鲁迅笔下的阿Q,是根据我国衰落时期国民文化心理的普遍特征而概括和塑造出来的生动而典型的形象。每当阿Q意识到别人瞧不起自己时,他就搬出那句口头禅:"我祖上比你阔多啦!"而欧洲人不管前人有多大成就,都不满足,而是敢于向前人挑战,设法超越他们。正如鲁迅当年所概括的:我们中国人总习惯于"摸前有",而西方人则善于"探未知"。两种不同的文化心态导致两种不同的结果:一个不断推陈出新,向前跨越;一个则着重在前人基础上渐进发展,少有革新。

纵向承袭思维近年来的一个突出例子,表现在到处热衷于搞仿古建筑,其中"重修圆明园"的呼声堪称其最高音,说是为了"再现昔日造园艺术的辉煌"。殊不知,圆明园作为废墟的历史见证价值,已经远远超过它作为文化遗存的价值。即使没有上述政治因素,而仅仅是一处文化遗存,则圆明园废墟也早已成了宝贵的文物,文物的价值就在于它的历史原初性,通过大兴土木"再现"出来的东西只不过是一件复制(且不说它有没有本事复制得出来)的假古董,却毁掉了文物本身。既然有那么多的钱花在复古上,何不把它用来"创今"呢,即把这些钱提供给现代建筑师,让他们根据现代建筑学的原理,利用今天拥有的更理想的建筑材料,按照现代人的审美要求,运用他们的智慧,建造一座标志21世纪中国人建筑水平的新园林,留下一座时代的建筑纪念碑,不是比"再现"更有意义吗?

其次,创造意识淡薄,鲜见图变求新。建筑作为艺术的一个门类和审美的载体,它的生命在于不断创新,因为人的审美意识是不断变迁的,而且这也是历史发展的客观要求。

从19世纪下半叶起,从世界范围看,随着新建筑学理论和新建筑材料的诞生,建筑开始了一场崭新的革命。中国的木构建筑作为农耕时代的产物,也已走完了它的历史进程,面临着蜕变的过程。

近代西方思潮作为强势文化迅猛地涌入我国,这意味着客观形势已不允许中国建筑从自己的娘胎里孕育出自己民族的建筑新胚胎,我们一边招架,一边接受,来不及细嚼,难免囫囵吞枣。这在开始阶段是不可避免的,对于异域的人类文明成果,先要"拿来",而后才能进行鉴别、挑选和借鉴。吸收别人的长处,毕竟不能代替自己的创造。

整个20世纪我们在总体上就未能跳出西方建筑的大窠臼,既没有创造出属于我们自己民族的建筑新胚胎,也没有在世界新思潮中取得令人瞩目的地位。结果,到世纪末一看,缺少自己的东西,没有进行必要的反思,马上又求助于老祖宗,把前人留下的那些遗产,即把"大屋顶"风格当做中华民族永恒不变的建筑美学法则和艺术模式,到处用钢筋水泥搞复古。应该说,作为民族遗产,适可而止地、扎扎实实地搞点是无可厚非的,但铺天盖地地搞就有违历史的规律了。任何民族只有重视今天的创造,才有利于推动历史的发展。

比如北京,"夺回古都风貌"变成"大贴古建符号"。"夺回古都风貌"这个口号本身是没有错的,关键的问题是如何去"夺"？北京古都乃古代帝王之都。古代帝王为了突出自己作为最高统治者的无上至尊,竭力要求在建筑美学上加以表达,因而对全城做了非常讲究的规划和设计,整体性很强,艺术性很高,规模也很大。它的美学特点是:以规整、恢弘为基调,以南北中轴线上的皇家建筑为主体,以大片民居的低矮衬托它的崇高,以大气民居的灰暗衬托它的辉煌。这是古都的基本风貌。要维护古都这一固有的风貌或美学特征,首先就要维护皇家建筑的主体地位,保证以它为标志的城市天际线和轮廓线不受干扰,这就必须要求其他新的建筑在体量、高度与色彩上一律采取"让"的姿态,在尺度上保持彼此之间的基本比例关系,以维护其轮廓的雕塑感,并尊重其色调上的反差性。然而,以钢筋水泥一律加"顶"的庞然大物四处与主体古建筑摆出"争"的架势:争高、争大、争辉,从而破坏了古都固有的天际线,涂改了原来的"底色",填满了几乎所有的"虚空",把古都的固有风貌搞得"一塌糊涂"(建筑大师贝聿铭语),使世界上最宏伟、最美丽的古都之一的北京不能像罗马、开罗那样雄踞于亚、欧、非的大地上。

当今世界上学别人学出成绩来的也是有例可鉴的。罗马人把希腊人的立柱搬来,以更科学、更精确的几何原理和人体比例关系加以改造,从而使它更秀气、更漂亮。拉美建筑师在挖掘印第安文化的基础上,借鉴西方现代主义原理,又糅进已在南美扎根三百余年的巴罗克风格,创造出形式多样、空间豁亮、色彩浓郁、讲究光影反差效果的建筑艺术。关键是人家的学习或借鉴都着意在自己的创造,而且紧密结合本国、本民族的实际,把两种文化加以"嫁接",从而产生出第三种形态的新品种。当然,我们也不是没有人这样做过,南京中山陵的设计者吕彦直以及童寯、杨廷宝等大师都这样尝试过。他们把从西方(美国)学得的东西结合我们本民族建筑的特点进行探索,而且做出了一定的成绩。同样从美国学成回国的梁思成,则想以本民族的建筑为本,糅进西方的建筑特点。

第三,理论总结和理论建设的滞后性。就像公元前4世纪希腊人亚里士多德在总结古希腊戏剧(悲剧和喜剧)的基础上成为雄踞欧洲两千年的理论泰斗一样,罗马人早在公元前1世纪就有了维特鲁威的《十建筑书》。它不仅在希腊、罗马丰富的建筑实践基础上,对当时的建筑技术和艺术做了详尽的记载,而且做了理论提升,成为世界上第一部较完备的建筑理论著作。之后文艺复兴时期欧洲人又有了帕拉提奥的《建筑四书》(1554年)、阿尔伯蒂的《论建筑》(1485年,又称《建筑十篇》)、维尼奥垃的《五种柱式规范》(1562年)等。它们从不同方面、在不同程度上对欧洲建筑理论做了认真而详尽的梳理和阐发,对以后的欧美建筑起了不可低估的作用。

相比之下,作为木构建筑水平最高、经验最丰富的国家,我们在这方面的建树就要逊色得多。直到汉代我们才有了一部《考工记》。那是官方性质的,主要在技术方面做了一些规定,以利于工程考核和管理之用,属于政策、法规一类。之后过了上千年,到五代至北宋才有了一部《木经》,元代有过《经世大典》和《梓人遗制》,但都不完备,而且多半失传。比较完整的是宋代李诫写的《营造法式》和清代的《工部工程做法则例》,这是我国建筑遗产的精华,尤其是前者。但它们都着重在建筑材料、施工技术和管理方面的记述,理论升华和探索仍较缺乏。

知识的更新与进步、技术的提高与发展都需要合适的环境,至少要有信息传递和交流的渠道。知识的传授与人才的培养尤其需要这样的条件。古罗马建筑的发达跟它在这方面的领先很有关系,他们早在公元3世纪就有了建筑工程技术学校,开始以集群和规模方式培养人才。

然而,我国历代的人才培养主要是通过师徒相授或家族传授的途径。这种方式的狭隘性与局限性是显而易见的:没有横向联系,缺乏信息交流;难有竞争雄心;看不到差距,少有抱负;即便是恩师,最后还要留一手"绝招",以防后生抢了自己的饭碗。在这种封闭条件下,很难出大人才。即使是天才,恐怕也难成气候。因为他视野狭小,心理封闭,很难获得奇想的灵感。即使获得这种灵感,他也很难拿出推陈出新的勇气,因为师傅一般不让他越雷池半步,更不愿看到他超越自己。为什么我国的建筑艺术和建筑风格始终不能更新换代,而只能在原来的基础上做渐进式的改进和提高?我想这与我们的人才培养方式有很大关系。

这种传授方式还决定着传授内容的片面与有限:师傅教给徒弟的除了直接与建筑有关的纯技术知识外,一般没有相关的科学常识和必要的基础理论。这样学出来的徒弟只能算懂技术的匠人,而不可能是个有文化的"知识分子"或建筑艺术家。

我国历史上的人才制度从根本上说是一种培养官僚的制度,即所谓"学而优则仕",只有走仕途,才能有出息。学技术到头来还是个体力劳动者,是"工匠",而不是建筑工程师或建筑艺术家。无怪乎,我国的老百姓,哪怕有大专文化水平的老百姓,恐怕没有几个说得出两个以上的我国古代建筑师或工匠的名字。不难想象,这种教育制度决定了我国建筑学的命运。它使我国的建筑形式和风格长期停留在单一的局面,形成所谓"两千年一贯制"的"超稳定结构"(建筑学家陈志华语)。

建筑摆脱了遮风避雨这一最基本的原始功能以后,它就与美学结上了不解之缘。在保证功能需要的前提下,如何把房屋盖得更好看,成为建筑师的主要追求。建筑美学的基本特征就表现在技术与艺术的结合上,因此建筑的艺术属性在国际上早已形成公论。在欧洲,"艺术"或"美术"这一概念向来就包括绘画、雕塑、建筑这三大门类。

一是建筑具有韵律的美。它被誉为"石头的史诗"、"凝固的音乐"等等。歌德对于斯特拉斯堡的吟叹,雨果对于巴黎圣母院的讴歌以及黑格尔、谢林、施莱格尔等美学大师都对建筑的韵味赞美有加。现代建筑中依然保持着这种特性,如悉尼歌剧院,那种宛如群帆归步的韵致,堪称绝妙。无怪乎它不到"而立之年",就有了联合国教科文组织确认的"世界遗产"地位!

中国建筑尤其是院落式建筑在这方面更为突出,它不像西方的单体建筑一览无余,而是从地面层层展开,在时间中呈现它的音韵。不然唐代诗人杜牧何以投入那么大的热情歌颂浩浩荡荡的阿房宫,另一位唐代诗人王勃也不会以那么多的篇幅来描绘美轮美奂的滕王阁了。

二是建筑具有雕塑的美。这在石构建筑中不仅表现在建筑物所附属的那丰富的浮雕和雕塑陈列品,就是建筑物本身的轮廓和造型也具有这种雕塑的特性,尤其是某些较抽象的现代建筑。

与西方建筑的几何造型不同,中国建筑以曲线造型为特征,多姿多态。那反曲向上的坡屋顶,飞檐翘角的古亭、古塔"如鸟斯革,如翚斯飞",极富动感,也就是说,雕塑感极强。至于许多建筑物所附属的大量雕塑品,不少都有独立的审美价值。如梵蒂冈圣彼得大教堂中的米开朗琪罗的大理石雕塑《圣母哀圣子》和贝尔尼尼设计的华盖等,都堪称雕塑中的极品。中国宫殿建筑中的石雕、铜雕、木雕、玉雕、漆器、陶瓷制品以及梁柱上的雕刻等,都有许多上乘之作。

三是建筑具有结构的美。建筑的美不仅表现在外部造型,而且也表现在内部空间。在这里,力学与美学难解难分,中国的木构形式尤其突出。它与西方的石构建筑相反,墙不起承重作用。其全部承重功能都由梁柱承担,力学原理和技术就体现于结构之中。而结构则全部裸露在外,因而功能与审美合二为一。

西方石构建筑中,结构的美不太受重视,它往往被装饰所"掩盖"。上面说过,随着新建筑材料的出现,现代建筑师们都在框架结构上做文章,呈现出百花争妍的景象。其中颇为耐人寻味的是,许多建筑物的结构都是裸露在外的,好像学了中国木建筑结构的特点。尤其是巴黎蓬皮杜艺术文化中心,它的极其复杂的悬索结构可以让你一览无余,使你在对人类智慧的惊叹中感受到美。

四是建筑具有装饰的美。一座房屋单把主体结构盖成,还只是完成一半,即功能部分。另一半,即审美部分,还有赖于装修来完成。经过装修,一如人穿上了服装、戴上了首饰,建筑才具有了全部的审美价值。很难想象,中国建筑如果没有雕梁画栋、壁挂地毯、石刻铜雕……会成为什么样子!同样,外国建筑如果去掉这类装饰内容,也会成为毫无生气的空架子。欧洲建筑对于装饰的重视,到了17世纪的巴罗克时代发展到极致,其丰富多彩的壁画、挂画、雕塑以及各色各样的艺术陈列品让人目不暇给,立即唤起人们情绪的飞动。

五是建筑具有诗意的美。这主要体现在建筑与环境的关系中,在这点上倒是中国建筑尤其是园林建筑具有较多的长处。长期生活在农业社会的中国人,向来就醉心于田园的风味和情调,在建筑环境的营造中讲究"风水"。除去其中的某些迷信部分,这风水与今天的环境意识是能够携手的。我国古代经典性的风水著作当推晋代郭璞所写的《葬书》,它对于阴宅和阳宅都是适用的,其中的主要观点可以概括为12个字:群山环抱、负阴抱阳、背山面水。我国明代末年计成所著的《园治》也强调取景的重要性："得景随行"、"巧于因借，精在体宜"。这些讲的是因景制宜。可见中国的传统建筑很强调建筑与环境的关系，追求建筑的诗意美。

问题不在于建筑中有没有包含上述审美要素，而在于对艺术的追求程度。我们中国建筑两千多年来只对一种形式和风格进行了追求，并使之达到极致。但我们在这方面所表现出的毅力和所投入的智慧的总量而言，我们是不如西方人的。这可以从以下几点来看：

第一，从建筑物所投入的时间和力量来看，我们的大型建筑在古代一般只花几年、十几年，而人家一般需花几十年，甚至几百年！其中有名的如圣·彼得大教堂前后花了121年，巴黎圣母院经历了139年，科隆大教堂甚至断断续续搞了600余年！

最具可比性的是新建的北京西客站和刚刚竣工的柏林火车站，二者都号称"本洲之最"，但我们仅用了不到3年的时间，而柏林火车站却整整用了11年！我想这一现象显然还包含着艺术意识乃至人文观念的差异问题。

第二，从建筑师的地位与影响来看，我们的古代建筑师被载入史册的很少很少，能被老百姓叫出名字来的更少。而欧洲的老百姓，谁不知道米开朗琪罗、贝尔尼尼、辛克尔、赖特、格罗皮乌斯……我国自己编写的《中国大百科全书》被单独列为词条的中国建筑师一共只有16名，其中古代的占8名。这8名中，只有1名有生卒年，两名只有生年，而不知他们的卒年。可这两人分别是我国重要建筑理论著作《营造法式》和《木经》的作者！更甚者另5名生卒年都不详！而这5人中多数都是明清时期的，而且都亲自主持建造了明陵和故宫等一系列宏伟建筑。这与同一部辞书收录的中国其他文艺门类的人物词条相比，真是天渊之别！如中国古代文学家在这部辞书中被单独列为词条的约有1 050余位；中国古代美术家被单独收入的有300多位。

第三，从建筑理论的总结、建设与影响来看，上面说过，人家的建筑理论书籍在诞生的时间上比我们早得多，内容上丰富得多，理论上完备得多，国际上的影响也大得多。我们的古代建筑理论书籍，在国外被用于教科书的还没有听说过。

第四，从统治者的意向来看，从来都是强调功能而忽视艺术。尤其在古代，有的帝王还提倡过"卑宫菲食"、"茅茨不剪"。统治者也愿意节俭，当然这不是坏事，但这种重"善"轻"美"的倾向对于建筑的发展却不是好事。当时的思想家也不例外，例如墨子，他认为建筑只要挡风避雨、隔离男女就行了。孔子教授的"六艺"中就不包括建筑。我国的帝王们为了权力和享受需要宏大的宫殿或豪华的园林，但对建筑本身，几乎没有人表现出过特别的兴趣。

三千年前古埃及拉伽什国王亲自顶砖参加奠基；看一下公元前23世纪古第亚国王的雕像，他的膝盖上放着一张建筑设计图，说明建筑在他的心目中有着何等的地位！古罗马皇帝奥古斯都曾自豪地说："我接手的是砖头的罗马，我留下的是大理石的罗马。"大凡西方国家的帝王们，在他们当朝时期，往往要请他认为当代最杰出的建筑师，为他留下一座甚至几座建筑纪念碑或艺术陈列馆。

相比之下，我们的古代帝王们在这方面就不可同日而语了。统治者的这种倾向势必要影响到他们的子民，无怪乎直到现在我们的建筑师队伍中还有人顽强地否认建筑的艺术属性。

第五，从宗教建筑与世俗建筑的比较看，西方艺术成就最高的建筑是教堂和庙宇，而中国最辉煌的建筑却是皇宫和皇陵。耐人寻味的是，世界上凡是皇家建筑远远超过宗教建筑的国家，后来都衰落了：造了金字塔的埃及，造了泰姬陵的印度以及造了大明宫、故宫的中国。

自奴隶时代起，中国统治者那种"君临一切"的自我意识就是非常强的。早在3 000年前的《诗经》中，就有"普天之下，莫非王土"的描述。封建统治者尤其如此,他们自称为"天子"。这种无上至尊的威权需要一种象征,这象征需要一种载体,最好的载体莫过于建筑了,包括他们的宫殿和陵寝。正如汉初奉命建造未央宫时的萧何所说:"天子以四海为家,非壮丽无以重威。"

于是我们有了世界上最宏伟的宫殿,至为壮观的陵墓。而老百姓的房屋则是一片低矮和灰暗。这种巨大的反差,鲜明地衬托出伟大与渺小的对立。

在西方,皇家建筑与民间建筑之间你是无法找到这种对立程度的,至少在高度上。这种状况必然要在国民的心理上造成负面影响,即压抑感和窒息感。这种压抑感窒息感越严重,则人民的积极性与创造性就越不能发挥,那么这个国家怎么能强盛呢?

中国的墙之多为"世界之最"。国家有万里长城,城市有城墙,单位有围墙,家庭有四合院,现在甚至发展到几乎每家每户都有防盗门,首都的出租汽车还有防盗栏,如此等等,不能不说是一种奇观。中国的这种强大的"墙文化"历史上起过多少积极作用,需要研究,但它的负面效应是明显的。

首先,中国的"墙文化"反映了中国历代统治者"一劳永逸"的苟安思想。他们为了世世代代安安稳稳地"坐江山",不顾劳动人民死活,动辄进行浩大工程,一味进行物质上的消极防御,而不是从精神上培养人民的反抗意识和斗争意志,随时进行积极自卫。

其次,中国的"墙文化"造成国民心理的单纯防守性。以汉族为主体的中华民族历来就是世界上最大的民族群体之一,照理应是人数少的别的民族筑墙来防它,怎么变成相反了呢?君不见我们几乎历朝历代都在筑墙,我们一直来都在防、防、防,到头来却是防不胜防!

第三,中国的"墙文化"造成国民心理的自我封闭性。我们世世代代被无数的墙团团围住,眼界越来越狭小,以致自以为处于世界的 "中央之国",盲目排外,与世界上其他优秀民族往来很少,连知识都得通过"私塾"或师徒形式来传授。

第四,中国的"墙文化"完全适应封建主义统治的需要。封建主义统治者历来主张"民可使由之,不可使知之",实行愚民政策。封闭的环境不便横向联系,可使老百姓消息闭塞,安分守己,不易接受外来的"危险思想",不去串联造反。封闭的环境可以造成封闭的心理,而封闭的心理有利于养成对统治者的驯服习惯,有利于适应封建主义轻易而稳固的统治。

第五,中国的"墙文化"也有正面的见证作用,它证明中华民族是一个防守型的民族,而不是进攻型的民族。它不想"走出去"以敛取外来财富,也不想进攻或侵略别的国家。这从正面反映了中华民族是一个爱好和平的民族。史实也说明,中国版图的扩大,几乎都是在自卫战争中包容别的民族的结果。

第六,劳民伤财建造的墙与作为历史文物的墙。动用巨大的人力物力去建造规模宏大的国墙、城墙,尽管在军事上也许能起一时的作用,但对当时的生产发展无疑是一种阻碍或抑制。

但作为古代中国人的一种思维方式和行为过程,它却是一种极为重要的历史证物,它确确凿凿地证明中国人在意志和力量上能够做到什么。因此我们的长城被联合国教科文组织确认为全人类的文化遗产之一;我们的许多城墙被国家列为全国历史文物保护单位。对于这些遗产,我们应该作为国宝予以充分的尊重和珍视。这是祖先们用无比巨大的血汗代价换来的啊!

二 "继承传统"的误区

由于"纵向承袭"的思维惯性,尽管在这大变革的年代,许多人仍然唯恐失去传统。因此,"继承传统"或"弘扬传统"的口号在我们这里频率特别高,而且几乎与当年西方人"反传统"的口号同样响亮。诚然,传统是必须继承的,怎么能割断历史的延续性呢?问题是,传统具有二重性,既有积极的、正面的部分,又有消极的、负面的部分。而有些人由于"过去"的情结过重,继承的背后往往掩盖着负面的东西,表现在建筑方面的主要有三点:

一是"继承"成为对前人的形式和风格的单纯模仿和重复。近二十余年来,古建筑符号胡拼乱贴,大量仿古建筑的出现就是有力的说明。这种"西装加瓜皮帽"的形式,使我们的许多城镇变得不伦不类。比如北京,许多有识之士感到:这么一个规划完整、艺术感很强的古城,如今变成一个充斥着各种建筑式样的大杂烩!

二是"继承"成为抵制革新的挡箭牌,尤其抗拒"反传统"的要求和努力。殊不知,推陈出新乃是艺术(包括建筑)的常规,否则艺术就不可能保持其生命活力。在这方面,反传统是艺术革新的推进器。反传统的人并不是不要传统,他只是不想重复前人有过的东西而已。大家都知道,西班牙人毕加索、达利、米罗,特别是建筑大师高迪,都是具有深厚传统功底的艺术家,但他们又是反传统的猛士。须知,正是在反传统的努力中,他们成了划时代的伟大艺术革新家,从而大大丰富了西班牙艺术的传统。因此,反传统是一种积极的创造性思维。如鲁迅,就是一个既善于继承传统,又敢于反对传统的"大呼猛进"的伟大斗士。

三是继承传统的实质是学习前人的创造精神。凡是具有现代意识的艺术家都以重复为耻,即既不重复前人的,也不重复他人的,甚至也不重复自己的。因为重复是匠人的习性,而创造才是艺术家的本色。早在 60 年前,毛泽东同志的这句名言至今仍是鲜活的:"模仿乃是最没有出息的文学教条主义和艺术教条主义。"

艺术贵在原创,而原创都是一次性的。我们的祖先在当时物质条件很简单、相关的理论很缺乏的条件下,在艺术和建筑领域创造了辉煌的业绩,那是了不起的事情。但我们今天在更优越的条件下,还只知去重复它们,那确实是太"没有出息"了!然而先辈们的那种艺术创造精神,却可以激发我们的智慧和想象,激励我们创造出更多更好的富有原创性的东西来。

三 创造世界一流的建筑

中国传统的建筑文化是在几千年的农耕时代形成的,在改革开放的今天,我们必须牢牢树立改革开放的观念,与大时代的步伐保持一致。增强创造意识,我们很有可能在21世纪创造出为数众多的、世界一流的建筑艺术品。

首先要突破封建意识的重围。中国传统的建筑文化是在几千年的农耕时代形成的,它一方面是劳动人民创造性智慧的体现,一方面又渗透着统治阶级主要是封建统治阶级政治哲学的影响。这种哲学的核心即所谓"天不变,道亦不变;以不变应万变"。这也是导致中国建筑乃至整个中国社会发展迟缓的重要原因。在改革开放的今天,我们必须在思想深处彻底粉碎这个紧箍咒,牢牢树立改革开放的观念,与大时代的步伐保持一致,与世界潮流步调统一。

其次要走出工匠心态。我们常常感觉到,中国建筑文化中负面的东西,直到今天仍然在无形地影响着我们。这方面我感觉到的最突出的一点是,我们的相当多的建筑师今天仍然未能摆脱"工匠心态"的束缚。

匠人(或工匠)的职业习惯在于重复自己已经掌握的技艺,匠人的身份习惯于被动地接受任务,按照业主的要求干活。在那个尊卑有序的等级社会里,他没有资格让人按照他的设计接受工件,他也缺少作为"专家"的职业荣誉感为自己成功的设计而自豪,并随时为自己的创作进行辩护,甚至抗争。总之,在那种生存条件下,他无法养成作为一个"家"的独立人格尊严。唯命是从是他的基本心态,也就是我这里所说的"工匠心态"。

工匠心态在今天最常见的表现是：习惯于重复作业。一张简单的图纸复制了又复制，于是造成千篇一律的现象。其次是缺乏专家的职业尊严。你要他怎么干，他就怎么干。这是造成我们许多城镇建筑景观杂乱不堪、互相雷同的一个很重要原因。

第三要走进"现代思维"。从世界范围看，一个半世纪以来，建筑经历了两次美学革命：第一次叫"现代主义"，差不多持续了一个世纪；第二次叫"后现代主义"，已近半个世纪。经过这两次变革，人们获得一系列新的观念和共识：首先，建筑是一门艺术，而艺术是需要想象的。有为的建筑师都应该把建筑设计视为艺术创作过程。那种否定建筑的艺术属性的建筑师，说明他不过是建筑的工匠。其次，美是流动的，任何一种美的形态其能量是随着时间而消耗的。因此在审美领域不存在永恒不变的美学法则和规范，那种把艺术风格和形式定于一尊的做法和想法，已经一去不复返了。再次，艺术的发展是无限的，艺术的方法也是无穷的，因此艺术创作（自然包括建筑设计）已经合乎逻辑地走向了多样性，并且形成互相并存的格局。这意味着艺术家（建筑师）已进入一个"各显神通"的时代，彼此尊重成为他们基本的处世哲学，那种互相诋毁、互相否定的态度已经不合时宜了；另外，美是不可重复的，因为原创性的东西是无法复制的。凡是具有现代意识的艺术家都以重复为耻，他追求独创，要求每一次创作都是一次新的"焰火"！还有，现代艺术家都把创新视为艺术的生命，并认为创新需要大量的实验和巨量的付出，换句话说，想要一件成功作品诞生，就必须容忍上百件平庸作品出现。那种对于别人的创新尝试格格不入的人，至少说明他尚未进入艺术的现代语境。想要对现代艺术（建筑）作品发表意见，必须掌握现代艺术语言和现代话语方式，否则等于"对牛弹琴"，浪费时间。而且，建筑作为审美的客体，人人都有权利欣赏和评论。这种欣赏和评论跟学问的多寡没有必然的联系，但它跟经验有直接的关系。最后，自从后现代兴起以来，人文追求成为建筑的新的价值衡量尺度。建筑设计和城市规划都主张以人为考虑的中心，也就是"以人为本"。

第四要放眼世界高标。建筑，尤其是现代建筑像其他艺术一样是不认国界的。因此，各国建筑师的跨疆越界，被邀去他国设计一些重要的，甚至是国家级的标志性建筑，早已司空见惯，成了国际惯例。而且这种现象在那些建筑大师云集的国家尤其普遍。例如，美国建筑师的力量可以说是最雄厚的，但昔日世界最高的纽约世贸中心是日本人设计的，而现在在建的世贸中心新楼却让德国人中了标；德国的建筑阵容无疑也很强大，但它的国会大厦的改建和法兰克福标志性的金融大厦的设计却交给了英国建筑师诺曼·福斯特；法国也是一个建筑人才济济的国家，然而它的以总统名字命名建造的蓬皮杜艺术文化中心设计的国际招标，在686个竞标图纸中，却选中了意大利人和英国人（合作）的；高迪的祖国西班牙也是一个建筑大国，但它在比尔鲍厄的那幢举世瞩目的古根海姆博物馆则是出自美国建筑师盖里之手；至于耸立在悉尼埠头的那座石破天惊的歌剧院，大家知道，它是丹麦人的天才奉献……你看，这么多的建筑大师在各国间你来我往，互相客串，最终谁也没有输给谁，谁也没有赢了谁；相反，每个人都贡献了第一流的建筑智慧，在各国放射出光芒，推动了世界建筑的发展。

由此看来，一个国家想要在建筑上为本国或本民族争光，不一定非要自己的建筑师出来一显身手，也不一定要以本民族的传统风格为基准。只要这座成功的建筑物耸立在你的土地上，就显示了你作为业主的慧眼和格调，你和你的祖国就获得了荣誉。如果一味要求从民族传统出发，要求一看就像什么，有时反而会束缚住自己的手脚，从而在国际智慧共享中失去很多实惠和份额。近年来，我国在这方面也确实与世界接轨了，像上海金茂大厦、北京的国家大剧院和国家体育场鸟巢以及首都国际机场二期扩建工程等这样一些标志性建筑都实行国际招标，并都让外国高手们中了标。这是一个明显的进步。与此同时，我国的中青年一代建筑师也开始在国外中标。

第五要接受对话时代。世界多极化、文化多元化,标志着我们这个新世纪的"地球村"已进入"多声部"的时代。"多声部"可以是和谐的乐音,也可以是杂乱的噪音,关键是人们有个平和的心态。

经历了两次世界大战的人类,从20世纪后半期开始,显然变得较为心平气和一些了。"冷战"局面的结束与"冷战"思维的淡化就是一个值得欣慰的征兆。在文化艺术领域,把人文关怀摆在突出位置的后现代就是以告别争吵的姿态出现的。你看"前"现代起来的时候,各流派都挥舞着自己的帅旗,大声标榜自己的主张,而且恨不得把别人都骂倒,以执文坛、建坛之牛耳。但"二战"后,当后现代各流派诸如法国荒诞派、新小说派,美国黑色幽默等出台的时候,人们只看见它们奇异的服装,却并不知道它们的名字。这些时代的弄潮儿们,显然没有继承前人的霸气,而只关心阐述自己(理论上),表达自己(创作或设计上),而并不想通过打倒别人来谋求自己的地位或影响。在具体场合,他们既尊重前人或别人的既定存在,却也决不抹杀自己的个性和现代标记,迁就地以一座相似的建筑与你保持"谐调",而干脆以一个风格绝然相反的反差造型进行不同时代的"祖孙对话"或同一时代的"圆桌对话"。例如柏林市中心那座哥特式的纪念教堂,"二战"中被炸得只剩下一身残躯。战后想把它修复,但建筑师却没有动它,而是以一座极不谐调的几何造型的筒子式建筑与之相依而立,既让它成为永久性的文物,又有力地衬托了它的存在,获得一片叫好声。德国科隆也有突出的例子。那里的科隆大教堂是欧洲三大哥特式教堂之一。战后人们在它旁边盖了一座艺术博物馆。然而却没有用一座高大建筑与之平起平坐,而宁可多用一些地皮,以一座二层的现代建筑"蹬"在这位前辈面前与之对话。在现在的欧洲,这样的对话随处可见。

中国人的智慧不亚于世界上任何民族,建筑方面也不缺乏杰出的天才。只是由于上述负面文化心理的积淀,阻碍了创作思维的活跃。一旦走出这一文化氛围,就能形成气候。我国是个多民族国家,幅员又辽阔,各民族和各地域的建筑文化丰富多彩,建筑风格琳琅满目。在充分总结我国各民族各地域建筑遗产的基础上(这点过去做得非常不够),尽量吸收世界各民族的建筑长处,增强创造意识,我们很有可能在21世纪创造出为数众多的、世界一流的建筑艺术品,使中华民族在建筑上也跻身于先进的世界民族之林。

资本主义发展史上的大国兴替

钱乘旦
北京大学历史系教授

钱乘旦

北京大学历史学系教授、博士生导师,兼任中国英国史研究会会长、英国皇家历史学会通讯会士等职。主要著作有《走向现代国家之路》、《第一个工业化社会》、《在传统与变革之间》等。曾获国家教委人文社会科学研究成果一等奖、吴玉章奖等奖项。

>>> 大国兴衰问题是和资本主义的发展阶段紧密联系的,在某一个阶段上,最能体现这个阶段特点的国家就是这个阶段所谓的"大国"。

>>> 西班牙、葡萄牙、荷兰:重商主义时期。

>>> 英国和法国:自由资本主义时期。

>>> 德国、日本:资本主义的变种。

>>> 美国:当代资本主义的集大成者。

资本主义发展和大国兴衰的问题,在国际学术界都不是新问题,当然也不是很老的问题。大国兴衰问题从上个世纪八九十年代起就开始讨论,在国际学术界受到重视。我把大国的兴衰问题同资本主义的发展阶段联系起来,这个提法是新的。大国兴衰问题是和资本主义的发展阶段紧密联系的,在某一个阶段上,最能体现这个阶段特点的国家就是这个阶段所谓的"大国"。

我们现在倾向于把世界近代史的开端定在1500年前后,为什么?这是个很大的问题。但有一点大体上可以概括,就是1500年前后是资本主义世界体系开始形成的时期。这样来理解关于1500年前后的事,理解世界近代史的开端,就比较容易了。

这样,在资本主义发展史上,大国经历了以下几个阶段。

一 西班牙、葡萄牙、荷兰:重商主义时期

资本主义的早期阶段是重商主义阶段。重商主义是一种经济理论,但更是一种实践。重商主义和后来的经济理论相比,尤其是和20世纪以后的经济理论相比,只是一种非常简单的思想。按照重商主义理论,财富唯一的表现形式是贵金属,简单地说就是金和银。我们都知道金银是货币,它们不是财富本身,而是财富的衡量标准或保存手段。可是重商主义把金银看做财富唯一的体现形式,这样一来,任何人要想富有就要拥有更多的金银。但重商主义是讨论国家贫富的一种理论,所以所谓的财富多少,是针对国家而不是针对个人的。

弄到最多的金银,可以采用什么方法呢?实际上无非两个途径:一是经商、贸易,二是暴力抢劫。我们发现在15世纪、16世纪之交,西方有些国家走出国门开始进入海洋,做什么?第一经商,第二掠夺,经商不过瘾就掠夺。

最早的殖民主义国家漂洋过海到处觅宝,结果出现了地理大发现。没有地理大发现,我们这个世界还不成为一个"世界";地理大发现之后,不同的地方都联系起来了,形成了"世界",一个世界体系。

地理大发现的目的是什么?就是追求财富,而且财富的概念非常明确,就是贵金属,是金银。这样我们就能理解西班牙和葡萄牙在那个时期的所作所为。尤其是西班牙对所谓新大陆的劫掠极其残暴,充满了血腥。印第安人百分之九十以上被消灭了。为了填补人口空缺,就开始从非洲引入黑奴,这样又造成一种新的类型的商业贸易,即奴隶贸易。这就是在资本主义早期发展阶段的情况,西班牙和葡萄牙代表着重商主义的早期阶段。

我们可能要问:为什么最早出现在大国舞台上的是西班牙和葡萄牙,而

不是其他国家？最主要的原因是这两个国家在欧洲最早从封建分裂状态中走出来，形成了自己统一的国家，出现了强大的中央政府。当时，国家统一的形式表现为绝对主义王权（我们过去翻译成"专制王权"），在欧洲所有国家中，这两个国家最早出现这种国家形态。资本主义追求金银财富，绝对主义王权则执行和推动重商主义，两者结合，才使西班牙和葡萄牙成为近代以后世界上最早的大国。

但西班牙和葡萄牙的重商主义是早期重商主义，在这个阶段我们看到更多的是一种血腥的暴力、直接的抢劫、赤裸裸的争夺。西班牙和葡萄牙当时在很大程度上保留了中世纪的封建主义残余，这种情况一直持续到19世纪。到19世纪两国残存的封建主义因素仍然相当多，因此，它们没有继续发展。

17世纪，西班牙和葡萄牙被一个新兴国家取代，这个国家就是荷兰。17世纪是荷兰的世纪，荷兰有一个绰号叫"海上马车夫"，这非常贴切地表述了荷兰的特点。什么是马车夫？就是运输队。荷兰人17世纪在世界海洋上到处跑，跑来跑去运输商品，赚取了无数的商业利润。

荷兰通过海上贸易，把重商主义推向比较成熟的阶段。今天人们在商业活动中继续使用并且是非常熟悉的许多方式，比如说信贷、金融、簿记等等，都是在荷兰创造或完善的。荷兰创造了早期的信贷制度和金融体系，更重要的是创造了银行——在荷兰之前，人们只知钱庄而不知银行。荷兰的做法是让国家出面来提供担保，在此基础上把欧洲很多闲散的资金吸收到荷兰，积聚起非常雄厚的商业资本。荷兰的经历说明，一个世界强国必须在世界上起金融中心的作用，这个经验为后来其他资本主义国家提供了先例，所以后来的资本主义大国都在不同阶段上充当世界金融的中心，比如英国、美国等。

荷兰取代葡萄牙和西班牙是有道理的。在西班牙和葡萄牙的早期重商主义中，封建因素太多，到荷兰时代这些残余被清除。荷兰是商人的国家，这和荷兰的历史发展有关。历史上，荷兰从来没有成为一个独立国家，一直到 16 世纪都是这样。荷兰独立的政治实体是在 16 世纪才出现的,当时荷兰反抗西班牙的统治,通过解放战争组成独立国家,走上世界舞台。荷兰很早就是一个商人的社会,是商人城市组成的地区。1560 年荷兰已经拥有一千多艘商船,是中世纪欧洲最强大的海上强权威尼斯最强盛时商船总数的三倍。到 1700 年,荷兰拥有一万多艘商船,这个数字非常庞大,当时记载说荷兰沿海布满了港口,港口中停泊着无数船只,桅杆竖立在那儿就好像是树林一样。

二 英国和法国:自由资本主义时期

荷兰的强大维持了一个世纪左右,到 18 世纪就衰落了。取而代之的是两个新的国家:英国和法国。这两个国家在资本主义发展阶段上都各自接连走出了两步,它们的影响更大,在世界上取得控制权的时间更长。这两步:第一步是从早期重商主义走向晚期重商主义,第二步是从商业主义走向工业主义。这是走向现代世界的关键性的两步。

晚期重商主义和早期重商主义的理论差别其实不大,二者的出发点基本相同,都把贵金属看做是财富的唯一体现形式,看做是国家基本的追求目标。但是如何得到最多的贵金属?两者看法则不相同。晚期重商主义在如何少买多卖问题上有自己的看法,它认为卖东西应该是卖自己的东西,只有这样才有牢靠的保障。别人的东西也可以卖,但卖别人的东西终究有风险,天灾人祸一来,别人的东西就没有了,你就无法卖;没有东西卖了,从哪里去获得金银呢?这是晚期重商主义非常重要的思想。

自己的东西从哪里来?这是一个问题。自己的东西最好就是自己生产出来,农业生产的粮食可以卖,但赚不了多少钱;最好是卖制造品。这样一来,手工业生产就重要了,因此,国家鼓励生产,尤其是鼓励手工业的发展。英、法在这个方向上迈出了重要一步，使它们和荷兰的情况不再相同。荷兰在 18 世纪开始衰落，一个重要原因就是它的重商主义始终停留在早期阶段。荷兰太小，资源也太少，今天这个荷兰已经比原来大出三分之一了，是填海造出来的。原来的荷兰面积更小，很难在生产的方向上取得突破。

英、法的资源要丰富得多，人力资源也多，一旦把注意力转向生产，工业主义的倾向就会出现。换句话说，工业革命的前提之一是社会注意力转向生产，尤其是制造业生产。生产环境如果比较好，有比较好的社会、经济和政治制度保障；同时对生产的需求不断增加，对产品的接受能力非常大（包括海外市场）。这时，人们就会想尽办法保证需求得到满足。这种情况下，如果已有的人力资源和生产潜力发挥到最大，仍无法满足市场需要，人们就会在其他方向上想办法，会在新的技术、新的生产组织方面考虑问题。在这种背景下，工业革命就出现了。这就是英、法为什么又迈出了第二步。

都铎王朝统治下的英国和波旁王朝统治下的法国都具备了向现代社会过渡的一些条件，即它们都走出了中世纪，走出了封建分裂状况，形成了统一的国家和强大的中央政府，在强大政府的保证下，执行着重商主义的经济政策。我坚持一个非常基本的观点，就是重商主义并非个人行为，而是国家行为。在英国和法国，当它们建立了统一国家、克服了封建分裂状态之后，强大的国家政权推行晚期重商主义的经济政策，使国家出现了较快发展，并且把自己变成欧洲强大的国家——英国成为海上强国，法国成为陆上强国。英国成为海上强国其实并不早，16 世纪下半叶都铎王朝形成后英国才建立第一支海军。都铎王朝建立前，海洋对英国所起的作用都是负面的，它为入侵者提供了一条进入英国的大道，所有人都可以坐着船进入英国，进行入侵。而一旦海军建立起来，海洋的重要性就体现出来，成为英国走向世界的通畅途径。都铎王朝大力发展生产，保护和促进贸易，使英国第一次成为欧洲强国。

法国的波旁王朝也一样，它也动用国家力量执行重商主义，发展本国的工商业,特别是发展手工业。但两国的侧重点不同,英国注重像羊毛这样的日用品,而法国比较偏重宫廷用品、贵族消费品,比如说香水,直到今天都有这种倾向。一开始就出现的细微区别,到后来影响到工业革命的不同特征。这样,英国和法国在17世纪、18世纪,都成为重商主义的欧洲强国。但第二步是从商业主义走向工业主义,这一步的影响更大,工业革命就是在这个阶段出现的,但这一步是绝对主义王朝统治所不能完成的。绝对主义王权控制下的重商主义实际上是在国家严格控制下的经济活动,专制君主出于对自身利益的考虑而对各经济部门采取不同态度,会对经济发展产生强烈的束缚作用。绝对主义王朝统治曾经在一个相当长的时间段里对国家的发展起积极作用,可是越出这个阶段,就会阻碍国家发展。

所以重商主义和绝对主义政权之间有非常微妙的关系。

这样看来,走出第二步的条件应该是在经济领域之外寻找新的环境和制度建构。我们看到英、法的确在这方面出现了新动向,出现了推翻绝对主义君主制的努力,在英国表现为17世纪的革命和光荣革命,在法国表现为从大革命开始的一系列政治革命。

英国在17世纪爆发革命,旨在推翻君主专制。但最终它是通过"光荣革命"克服了绝对主义王权、建立君主立宪制的。"光荣革命"创造了新的政治制度,这就是君主立宪制,在这种制度下,君主仍然存在,但权力被议会取代,议会成了国家最高主权。"光荣革命"后的英国出现宽松、平和的政治和社会氛围,并且一直维持到今天。"光荣革命"后的三百多年中,英国内部始终没有出现过其他国家所不断发生的内乱、动荡、内战和暴乱,这对英国来说是非常难得的,使它把注意力集中在经济发展上。"光荣革命"后出现的新政治结构有可能让社会中的每个人为追求自身利益而发挥创造性,这种社会和政治形态在当时的世界是独一无二的。

18世纪,英国经济突飞猛进,前半个世纪是农业革命,后半个世纪爆发了工业革命。工业革命一方面得益于国内市场扩大,一方面与殖民扩张有关。英国殖民统治和西班牙、葡萄牙的不同,英国把殖民地当成帝国商业网络的组成部分,殖民地和母国之间是一种以生产为基础的商业往来。这种关系及帝国在整个世界的大规模商业活动,使英国产品的需求量不断扩大,最终达到无法满足的程度。这样,人们开始寻找新方法、新技术、新的生产组织形式等等,企图去满足无限扩张的需求,于是工业革命就被刺激出来了。

我想这就是英国最早发动工业革命的原因。

回过头来看法国。无论是从资源的丰富、政府的强大、国力的增长,还是从各种资源的整合来说,法国都远远优越于英国,理应比英国更早发动工业革命,但是法国没有做到这一点。问题出在法国的绝对主义王权统治没有像在英国那样及时消失,它太强大,太牢不可破。法国直到18世纪末才终于启动推翻绝对主义君主制度的过程,结果就没有能及时从第一步迈向第二步;而在终于迈出第二步时,受到的干扰又太大。

推翻绝对主义君主制度的过程延续了很长时间,法国大革命本身就延续了25年,结果又没有能完成这个任务,后来又多次发动革命,才算初步解决问题,但这已经是19世纪中叶了,英国早已启动了工业革命。可是法国的绝对主义阴魂不散,仍然以其他形式表现出来,到19世纪下半叶我们仍不时看到恢复个人统治的努力和企图,法国的政治氛围始终不利于经济发展。

但英国的工业革命对法国造成了巨大压力。工业革命一旦启动,就立刻对周边造成巨大压力,而法国是最早受到压力的地区,并且压力最大,所以它也最早体会到必须追上英国的步伐。英、法争夺海洋控制权已有一个世纪,18世纪两国一直在争夺世界霸权,法国已经居于下风,而英国的工业革命一爆发,法国就意识到不得不紧紧追上。所以法国在19世纪面临着双重革命,即同时要进行政治革命和工业革命。从结果看,法国做得相当不错,到19世纪末,法国的国家制度问题终于得到解决,工业化也基本完成,成了欧洲第二个工业化国家。法国在和英国争霸中始终屈居第二,原因很多,但和法国在制度转换过程中经历了更多曲折、遭遇了更多困难是有根本联系的。

当这两个国家完成工业化时,世界资本主义发展到了工业主义阶段。两国工业化是在自由主义理论指导下进行的,国家执行自由放任政策。两国的强国地位,标志着自由资本主义的鼎盛时期。

三 德国、日本:资本主义的变种

工业革命对世界造成巨大冲击,越来越多的国家开始走上工业化道路。后发展国家经受着越来越大的压力,而追赶先行国家就成了很多后发展国家的目标。在这种情况下,一种新的工业化模式在有些国家形成了,其始创者及最早的典型是德国。

德国的统一完成得很迟,到19世纪70年代才终于成功。这使德国在很长时间中落在英、法等国后面,工业化起步很晚。为了追赶西欧国家,德国实行"赶超战略",也就是国家有意识地指导经济发展,动用国家力量推动工业化,由此而追求经济的高速度发展。这是对自由资本主义工业化道路的蓄意背离,因为自由资本主义最基本的原则就是国家不参与经济活动,只充当"守夜人"。因此在德国形成了一种新的经济发展模式,可以把它叫做"统制主义"发展模式。德意志帝国建立后,俾斯麦领导下的帝国政府有意识地执行这种经济政策,创造了经济发展的奇迹。

在这种政策指导下,德国跨越第一次工业革命,而直接进入第二次工业革命,取得了非常好的效果,所以我们说德国是世界上第一个执行"赶超战略"的国家,是第一个追赶现代化的国家。

但德意志帝国最终走错了路。在德国政治发展过程中,中下层民众的努力最终是失败的,容克地主控制了主导权,德意志帝国就是掌握在容克地主手里。容克地主是一个旧的统治集团,为保证统治的合法性,它煽动极端民族主义,公然用武力挑战世界霸权,表现出强烈的扩张色彩。这样的国家一旦出现就对整个欧洲形成威胁,后来把欧洲推上战争之路。第一次世界大战结束后,德意志帝国解体了,但德国没有在战争的道路上停下来;相反,它又把世界推向更大规模的战争,对整个世界造成重大伤害。德国的发展道路代表着资本主义的一个变种,表明在传统的旧统治集团领导下,国家会向什么方向发展。

类似于德国的是日本。明治维新后,日本尽管在经济发展方面取得明显成就,但由于日本现代化是在旧的武士阶层领导下进行的,最终竟和德国一样走上军国主义道路,它一再发动侵略战争,给世界造成重大伤害。在德国和日本的经历中,既可以看到它们创造的成功经验,也可以看到它们留下的严重教训。

四 美国:当代资本主义的集大成者

英、法等国走的是自由资本主义发展道路,自由资本主义的种种弊端到19世纪下半叶已经很清楚,其中有两大要害:一是大工业生产的社会性质和企业各自生产的无政府状态间的冲突,造成周期性经济危机,每隔若干年就出现一次,对生产和社会造成破坏。二是在"自由放任"理论的指导下劳动民众的贫困化,工人阶级苦难深重。马克思对这些现象做了深刻分析,《资本论》的阐述是极为精辟的。

到19世纪下半叶,自由资本主义发展到顶点,再也走不下去了。20世纪往哪里走呢?就在这时,资本主义发生了变化,出现了资本主义的当代形态,而集大成者就是美国。起初,美国是和英国一样走自由资本主义发展道路的,它在20世纪初成为世界第一经济大国。但自由资本主义的弊病也在美国日益明显,最终,在1929年引发了世界性经济危机,整个经济全面崩溃。为摆脱危机,罗斯福实行"新政",实际上代表着资本主义新的发展方向,它使资本主义越过了"自由放任"阶段,在"看不见的手"旁边,又放上一只"看得见的手",即政府操作的手。这样,"看得见的手"和"看不见的手"共同运行,为了保护市场的"自由",国家走进经济领域进行干预,从而完全修改了由亚当·斯密开创的自由主义经济理论的基本原则。国家有意识地控制市场,甚至在必要时可以中止市场,目的是拯救市场。这是一次静悄悄的变化。现代美国是非常典型的混合经济,美联储就是这种新运作方式的代表性机构。美国的做法体现着当代资本主义的特征,所以美国是当代资本主义的集大成者。

美国在20世纪的强盛是和这种新的资本主义经济形态相关的;美国的超强地位、特别是苏联解体后的"独大"局面,现在也是客观事实。但从历史看,任何现象都只是历史范畴,其存在也仅仅是历史的存在。因此美国的强大,归根结底也只是历史而已,问题只在于这段历史我们还要经历多久。

当代中国人的精神生活

许纪霖
华东师范大学历史系教授

>>>

许纪霖

华东师范大学历史系教授、中国现代思想文化研究所常务副所长,兼任上海历史学会副会长、中国史学会理事。近年来主要从事20世纪中国思想史和知识分子的研究以及上海的城市文化研究。主要著作有《无穷的困惑》、《智者的尊严》、《中国知识分子十论》等。

>>> 物欲主义和消费主义这一彻底的、全面的世俗化,是一个全球性的精神现象。

>>> 世俗时代一个有趣的现象是,操控多数人比操控个别人容易得多。

>>> 如今的中国社会,私人生活非常丰富,也相当自由,各种形式的交往关系也异常的活跃。

一 为什么富裕地区庙里香火旺

当代中国,已经全面进入了现代化。所谓现代化,从精神形态而言,按照马克斯·韦伯的经典论述,这是一个世俗化的时代,是一个除魅的时代,是一个价值多神的时代,是一个工具理性替代价值理性的时代。

在前现代的传统社会,无论欧洲还是中国,人们的精神生活之上,都有一种超越的神圣价值。这种神圣价值,或者以上帝这样的人格神、造物主、意志主宰的形态存在,或者以天命、天理、良知等形态出现。这个神圣世界,提供了世俗世界的核心价值、终极关怀和生活的意义。然而,现代化的一个最重要的标志性事件,便是神圣的超越世界的崩溃。世界进入了一个韦伯所说的"祛除神魅"的时代,人替代超越之物而成为自己精神的主宰。人们的终极关怀、价值源头和生活的意义不待外求,而要从世俗生活本身自我产生,精神生活开始走向世俗化。

当超越的神圣世界失落之后,世俗社会的核心价值是什么?公共文化的共同基础是什么? 这些本来都不成为问题的问题,如今都发生了问题。

社会的主流思维模式从传统社会的价值理性,逐渐转向现代社会的工具理性。人们考量生活和行动的重心,不再是衡量其有何终极性意义,而是作为达到特定世俗目的之手段是否有效和合理。人的精神生活不再追求超越的意义、达到上帝的彼岸,或成为现世的道德圣人,而是看其在现实生活中占有了多少具有社会象征资本的稀缺资源。由此,个人的自我理解也发生了变化。这一物欲主义的世界观和个人观,在一个生产欲望、消费至上的资本主义市场社会之中,便呈现为消费主义的世俗意识形态。

物欲主义和消费主义这一彻底的、全面的世俗化,是一个全球性的精神现象,目前正借助经济、文化和人员流动的全球化大潮,在向全世界蔓延,它也深刻影响到当代中国人的精神生活。特别是20世纪90年代中期以来,在市场经济的大发展和全球化大潮中,世俗化大潮铺天盖地,不仅垄断了经济和社会生活,而且也侵蚀到精神生活领域。市场社会的出现,使得市场的金钱逻辑成为生活本身的逻辑,在全球消费主义意识形态的强烈支援下,物欲主义以一种前所未有的压倒性优势价值观,侵入了中国人的日常生活。

为什么一个千年礼仪之邦,一旦进入世俗化社会,物欲主义的出现会比其他世俗化的发达国家更凶猛? 这其中一个重要的原因,乃是中国在进入世俗化社会的时候,宗教同时发生了衰落。一旦市场经济激发起人性中的原始欲望,那种没有灵魂的、赤裸裸的物欲主义便很容易迅速弥漫。

物欲主义的价值观和消费主义意识形态即便在当代的日常生活中获得了主流地位,但与以往的宗教、哲学和道德学说相比,它有一个致命的弱点,即它不具有超越和神圣的性质,无法成为一套进入宪法、教科书、宗教、公民教育等主流建制的冠冕堂皇话语。也就是说,在日常生活的实践层面,它已经被公众默认了,成为不言而喻的"潜伦理"、"潜规则",但永远无法登堂入室。于是,物欲主义便自我包装。在当代传媒和广告所呈现出来的物欲,都不是直观地、赤裸裸地呈现,而是以一种精神、艺术和审美的方式巧妙地体现。物欲精神化、消费审美化,原来的物欲与精神、消费与审美、世俗与超越、亵渎与神圣的明确界线,奇迹般地被遮蔽了。现代消费主义的包装术、整容术,令沉浸在物欲异化中的消费大众,茫然无知,竟然从物质的消费中还感受到一丝精神救赎和审美快感。

虽然如此,由于物欲主义和消费主义的意识形态不具有超越性和神圣性,而只是个人欲望的满足和利益的实现,因此它们无法完全替代传统的宗教和道德。后者之所以在世俗社会仍然有一席之地,乃是因为人们除了欲望和利益之外,还有对希望的渴求、对不可知命运的恐惧和建立各种宗教、情感共同体的需求。这一切,是消费主义意识形态无法提供的。于是,很有趣的现象在当代中国出现了:越是经济发达、生活富裕的地区,庙里的香火越是旺盛,各种祭祀和宗教仪式越是隆重。当神圣性从前门被驱逐出来之后,又从后门溜回来了。

但这已经是世俗时代的神圣化了,对各种超越事物的信仰,无不带有功利的目的、物欲的期望,与纯粹的精神信仰相距遥远。在这个世俗社会之中,世俗审美化,神圣也被物欲化了。

二 为什么个人独立换来巨大压力

20世纪90年代中期以后,物欲化的消费主义意识形态开始笼罩市场,它也参与了对人的重新塑造。消费主义意识形态,不仅是关于消费的特殊观念和方法,它也是关于自我形成、自我认同的普遍性的人生观、价值观以及关于美的理想。消费主义意识形态塑造了世俗时代一个完整的个人：他是充满欲望想象的，具有无限的物欲追求；他也同时具有实现这种欲望的能力和本钱。从无穷的欲望到无穷的满足，构成了消费主义意识形态所勾勒的个人形象。

这样的个人，就是麦克弗森所说的"占有性的个人主义"。在一个占有性的市场社会中，个人的本质被理解为既不是一个道德主体，也不是某个社群的组成部分，他就是他自己，他通过对自己以及自己所拥有的财产的占有，来证明自己。社会就是由这样一些个人所有者所组成的。20世纪90年代以后，一些经济学家也鼓吹，将人之本性理解为所谓的"经济人"。

对人的本质的物欲化自我理解，背后蕴涵着一种不可救药的历史乐观主义，相信人的无限创造能力，相信科学和技术之万能，能够在有限的地球资源之中，无穷满足人的占有和消费欲望。人不仅能够生产欲望，也能够生产知识，而知识就是力量——一种魔幻性的物质力量。这种历史乐观主义几乎完全忽视了人类内心世界的调控，特别是精神、道德品质的提升。这种以物欲、占有和控制为目标的"英雄主义"，若无人文主义或宗教精神的制约，将成为毁灭性的力量，以精细而又盲目的理性，摧毁自然的家园和人类社会本身。

进入世俗化社会之后，人不仅在精神世界中与过去的神圣世界割裂，而且在现实世界中也与各种文化社群和公共生活割裂，成为孤零零的原子式的个人。随着市场经济的出现和私人空间的拓展，个人从国家关系中解放出来，但在这个时候，各种社会的共同体，无论是传统的家族或地域共同体，还是现代的市民社会和公民团体，不是残落凋零，就是尚未组织起来。于是，被解放了的个人，很多便被抛到社会上，成为无所依傍的孤零零的原子化个人。

这种世俗时代的原子化个人，他孤独地面对整个世界，而这个外部世界，也主要就是一个以利益为轴心的市场世界，它缺乏温情。市场的残酷竞争，使得原子化的个人，失去了任何共同体的保护，不得不独自面对一切来自社会的压力,而所有的社会问题也被化约为个人的生存能力,让个人独自去承担。在20世纪80年代,个人的独立曾经是人人羡慕的解放力量,而如今却成为弱势个人不堪承受的巨大压力。

当代社会的个人,越来越有了非常清晰的个人权利意识,也学会了公开表达自己的意愿和声张自己的权利。但由于公共生活的缺乏,却缺少相应的义务感和责任感。在"民法"所调整的私人领域里,人们非常清晰地知道自己拥有的权利;而在"公法"调整的公共空间,由于相应的权利之匮乏,所谓的责任和义务也就流为口号。被各种瓦解了的共同体抛出来的个人,特别是年轻的一代人,实现了"以自我为中心",却找不到与公共生活、公共社群的有机联系,因而也难以产生社会所需要的相应担当,于是有的就成为"无公德的个人"。

三 为什么追逐时尚让人紧张不安

在世俗时代之中,不是没有文化和精神生活,而是文化和精神生活发生了很大的世俗性转向,传统的精英文化不再成为主流的文化,而逐渐为大众文化和流行文化所替代,后者不仅塑造和建构了一般民众的精神生活,同时也成为他们精神生活的主要来源和消费对象。

世俗时代文化的基本特征是多元化。文化出现了分化、断裂和分层:城市内部的精英文化和大众文化、贵族文化和平民文化、城市以英语为表征的全球化文化与乡村的本土文化之间,出现了深刻的裂痕和鸿沟。在此背后,则是社会的隐秘分层。社会等级的差别,不仅体现在收入上,而且也体现在文化身份上。文化变成了可炫耀的象征资本。对于一部分城市中产阶层而言,泡酒吧、听歌剧、喝咖啡,不再仅仅是精神生活本身,而蜕变为周期性的高贵身份之自我验证。不过,从整个趋势而言,传统的精英文化和民俗文化处于衰落之势,而城市的大众文化和流行文化,逐渐占据文化的主流。2005年的"超级女声",作为一个文化事件,是文化平民主义诞生的精神宣言。文化从过去少数精英(无论是思想精英还是艺术精英)对民众的启蒙式教育,变为由公众广泛参与的娱乐狂欢。谁是文化英雄,不再有超越的预设标准,而是通过直接投票、现场欢呼得以产生。一切取决于个人的口味和意志的选择,众声喧哗,一个文化平民主义时代出现了。

从表面看起来,当代的文化是平民的文化,是多元的文化。个人归属于什么文化,不再有外在意志和外在标准的束缚,似乎完全是个人趣味和意志自由选择的结果。然而,如果只是一个充满了物欲追求的经济理性人,当个人的内涵被掏空之后,他也就失去了自我的判断能力,于是市场的标准便成为个人的标准。流行和时尚内化为大多数人的审美观念和价值准则。表面看起来,世俗时代的人们是自由的,有自由选择的空间;实际上,大多数人却被"匿名的权威"所摆布,只要控制了公共传媒,控制了广告的发布权,便可操控多数人的口味和意志。

世俗时代一个有趣的现象是,操控多数人比操控个别人容易得多。操控的方式有多种多样,其中一个最简便的方法便是"制造偶像"。世俗时代的明星与以往神圣时代的先知和理想主义时代的英雄不同,他们不承担任何价值的重负。他们只是平民理想的化身,是各种欲望的人格化:成功、富有、青春、健康、风流、潇洒……于是,娱乐界和体育界的明星便成为世俗时代最辉煌的人物。他们是残酷竞争中的优胜者,是赢者通吃的王者,是集财富和美丽于一体的欲望化身。当平民文化能够越来越深入地介入偶像的制造时,那些反精英的、反英雄的草根好汉、邻家女孩,也越来越具有大众的偶像意义。芙蓉姐姐的大获成功,便是这种背景的产物。

在世俗时代,不仅精神生活的内容发生了转变,而且其形式也相应发生了变化。精英文化是启蒙的、智性的,诉诸人们的理性和想象。而世俗时代的流行文化则是反智性的、反深度的、反启蒙的,它直接诉诸人们的感官和直觉。于是,文学家的文学被流行写手的畅想书代替,仪式化的戏剧被狂欢节般的歌星演唱会替代,艺术化的电影被美轮美奂的科技大片替代,隽永含蓄的叙述被"拳头加枕头"的感官刺激代替。视觉文化从整体上打败了印刷文化,文字是需要想象的,而视觉是直观的,想象与深度有关,而欲望的满足只需要视觉的冲击。当今的世俗时代,是一个视觉艺术的时代,文字成为视觉的配角,广告则是这个时代艺术的经典体现。

人的欲望与理性不同,欲望是永无止境的,需要不断地推陈出新,需要永远的新鲜感,以刺激容易疲倦的大脑皮层。于是,流行文化永远在追求创新:新的创意、新的玩意、新的活法。现代的科技手段和网络文化为不断翻新提供了技术上的可能性。于是,唯恐落伍的人们被时尚的恶狗在身后追逐,不断扩张和生产着自己的欲望。精神生活的节奏越来越快,快得令人眼花缭乱,由此产生的紧张感和不安感,与世俗时代的自由氛围,恰成鲜明的对照。

近十年来,互联网的出现和普及,从根本上改变了文化的存在方式、日常生活方式、社会互动方式和精神生活方式。网络已经形成了一种全新的文化,一种我们目前还不可知、还在继续发展中的文化。网络也在生产自己的价值。它所生产的价值,却一点儿也不虚拟,反而极大地影响了现代生活的价值观。现实生活中的核心价值是靠一系列公认的世代相承的经典维持的,网络时代的年轻人也有自己的经典,那就是周星驰的《大话西游》。"大话式"的文化作为一种"无厘头"文化,只有当下和现在。一切意义只有在当下语境之中才能体现。不求永恒,只要瞬间。瞬间的快乐、幸福和意义,构成了世俗时代文化的核心内涵。

三 为什么子女教化成为尴尬任务

改革开放以来,中国社会空前活跃、高速发展,但这种变化和发展是不平衡的，于是造成种种的断裂。为什么会发生社会的断裂和文化的断裂？其中最重要的原因之一，在于公共文化和核心价值的某种丧失，出现了价值的相对主义、实用主义，乃至虚无主义。

价值的相对主义体现在日常生活之中，便是关于什么是好、什么是善、什么是正当这一系列有关价值的核心标准的模糊和不确定。法律和道德法则对于许多人来说，只是外在的、强制性的规范，而不是自觉的、天经地义的良知。一方面它们几乎无所不在；另一方面，很多规范却形同虚设，并不为公众所真正信仰，只要缺乏有效的行政权力的监视，人们便会毫无顾忌地违法，并不因此而承担相应的道德责任和良知义务。

在日常生活之中，普遍地违背公共道德和公共规范，其实并不意味着公众普遍地丧失了道德的感觉，而只是他们将价值相对化和实用化了。价值的内涵、道德的标准成为一种权益性的、可变通的工具。在不同的语境下实用的、灵活地理解和运用价值标准，也成为日常生活的"潜规则"。对于许多家长来说，如何对子女进行道德教育，如今已经成为一个颇为尴尬的任务。一方面，在抽象层面上，家长们要向孩子灌输那些千年不变的大道理，但在具体的实践语境之中，他们又不得不向孩子传授一套高度变通的"潜规则"。久而久之，在这种普遍的价值实用主义的氛围之中，人们便习惯了按照道德的双重标准，乃至多重标准生活，道德人格趋于分裂而又不自觉地按照某种实用理性统一起来。

价值的相对主义和实用主义虽然否认统一的、至上的道德标准，但毕竟还承认道德本身的正当性。但在当代中国一部分价值虚无主义者那里，连价值和道德本身也被唾弃了：崇高和伟大开始成为可笑和虚伪的代名词，道德的神圣性开始剥落，任何重建价值的努力都被判定为压迫性的"宏大叙事"的复辟。2006年以胡戈为代表的"恶搞之风"的出现，更将价值虚无主义推向了高峰。虽然各种虚伪、造作和矫饰轰然倒塌，但社会所赖以存在的那些核心价值也同时被漫画化、虚无化，就更进一步加剧了公共文化的危机。

　　核心价值的衰落,与公共生活的缺乏直接相关。进入世俗化社会之后,过度的政治化变为过度的私人化。如今的中国社会,私人生活非常丰富,也相当自由,各种形式的交往关系也异常的活跃。然而,过去由国家统一组织的公共生活,却没有转化为自主性的市民社会或公民社会,公共生活由此而大为衰落。

　　公共生活,本来是公众们为了实现公共交往和公共利益而建立起来的公共空间。共同体的核心价值并非靠一纸法律或某人的意志得以产生,而是通过共同体内部成员经常和持久的公共生活,通过相互交往、相互对话而逐渐形成的,并由此内化为每个成员的基本信念。

　　在培养公共文化、塑造核心价值方面,学校本来是最重要的场所。学校所传授的,不仅是有用的知识,而且是社会的公共文化,这些公共文化,是几千年历史传统的传承,体现了人类文明的核心价值。然而,这些年学校教育的产业化,使得教育成为一项买卖知识的交易。大学内部人文学科的衰落与应用学科的旺盛,使大学失去了塑造核心文化的功能,传媒和网络替代学校成为塑造灵魂的最重要的场所。然而,传媒本身提供的价值是多元且混乱的,而网络的交往又大多是同代人或小圈子的互相影响。于是,社会的文化传递出现了一个重大变化:同代人的文化替代了上下代的文化传递,人类文明的传承发生了断裂。而同代人的文化又是多元的、复杂的、多变的、随机的。经济上的盛世伴随着人心中的迷乱,形成了一个空前活跃又无序的现实景况。

　　这就是我们所期盼的现代生活吗?这就是世俗化所不得不付的代价吗?当和谐社会的理想确立的时候,发展与和谐、多元与整合、世俗与精神诸般因素之间,又该如何协调? 这是新世纪给走向世俗社会的中国人提出的严峻问题。

中国当代视觉文化的境遇与责任

许 江
中国美术学院教授

>>>

许 江

1955年生。著名画家。十届全国人大教科文卫委员会委员,中国美术家协会副主席,浙江省文学艺术界联合会主席,中国美术学院院长、教授、博士生导师。

>>> 今天,科学技术不仅改变着我们的生活环境和状况,而且改变着生活本身;不仅改变着生存的空间和距离,而且直接以一种新的文化形态影响和改变着时代人群。

>>> 东方和西方,原是地域上的观念,而在中国很长的一段时间里,变成了一个传统与现代的时间的观念。

>>> 随着现代视觉技术的发展,尤其是电子媒体、数字技术的迅疾发展,技术越来越成为规划和影响着我们时代和生活的重要因素。

>>> 从这个意义上讲,"超级女声"是中国当今社会上最突出的一场民间的联动:电视台是火线,各种传媒是战场,全社会是大后方,延续了十数年的全民卡拉OK是兵工厂。

>>> 面对这种现象艺术的创作必须坚守道德的力量,必须坚守人文关怀。

我们生活的时代是一个迅疾发展和变化的时代。推动所有这些变化的重要力量之一是科学技术的发展。今天,科学技术不仅改变着我们的生活环境和状况,而且改变着生活本身;不仅改变着生存的空间和距离,而且直接以一种新的文化形态影响和改变着时代人群。最能够代表这种技术文化的莫过于电子技术、数字技术所代表的图像文化,这个图像文化如此深刻地支配着时代文化,以至人们直称这个时代为"图像时代"。那么在这样一个历史时代中,视觉文化所面临的境遇是怎样的呢?

胡锦涛总书记明确指出:"繁荣社会主义先进文化、建设和谐文化,为构建社会主义和谐社会做出贡献,是现阶段我国文化工作的主题","是我国广大文艺工作者的庄严使命"。如何认清中国当代视觉文化的境遇和责任,正是我们艺术界和艺术教育界建设和谐文化、发展先进文化的重要任务。文化化人之精神,艺术益人之心灵,今日视觉文化创造如何在多元境遇中化合多种资源,以明辨的策略性思考和警觉,催生社会和谐的文化力量,高扬文化的先进性主张,正是中国当代视觉文化创造的重要使命。

一 跨文化境域与中国文化的主体意识

在中国近代文化史上,我们关于艺术与文化的思考都同时面临着"本土"和"西方"这两种语境、两种历史。我们就如同现代性这条河流中的摆渡者,一切的概念和问题都有话语的两岸,我们在这两岸之间往来顾盼,这构成了中国现代文化的跨文化境域。

近代中国文化建设可以被视为一种跨文化境域中的历史实践,这基于一个事实:近代中国文化的自我认识始终都建立在中西比较的基础之上。从20世纪初开始,中国知识界就形成了一套关于"东方—西方"的差异化解释:中国文明被称做是静态的,以对立于西方的动态文明;中国艺术被解释为写意的、形而上的、表现的、感性的、直感的、理想的……以对立于西方艺术的写实性、形而上学、再现的、理性、分析性和现实主义……在今天看来,这一表述无疑是对中国与西方艺术的双重简化。西方被简化为一个单数的整体,而以这一单数的整体论的他者为对象,这种表述又同时建构了一个与所谓"西方"相异的中国传统世界。在这个整体论的叙事中,中国的传统被简化成为一个想象中的片面的西方的"他性"。不论对西方还是中国,这种整体论的表达无疑是一种双重的误读与遮蔽。

东方和西方,原是地域上的观念,而在中国很长的一段时间里,却变成了一个传统与现代的时间的观念。在这个观念的迁徙中,还包含了旧与新、保守与变革等一系列价值形态方面的判断内容。地域的观念、时间的观念、价值的观念混杂在一起,并受着全球境域中经济和技术强势的影响,形成了一种线性结构。在这个结构中,东方往往与传统、与旧、与保守排在一起,西方往往与现代、与新、与变革排在一起,很明显东方系统的命运将乞灵于西方系统的点化和解放。由于西方文化谱系的自我纠葛,东方艺术在备受影响的同时,也染上了同样的文化症候:变革的主要驱动力来自于颠覆和否定的力量。这是中国艺术出现一个断层的真实境域。在这个断层面前,西方的东方想象曾经点燃了东方艺术家的信心,使他们看到自身文化资源和身份的活力。无论是对东方文化的自我批判和颠覆,还是以纯粹的传统文化形态所进行的抗争,都可以看做是对这种东方想象的回应。这种回应在最初的确推动了中国当代艺术的进程,但紧接着就出现了以片面的他者形象来充实一个"全球化的文化想象"的危险,出现了远离中国的生存现实、图式化、样式化的种种弊端。

1988年早春,我作为交流学生到汉堡美术学院研修。去年秋天,我们几位中国同学和当年的德国导师卡彼教授在汉堡美术馆共同举办展览,展览的标题叫"远西"。在欧洲谈"远西",实际上已经是站在东方的角度看西方。这个命题包含了西方对东方特殊的文化影响,包含了隐在其中的东方他者的眼光。"远西"与其说是西方主体以他者的眼光来回望,不如说它指明了东西方文化在今天彼此之间的深刻的楔入。"远西"的命题就是这样提示了全球境域下文化互文性的实质和它的重要影响。今日文化艺术的多样性正是建构在这种互文性的多重资源和多重影响的基础之上,建构在受着政治和经济深刻影响的跨文化境域之上。

展览期间,汉堡的媒体总在问:卡彼教授给了你们什么?我说:是他在我身处异乡之时,给予了跨文化的关怀,并指导着我们去亲身体验这个跨文化环境的交替繁荣的现象。卡彼的意义在于他使学生具有跨文化的眼光,来面对自己交错的环境和曾有的资源,从那里寻找发展之路,而不是简单地将学生培养成西方式的艺术家。卡彼和我们曾经有过的众多老师及今天全球化的生活实况,把我们带入了跨文化的境域,以及深入这个境域所具有的宽广视野,但是我们文化上的创造性并非轻易地从那里获取。跨文化赋予我们会通中西的可能,但文化的生成并非简单的"一加一等于二",又并非简单的身在他乡的回望。我们趟过两条河,并不等于直接拥有了一个水源。那可资重建和再造自我表叙机制的根源性的东西、那文化的家园又究竟在哪里?

我们这一代人生经历中有两把尺子:一把是上山下乡,土插队;另一把是西方留学,洋插队。我们的青春受着这两场巨大的人生变迁的塑造。第一把尺子,使我们更加深刻地了解自己的家园,在灵魂深处留下家园的印记;第二把尺子带给我们一场生活和精神的远游,给了我们远望家园的刻骨铭心的距离。这两把尺子如此深刻地留在生命的记忆中。直至今日,我们还常常到那里去寻找往日和家园的踪迹,去触摸那几成废墟的往昔被唤醒和珍存的欣慰,并一次又一次地从那里获取自持和拯救的信心。从留学到现在,我几乎经历了十多年"返乡之途"。从上世纪80年代末到今天,我的艺术历程可以被描述为一种双重的回归:在思想上是从西方艺术学向中国传统学养的回归,就作品而言是从跨媒体的形态试验向绘画直观表达的回归。这是一个"精神远游者的返乡"。其实我所做的,是希望在跨文化的远游中,寻找我们这个时代根源性的东西;在"中西之辩"的苦索中,逐步摆脱东方想象的阴影,重新建构中国文化的主体意识,树立中国主体意识的文化史观,在当代生的、活的现实家园中建构具有当代性和创造性的中国文化精神。

因此,在今天日益浓厚的跨文化的境域中,要重新确立对中国当代文化现实的独立的自我阐释的力量，必须找到可资重建和再造自我表叙机制的根源性的东西。这就要求我们树立代表中国主体意识的文化史观，并以这种文化史观来勾连历史和当下的关系，建构自我本身。这个主体既不是东方想象中的那个"非西方"性的东方，也不是满足怀旧心态的僵化的历史幻象。这个主体既包含了源远流长的伟大的文化传统，又包含了今天仍在生活之中生生不息地生成着的文化现实。历史并不沉湎在旧有的幻象之中，历史应该是一种活的脉络，它把我们也包含在其中，把人与世界包含在其中，把追溯与展望包含在其中，把东方与西方包含在其中，把个人的生存与社会整体的生存包含在其中。这样一种文化史观决不是单调的他者形象所能够塑造起来的。

作为一种视觉传达的艺术，这种历史观（中国人称"观"是"看了再看"、"反复地看"，其中有呈现的意思）是有其深刻机缘的。当我们向历史的某个点相望之时，那个点也正朝我们相望。这个"观"是我们彼此间无数次照面的延续，这个"呈现"中包含了我们彼此间相望的实况，于是，回溯包含了展望，未来同时建构历史。那个时间之轴对历史来说从来不是单向的，它盘亘在我们的脚下，延伸在记忆的时空和周遭真实可见的事物之中。在这样的历史观照之下，我们始终不应将自己置之度外，我们从来就在这里边。我们和历史活在一起，并以一种悬而不定的深度彼此相望，以一种无可量度的天命力量彼此相契。

《论语·子路》中说："君子和而不同，小人同而不和。""和"，是中国传统思想价值体系中重要的一环；"和而不同"，就是强调彼此和谐共处而又存持各自的特色，如五味之调和、八音之和谐、群山之错落。在今天，要想践行这条"和而不同"之道，就必须警惕文化的全球化和同质化，立足本土；这不但要求我们从整体论的文化问题中抽身，返回到日常生活的现实体验，而且要重新树立中国主体意识的文化史观，并以这种文化史观，在全球境域与本土资源互动共生的格局中勾连起今古人文的诸种关系。

二 图像时代与文化精神

多年前一个深秋的夜晚,在湖畔月色朦胧的平台上,一位哲学教授同我说起这样一个故事:一位德国学者,生活在电灯诞生的时代,他拒绝用电灯。外出归来,他发现家中装了电灯,就大为生气,严禁家人使用。一天晚上,有阵风将他的蜡烛吹灭,他在黑暗中摸索,蜡烛又掉在地上,于是他像狗一样地在地上爬着寻找。他的爱人"啪"的一声打亮灯,发现蜡烛就在脚边,他突然恍然大悟地说:"啊!电灯原来有如此妙用,可以帮我找回蜡烛。"

这个故事嘲讽思想顽固者的迂腐,同时似乎又包含着一种隐喻:烛光象征着人类的传统智慧,是人文之光,这光曾经照亮过人类的历史;但现在,在便利而强大的灯光——技术之光照耀之下,烛光失落了。在这个隐喻的后边,还隐含着另一层描述:在哲学家的心中,灯光的意义在于找回烛光;技术之光的意义,在于存持人文之光。

当我们面对滚滚而来的信息浪潮的时候,当我们蓦然身处网络化的生存空间中的时候,当数字图像的虚拟真实正在改变人们对传统视觉语言的习惯定势的时候,我们更加深刻地感受到哲学家故事中的不言之隐。灯光是一把双刃剑,它具有遮蔽与寻回两种功能。而那闪烁摇曳的烛光,不只是故事中那位哲学家心里的活的火种,而且是我们的日常现实风云际会的活的光芒,是我们无数时代薪火相传的思想与情怀的光芒。

随着现代视觉技术的发展,尤其是电子媒体、数字技术的迅疾发展,技术越来越成为规划和影响着我们时代和生活的重要因素。一方面,这技术在早期呈现出叙述和记录的优越性,在这种优越性的背后,却包藏着某种观看和文化的权力。经济上、技术上的落后直接呈现为文化上的"被动挨打"。另一方面,这技术具有跨文化的潜在的普遍性,在全球境域的气候中迅速蔓生为一种技术文化。在这个技术文化面前,无论西方或非西方的传统的艺术文化都面临着严峻的挑战。架上艺术在西方艺坛上的式微正是一例。在前者之中,技术文化作为舶来的文化,在中国经历了并正在经历着从被注视、被表达,逐渐发展到自我表达的民族化的历程。在后者之中,技术文化由于它与日常生活尤其大众媒体的联系,由于它迅疾发展、日趋方便的技术性因素,而肆意汪洋地提供和勾画着"全球化"的时代生活的宽广背景,技术影像正在成为今日世界获取信息、交流情感的主要载体。

现代图像技术是一种高度集约化的图像生产方式。技术操作的便利、感官效果的刺激、广泛传播的可能……现代图像技术的发展既是人类生活发展的契机,同时也蕴涵着一种危机。现代图像技术带来一种技术化的集体性知觉,专注和满足于把生活世界定制为某种可见的既有之物——旅游的目的是留影存照,观光客们身后不断变换着的,甚至不是风景,而是一些纪念物和一些被暴露在目光中的、被闪光灯不断照亮的现场。在这些现场之外,那么多的村庄、田野、山川……都一掠而过。人们所记住、到达,最后离去的,只是一个又一个处所。这些处所因无数次留影存照被反复确认,但是它背后的生鲜活色的四季和历史,反而被人们忽略和淡忘。这正是世界图像化的一种征候,在现代图像技术的打造中,安静诗意的漓江被改编成色彩绚烂的走秀场,生命万象被定制在似是而非的风景旅游的广告之中。生活的现场成为被浏览的景观,由此培养起来的图像时代的观看方式也日益表象化、浅表化。那种流俗的景观化的表象诱引着人们以此为尺度来度量现实,进而以类同化和工具化的力量来支配和定制人的思想和未来。

在今天,眼睛的损害不是由于暗,而是由于"亮",是因为电视荧屏的媚惑和电脑屏幕的跃动,是因为每分每秒眼睛所接受到的超炫超限的刺激。更加重要的是,当习惯了屏幕奇观的眼睛回头看真实世界时,总会觉得不满足。那总在快速浏览的眼睛,越来越不习惯于安静的凝视、凝视中的深思。对绘画的诗意微妙的品味,对文学的倾心阅读,让位给了图像的快速浏览和奇观化的感官刺激。读图代替了品画,快感代替了美感,刺激震惊代替了凝视沉思,进而戏谑恶搞代替了诗意与思想的浸润,低俗嬉戏代替了品位的追求。

在这里,图像的符号化以最简单的方式快速制造着各种趣闻和奇观,侵害着日常阅读的视觉资料,进而侵害着人们进入图像建构内部去思考的能力。这种图像的符号化甚至还以戏谑的方式,替代和调侃着图像在其生成世界中的意义,以低俗的趣味制造戏说的仿像和Q版。这不仅是对于观赏经验的贬低,而且是对观者的愚弄,更是对古往今来无数诚挚的有品位的心灵的揶揄和嘲弄。同时,图像的符号化又以最快捷的方式强化着技术时代无所不在的工具理性,工具理性与图像的符号化像孪生兄弟一般服务于商品化的消费要求,并从那里获取所谓的"大众化"的回报。于是,文化的观赏者、阅读者成为消费者,那等待着被启蒙和打动的思考着的个体被转换成为嬉笑着的、匆忙而抽象的消费群体。

在图像消费时代,在所谓读图、读屏的潮流中,保留一双会品画的眼睛,一颗善于阅读的心灵至关重要。我们呼唤严肃诚挚的文化创造,呼唤真正的心灵的文化阅读。在今天,这种心灵的文化阅读何其珍贵,它不只是文化接受的方式,而且是一种文化创造的土壤。它的对象包含着文学、艺术以及这个世界本身,它的敌人是技术性的表象、图像化的消费和肆虐着的低俗化的奇观生产。

就文学而言,这种心灵的文化阅读是将文字还原为内心的经验与视像并深受其感染的过程。人类的文学史、浩瀚的经典名著、文学的思想和人文的力量赋予我们阅读的心灵,它使读者在自由自在中调动所有的感官、体验与记忆,完成阅读活动,从中品尝一种文化生成的诚挚和庄严。比如曹禺先生的《雷雨》,那是一部反封建的名著,是一个时代的缩影。周家的主人叫周朴园,那是封建统治的化身。周朴园,就是要建立秩序的。那繁漪的身上交织着迷乱人欲和反封建的双重力量。繁漪，那就是频频的涟漪、微波的悸动。那公子周萍，备受人欲与人伦的双重煎熬，怀揣摆脱与追求的双向渴望。但那"漪"托着"萍"，又冲击着"萍"。这一切在雷雨之夜注定是要闹出事情来的。那四凤属于天上一类，不属于这水陆一家，必遭夭折。却有鲁大海，那汪洋大海到来，将冲垮朴园、冲决这个世界的。所有这些名字都与人物的命运有着一种令人反复咀嚼的牵连，这恰是只有在文字的阅读之中才能被反复遭遇和品赏的。当其在舞台上以真人相演相示之时，又表现出表演的力量。这些就都不是可以简单仿制、随意以故事奇观所能替代的。

就绘画而言，这种心灵的文化阅读是一种深思中的凝神专注。这种凝神专注在往昔西方人那里往往是趋向于事物的真实，在中国人这里都始终是一个既心既物的整体。师造化，得心源，视万里之远，得咫尺之间，重在"胸中自有丘壑"。元代大画家黄公望画《富春山居图》，不拘于一山一水的形貌相似，而重山转水移，载浮载行的群山群水的流畅和变化、气息和诗意。绘画的观察入于目、从于心、出于意，贵在能"凝"。如此凝视，首先强调摒弃虚妄与成见，是其所是地面向事物本身，将自己完全地交出去，承受天地万物的淘泳。宋代大画家李公麟终日观马，用意不分，乃凝于神，胸中有全马，"笔下马生如破竹"，此"凝"是一种专一。宋代画家曾云巢取草虫笼中观，又草地间观之，始得其天，"不知我之为草虫耶，草虫之为我也"，此"凝"是一种相忘。专一与相忘之间，本身就充满着张力，隐伏着机变。凝神专注，正是这样一种张力与契机的承受，一种心灵借以在望与被望中相往返，并将自身包蕴其中的相融相念、无居无定的界面。

四 时尚娱乐与人文关怀

许多人都看过一部由金·凯利主演的电影 *Truman Show*，意思就是"真人秀",中文译为《楚门的世界》。在我看来,这部影片是一个关于大众媒体时代生活危机的隐喻。

从一开始,这个叫 Truman(真人)的主角就生活在一座岛上,岛上一应俱全,自成世界,岛外的信息通过各种媒介传递进来。Truman 读书、工作、恋爱、结婚……一切正常,直到他偶然发现自己生活中的一些漏洞。最后,真相揭开。Truman 的世界是一个巨大的演播室,他生活的角角落落隐藏着五千多部摄像机,把他的每时每刻直播到外面的世界。在外面的世界,无数观众在实时收看着他的"生活"。值得注意的是,这不是对一个单元节目的观看,这不是时间上被压缩的叙事。*Truman Show* 是一个人现实生活的实时公布,外面的人们看着他长大,跟他同一时间共同经历生活的烦恼、甜蜜、无聊和痛苦。人们因其真实而被感动,完全忘记这位个体的人生是被精心策划、导演出来的。人们很难忘记 Truman 发现自己的父母、爱人都是演员之时的不知所措与绝望。他决定逃离这个令人迷惑到绝望的生活,逃离他的"生活世界"。导演充分调度了摄影棚中的一切虚拟手段,狂风大作,电闪雷鸣,Truman 在这场虚拟风暴中绝望而勇敢地奔向不可知的"外面的世界",暴风雨过后,Truman 筋疲力尽,小船随波逐流,直到"扑"的一声,船头刺破舞台布景。Truman 望着那个破洞,脑海一片空白,那本该是茫茫海天交接之处。

Truman Show 以相当戏剧化的方式结束——Truman 面向外面的世界谢幕。Truman 的生活是用来被观看的,在可预见的未来社会中,真人的世界是否就是一场"真人秀"?然而,"真人秀"作为一种"真实生活节目",不仅仅是娱乐形式,而且正在成为我们日常生活的形式。

最近这两年,在中国的传媒娱乐界,没有比"超级女声"更加引人注目的事件。早在 2005 年 9 月我就曾撰文,批评性地分析了"超女"现象和"类超女"的跟风现象。从传媒学的角度来说,"超级女声"通过真人选真人,而成为媒体时代媒介对现实"殖民"的一场范例。用生活中的真人形象,充分利用媒体的手段,玩一把实时实地、真人真秀,来满足所谓的大众参与的心态。如果我们有机会回放"超级女声"的一幕幕,就会清楚地看到媒体是如何一步步通过"共在"的虚拟现场来完成这种对于现实的"殖民",或者说,观众如何通过媒体空间的参与,来感受一种真实生活的异样刺激,从而心甘情愿地活在这种生活的假象之中。

从社会学的角度来看,"超级女声"通过大众选大众,有意无意地完成了"大众"自我价值实现的移情。"超女"是工具,"大众"借此完成了一次自我的塑造,见证了一场文化速成。从这个意义上讲,"超级女声"是中国当今社会上最突出的一场民间的联动:电视台是火线,各种传媒是战场,全社会是大后方,延续了十数年的全民卡拉OK是兵工厂。经过卡拉OK操练和提升,人们普遍渴望表演、渴望模仿、渴望被关注。现在这一切渴望都转移到了这几个普通的小女孩身上。

从心理学的角度,"超级女声"实质上是女人选女人,结果选出了中性和富有个性的"超女",从而揭示了一场对于习惯性标准的集体颠覆。女性第一次以"性"整体的方式来完成对于传统标准——习惯中的女性标准的颠覆。前年的"超女"选秀中,李宇春与张靓颖的PK是这个意义上的焦点。张靓颖在人气上的失败是否青少阶层的眼光女性化或个性化的信号?李宇春的英俊小男孩的嗓音和做派的集宠是否这一颠覆的成功?

现在,"超女"和策划者们仍在继续着"造星"的征程。更重要的是"超级女声"所带来的巨大影响和巨大的市场效应,正在使所有的电视台争做同样的梦——组织策划一场类似"超级女声"的活动。媒体一下子进入了一个不再是表现生活而是直接制造生活的时代。所以我在当时的文章中指出:警惕"超女"现象,首先应当警惕这种媒体制造生活的假象。观众通过媒体反复参与"被目击"的事件,仿佛把握了事件本身,却浑然忘却了那是媒体制造的景观。进而,人们将现实生活的真实和媒体生活的真实等同起来,媒体与现实的界线在模糊,人们开始一再地怀疑现实,那曾经确然存在的生活和历史之真变得不可靠了。人们越是对"真"存疑,就越是沉迷于媒体之"真"的猥琐的展示之中,进而,对"真"之存疑辩质而成为对"真人"——普通人的当场作秀的依赖,而那种直接指向生活和历史本质的艺术之"真"早被抛向九霄云外。媒体时代的观众就这样被训练着,越来越乐于沉迷在媒体制造的事件之中,最终完全迷失了自己,迷失了人最可贵的自我的感受力和判断力。

警惕"超女"现象,还应当警惕由之而来的文化的浅表化和娱乐化现象。今天的媒体越来越重视文化的娱乐功能,这无可厚非,但需予以警惕。文化历来是一个健全社会的文明的思想和精神核心,是平衡社会和谐发展的重要因素。它代表着社会良知,对可能出现的异化现象,担当着守望的责任。所以,文化的现象常常是严肃的、深厚的。"超女"的过度发展,已经表现了"文化低能"的现象。君不见在"超女"演唱会上,越是复制模仿的歌越受欢迎。真正的音乐的创意并没有在这里显现,真正的流行音乐也没有在这里诞生。这种文化浅表化和娱乐化倾向已经使得文化相对主义大行其道。前段时间一些报刊传媒关于"让秦桧站起来"的作品讨论的暧昧态度就是一例。

警惕"超女"现象,还应当警惕将大众的参与等同于文化大众化。文化的大众化是一个"润物细无声"的过程。大众的参与是一个方面,但如何保证站在时代和历史的高度,以优秀的文艺作品和真正的文化力量感动大众,引领大众的精神,形成一个时代的气质,这才是大众化的真正要义。

因此,在媒体化的文化环境中,在无所不在的大众媒体所定制的"大众文化"氛围中,艺术创造的公共责任的问题更加令我们关注。是否市场的大众点击率就代表了公共责任?"大众化"和"化大众"如何共同构筑艺术家公共责任的完整立场?在歌德时代的德语中,教化就是Bildung(造型),而造物象之型与精神之型,正是艺术的根本职责。

今天的文艺创作、文化生产正面临着前所未有的时尚化、娱乐化、游戏化、商品化的考验。众多的大众媒体正在催生出一种以娱乐为唯一宗旨的"娱乐至死"的说法。我们并不反对文化游戏性和娱乐功能,事实上,在人类文明中游戏是一种重要存在。对于人来说,娱乐也是一种正当的需求。但我们要将游戏与戏谑区分开来,将娱乐与娱恶区别开来。在一味娱乐化的潮流中,的确曾经出现了媚俗的戏谑、恶搞现象。这一现象首先是对严肃文化中的思想性、拯救意识和批判精神的嘲讽,其媚俗的动机是对文化传统的彻底颠覆,同时也是对商品化的赤裸裸投机。"戏说"的实质是在消解历史神话的同时,借助视觉奇观和故事奇观的假象,借助大众消费文化制造出的一个个新的时尚和市场神话。"戏说"的背后是文化的犬儒倾向。这种犬儒倾向以貌似的率真来游戏人生,以自谑谑人的方式来恶搞艺术。面对这种现象艺术的创作必须坚守道德的力量,必须坚守人文关怀。尤其当我们面对年轻的一代,这种坚守就更具意义。

　　一个月前,我与一位导演、一位作家共同举办了一次题为"当代文化的公共责任"的公开座谈。在座谈现场,有位同学站起来发言说:今天的娱乐倾向是因为生活本身太不幸福,人人都要当螺丝钉,社会底层的人们整天辛苦工作,晚上怎么可能再让他们去读严肃文学,当然要去娱乐。当时我回答他:这首先要看你怎么看待幸福。生活的不如意人人都有,工作辛苦也好,螺丝钉也好,人生在世,需要根据自己的现实,知道自己的落脚点,从而选择自己的方向和目的,正所谓"知止而后能行"。因为不幸福而沉沦是堕落,在困境中自持、自强是拯救。艺术所表达和颂扬的正是这种拯救的力量,艺术家的道德力量和人文关怀也正在于此。

　　今天的艺术创作同时还面临着相对主义的文化氛围。文艺的"双百"方针鼓励艺术、学术的平等竞争和艺术创作的自由发展,但并不意味着放弃艺术的高低之分。艺术教育首先要传播的恰是关于艺术品评的能力,关于艺术品质的体验和认识。相对主义却以貌似的宽容来掩饰对于品质的忽略和洞察。因此面对这种现象,艺术创作必须坚持对于自身品质的追求,坚持对于艺术价值观的追求。同样在一次对话中,一位同学发问:《红楼梦》难懂,看的人少;《西游记》易懂有趣,看的人多。今天的文化艺术能否多创作一些明白易懂的作品?我以为这个世界上的人们有着多种的需求和喜好。有喜欢《红楼梦》缠绵的,有喜欢《西游记》诡奇的,二者都是不同风格的高峰。但我不赞成这个发问中所潜含着的、以"易懂"为标准的倾向,更反对文化上的削峰填谷的现象。正如美术界,动画最有观众,能否要求国画大师们都放下笔墨去画卡通呢?一个艺术家的真正的公共责任是赋予自己的作品以最好的品质。

最后,让我们再简要地总结一下今天所讲的内容:中国当代视觉创造面临三个基本的境域环节。第一个是跨文化境域与中国文化的主体意识。我们应当突破"中与西"的二元文化格局,立足本土,贴近生活,探究中国当代文化的自我表述和自主创造的机制。这一环节的要点是警惕文化"全球化"倾向,建构代表中国主体意识的文化史观。第二个是图像时代与文化精神的环节。我们要认清图像文化所可能有的技术性表象,辨识图像技术带来的契机和挑战,重视文化精神的执守,建立传统文化与技术文化互动和谐的环境。这一环节的要点是警惕文化的技术化倾向,高扬心灵的文化阅读。第三个是时尚娱乐与人文关怀的环节。我们要坚守艺术创作的道德力量和人文关怀,坚守艺术作品的品质要求,贴近生活而不照搬生活,表现时代而不追求时尚,开拓创新而不猎奇恶搞,倡扬人文,引导时尚。这一环节的要点是警惕一味地文化娱乐化,突出视觉艺术创作的公共责任。

在今天,视觉艺术创造再也无法完全依托一个自定的个体性的精神冲动和标准单一的技艺训练。艺术家面对的是一个比以往任何时代都更加复杂的现实,审美领域与政治、伦理、环境等公共领域彼此交叠,符号和意义在媒体传播中不断延异。为此,艺术家应该成为具有广阔视野和深刻洞察力的思想者和行为者。文化创造和文化思考是任何一个有责任的艺术家所不得不担负起的身份和命运。

做一个有灵魂的人

周国平
中国社会科学院哲学研究所研究员

>>>

周国平

1945年生。中国社会科学院研究员。出版各类著作多部,主要有《尼采:在世纪的转折点上》、《人与永恒》、《爱与孤独》、《偶像的黄昏》、《只有一个人生》、《守望的距离》等。

>>> 第一点,善良。善良其实就是生命对于生命的同情。

>>> 第二个问题我想讲一下"丰富"。"丰富"是指人不仅有生命,还有精神,这是人和动物更重要的区别。

>>> 第三个问题,我来讲讲高贵。

>>> 真正的道德教育应该建立在灵魂的高贵的基础上,要教导人们做高贵的人,做有尊严的人,有尊严的人之间的相互关系必然是道德的。

我特别高兴能够回到我的老家来和大家交流,尤其是在上海图书馆这样一个地方,我对上海图书馆是有着深厚感情的。我非常喜欢图书馆的氛围,大家安安静静地看书,周围摆满了书,给人的感觉十分神圣、高贵,这样一种氛围对我的感染是特别大的。记得我是11岁时开始来上海图书馆的,现在已经50年过去了。回过头去看,这50年一路走来,我非常感谢上海图书馆,在这里我读了很多大师的书,从他们的书中,我明白了一个人应该成为什么样的人。通过读他们的作品,我觉得和他们的灵魂有一种交流,而他们灵魂的最重要的特点就是今天我要讲的主题:善良,丰富,高贵。我决心要做像他们那样的人。但从现在的社会来看,我们最缺乏的品质也是善良、丰富、高贵。现在普遍缺乏善良,很冷漠,而且精神贫乏,人生追求非常单一,就是物质,还缺乏高贵。如果从前的哲人复活的话,来到我们这个时代,他们最怀念的品质一定就是善良、丰富、高贵,他们会为今天我们缺乏这些品质而感到遗憾。

下面我就具体谈谈对这三种品质的理解。

一 善良——生命的同情

第一点,善良。善良其实就是生命对于生命的同情。无论是东方的哲学家还是西方的哲学家都认为,同情心是人和动物区分的开始。有了同情心,人和动物就不一样了,同情心是人类全部道德的基础。孟子说的"恻隐之心"、"不忍人之心"就是指同情心,如果没有同情心就是"非人也"。西方的哲学家也是这样看的,比如亚当·斯密认为:人有利己本能,生物总是趋利避害的,这无可非议,不管人类如何进化,还是属于动物;但人不光有利己本能,还有同情本能,能够推己及人,这就是同情心。同情是人类社会一切道德的基础。亚当·斯密说,人类有两种最基本的道德:正义和仁慈。正义就是不可损人,用孔子的话来说即"己所不欲,勿施于人";仁慈就是要帮助人,用孔子的话来说即"己欲立而立人,己欲达而达人"。这两种最基本的道德实际上都是建立在同情心的基础之上的。所以,可以这么说,人和动物的区分是从同情心开始的。

从这个意义上说,人就是从同情心的丧失开始沦为"兽"的,一个人要是没有了同情心,那么,他什么坏事都能干。所以,一个没有同情心的人,就是孟子所说的"非人也"。如果一个社会普遍缺乏同情心、缺乏善良,或者一部分人邪恶、不善良,而又不受制裁,在这样的环境中,善良的人反而受害,于是不敢善良,这样的社会就不是人待的地方。一个好社会和一个坏社会最基本的分别就是能不能给人一种安全感,如果普遍没有善良,这样的社会是没有安全感的。一个优秀的灵魂,其最基本的品质就是善良,他对生命有一种感动。

比如说，如果一个人不喜欢孩子，那么他的人性就有问题；如果一个人看见孩子是喜欢的，但别的地方有问题，那么这个人还是有希望的。很多大师都对生命怀有一种敬畏，比如泰戈尔，他有一句很著名的诗："我的主，你的世纪，一个接着一个，来完成一朵小小的野花。"在一个没有生命迹象的地方，突然发现生命，人都会感动的。有一个著名的探险家，他在荒野上看到一朵野花，马上就跪了下来，说道："天主到这里来过。"

对生命的感觉是很重要的，但又是很容易麻木的。很多年前，我曾经收到过一个女孩的来信，她的信特别感动我，她说：在我眼中，你不是一个学者，也不是一个散文家，你是一个生命，你是一个善于聆听其他生命的生命。我读你的书，就感到是一个生命在静静地聆听另一个生命。她最后没有落款，而是在落款的地方写了这么一句话：生命本来没有名字，我是，你是。我看完这封信特别感动，就想找到这个孩子。我翻看信封，但信封上也没有她的名字、她的地址，邮戳是河北的一个小地方。后来我写了一篇题为《生命本来没有名字》的文章，其实我文章的题目是抄她的，著作权是她的，但我没办法偿还她，因为我始终找不到她，到现在还是找不到她。

我们到这个世界上来的时候本没有名字，没有身份，没有职务，什么都没有，这些东西都是后来附加的。可是后来，慢慢的，我们就不是作为一个生命来生活了，而是作为一个身份或者所谓"身价"。而且往往也是把自己看成这样，很少去倾听自己的生命到底要什么东西，自己的生命过得舒服不舒服，这种敏感没有了，更普遍的是追求物质的东西。在我们这个时代，似乎财富是最值得追求的，而全部的生活内容无非就是赚钱和花钱这样两件事，觉得这就是生活。其实，中外很多哲人都认为，人的生命对于物质的需要是非常有限的，更多的物质并不能让你的生命感到真正快乐。我认为，物质的欲望是被社会刺激起来的，并不是生命本身所具有的，但我们往往被这种物质的欲望所支配了，而忘记了我们的生命需要什么。一方面对自己的生命的感觉麻痹了，另一方面，相互之间也不是用生命对生命的态度来对待，往往是身份和身份之间、利益和利益之间的较量。人和人的关系成了不是生命本身的一种关系，而是利益的关系，我觉得同情心的泯灭就是从这里开始的，生命感觉的麻痹也是从这里开始的。从现状来看，人们善良的缺失和对于生命感觉的迟钝确实比较普遍，这是很可悲的。我们的社会普遍有一种对他人的冷漠，对生命的冷漠，甚至是冷酷。

我在北京看《新京报》，每看到凶杀案，报道发现无名尸体，而杀人的原因和杀人的行为之间极端不对称，很多情况下是为了一个很小的理由或者很少的钱而杀人，这说明对生命是非常麻木的。有一天，我在报纸上看到两篇报道，都是父母把孩子打死了。一篇新闻是一个11岁的孩子贪玩，没做作业，父亲就用铁杆打孩子，把孩子当场打死了。另一篇是讲一个5岁的小姑娘和小朋友闹了点矛盾，人家告状到她家里，她的母亲也是当场就把孩子打死了。我是同一天看到这两篇报道的，心里很难受。

还有一件事情我想起来也很难受，据媒体报道，在一辆公共汽车上，一个75岁的老教授，带着他60多岁的妻子和15岁的女儿，一家人高高兴兴地去西单图书大厦给女儿买书，买完书坐车回家。在车上，售票员说他们没有买票，其实他们买过了，就争辩了几句，女孩在旁边说了一句："你怎么这么事儿！"这个女售票员就掐住女孩的脖子，女孩窒息了，当场昏迷。女孩的母亲恳求司机快送孩子去医院，司机不理睬，两口子只好把孩子抬下车，在好心的路人的帮助下，将孩子送到医院，但女孩很快就死了。一个15岁的女孩，而且是老夫妇的独苗就这么没了！前些日子法院判售票员无期徒刑。

我现在不愿意看这类报道，看了就难受。前不久还有一件事情也让我很难受。一个外来的妇女在北京借了间屋子，开了家裁缝铺，不过这间屋子是房东搭的违章建筑。后来城管就来执法了，要把违章建筑拆了，来了很多车，当时这个妇女的一看，就特别着急，昏过去了，连小便都失禁了。房东是学医的，一看情况就知道非常危险，房东就恳求城管把病人送医院，城管拒绝了，说自己是来执法的，不管这个。后来，房东老太太上街拦出租车，一连拦了10辆都没拦下,直到第 11 辆才成功,但送到医院时,这个外地妇女已经死了。这么多司机连这个举手之劳的事都不愿意做!

我相信,从人性的角度来说,每个人的人性中都有善良的种子,但为什么这么多人的善良的种子烂在里面了呢?很多简单的道理为什么大家都不懂呢?我想有必要追问,这到底是怎么了,为什么会这样呢?我个人分析下来,可能有两个原因。

一个原因,我想追问我们的传统,其实儒家文化是很讲究同情的,孟子说,恻隐之心是"仁之端也",没有恻隐之心是"非人也"。"仁"是儒家道德的核心。可是,我们想想,中国两千年的封建专制社会对生命是什么态度?这种善良是不是得到了发扬?没有。两千年的封建社会对于生命其实是很残忍的,基本上可以说,在专制权力面前,生命等于零。"君命臣死,臣不得不死",大臣得罪了皇帝,往往是被满门抄斩,甚至株连九族,成百上千人被杀掉,人命是不值钱的。

可是为什么儒家的"仁义道德"在政治上、在实践上会导致这样的结果呢?我觉得,儒家伦理是有问题的。西方哲学家认为人有两个本能:一个是利己的本能;还有一个是将利己之心推己及人,知道其他人也是爱自己的,这就是同情。而儒家伦理在这两点上都出了问题。第一,儒家伦理是否定利己的,儒家不让每个人爱自己的生命,那又如何能做到推己及人呢?事实上,如果一个人不爱自己的生命,那么他的同情心也是麻木的。所以,同情的前提是爱自己。孔子说过,君子喻于义,小人喻于利。"利"是生物的本能,要生存就必然趋利避害,追求自己的幸福和利益其实是不能否认的。关键在于每个人追求自己的利益时,要按照一定的规则,而不能损害别人的利益。另外一点,我觉得儒家伦理在推己及人方面也有问题。孔子说"能近取譬",就是要从自己身边开始推己及人,但是,"推"的范围局限于宗法关系之内。于是,这种"仁"、"同情"就变成了"孝",而把"孝"放到国家的层面上来看,就变成了大臣要把皇帝当做父母一般来孝顺,于是就有了"忠"。本来是一个好端端的"仁",

结果蜕化成了"孝"和"忠",全国百姓都忠于一个人,这个人有绝对的权力,于是就造成了其他人的生命都是不值钱的。

让善良的人得到保护,不善良的人得到惩罚,要做到这一点,我想只有一条路,就是建立法治社会。法治社会的出发点就是保护生命的权利,即保护每个人追求自己的利益,但是,如果损害别人的利益,损害别人的权利,法律就要惩罚。如果社会保护"利己",惩罚"损人",那这样的社会绝对是给人以安全感的社会。我这样来解释我们现在存在的问题,当然,我们正在朝建设法治社会的方向走。而走这条道的必经之路就是市场经济。我不认为现在的很多问题是市场经济造成的,一个健康的市场经济能产生很多好东西。我们的问题是,市场经济的秩序没有真正建立起来。市场经济不是无序状态,它应该是有序的。

这是我想讲的第一个问题,善良。有时候,我们不敢善良,做了好事往往倒霉。前两天我看到一个报道,一对夫妻吵架,后来那个妻子想不开,自残了。她用手敲打玻璃窗,结果玻璃碎了,把自己的动脉割断了。丈夫这时急了,没想到会这样,就抱着妻子上街拦车,但很多出租车都不停,虽然最终还是拦到了。现在的问题是,人们看到这种情况都喜欢躲。我觉得有一个原因是现在人们不敢善良,因为经常有一些坏蛋利用人们的善良来设陷阱。所以我认为,关键是要建立一个法治健全的社会。

二 丰富——精神的财富

第二个问题我想讲一下"丰富"。"丰富"是指人不仅有生命,还有精神,这是人和动物更重要的区别。人有精神能力,而动物只有生存本能。"丰富"就是要让人的精神能力生长、开花、结果,每个人都要如此,这就是精神上的丰富。

人有哪些精神能力呢？古希腊哲学家柏拉图把人的精神能力分为三种：智、情、意。"智"是指思考能力；"情"就是情感，人有情感生活，有对爱的体验，有对美的体验；"意"是指意志，就是能够支配自己的行为，按照道德做事，也就是对"善"的追求，这可以说就是信仰。所以，智、情、意就是人的智力生活、情感生活、信仰生活，这三种生活组成了人的精神生活。所谓的"丰富"，就是指人应该过这三种生活，三者缺一不可。

首先，人应该过智力生活，头脑是上天给人的一个恩赐，因为人有头脑，所以对世界充满好奇心、充满兴趣，能够进行独立思考。这是人类最可贵的禀赋，在运用这种能力的时候，本身就是一种快乐、一种享受。一般我们会误认为，人有头脑、会思考是为了解决自己的衣食等生活问题和对物质的欲望，似乎人类头脑的价值就在这里。我觉得这是本末倒置了。其实，从人的享受来说，精神能力的运用和得到满足是更高级的享受，思考问题的过程充满着快乐，而这种快乐是任何物质享受不能比的。我相信，任何一个优秀的人都是这样的，把精神能力的满足当做更高级的快乐。我特别喜欢一个英国哲学家——约翰·穆勒，他认为一个人要满足自己生存的欲望，但人的精神能力是更高的快乐。如果人们只是体验物质的快乐、身体的快乐，而没有体会过精神的快乐，那他就不知道后者的快乐之于前者是更甚的。今天，我们很多人就是只是沉湎于身体、物质这样低层次的快乐中，而觉得世界上没有更快乐的事情了。但只要享受过两种快乐的人，都会得出精神快乐是更快乐的结论。约翰·穆勒就说，不满足的人比满足的猪快乐，不满足的苏格拉底比满足的傻瓜快乐。每个人的天性里都有一个"不满足的苏格拉底"，但很多人的这个"苏格拉底"是沉睡的，甚至再也醒不过来了，这就很可悲了。

我想强调一点，人的智力生活的满足本身就是一种很高的价值，我们不要用物质成果来衡量它。社会也是如此，人类的科技越来越发达，生活越来越富裕，人就幸福了吗？我不这么认为。我觉得，真正幸福的生活是人们精神上非常自由，非常发展，有大量的精神财富。每个人都对世界有好奇心的，但是随着年龄的增长,我们的好奇心会降低的。爱因斯坦认为,好奇心是神圣的,因为有好奇心,人和神就很接近了。但爱因斯坦又说,教育没有把我们的好奇心完全扼杀掉,这简直是一个奇迹。

对于今天中国的教育来说,更是这样。我觉得,智育最重要的就是保护和鼓励好奇心,培养人们自主学习的能力。但当今的教育往往把功利放在第一位,所谓的知识是很狭隘的,只是为了谋生学一点东西。大学只是一个职业培训场,中小学就是为了高考而准备。中国的孩子很苦,被沉重的课业压得喘不过气,很少有玩的时候。孩子的天性是需要玩的,只要我们保护好孩子的好奇心,他自然会学习的。

这一点,我从自己孩子的身上看得很清楚,我女儿刚满八岁,在她四五岁的时候,已经能够阅读《安徒生童话》、《格林童话》了。我没有刻意去教她,也没教她认过字,只是在每天睡觉前,妈妈都会给她念童话,当时她感到奇怪,说这上面都是字,故事在哪里呢?后来有一天,我发现她自己翻开童话书,自己在念,她识不了几个字,在那里蒙呢。但时间长了以后,我发现她总是可以翻到昨天妈妈给她讲的地方,看来大致能读了。有一天,她对妈妈说你不要给我念了,不然我自己看就没意思了。原来她都能看懂了,这个时候,她还没上学呢。孩子的兴趣其实是自发的,只要保护好、引导好,自然会发展得很好。如果强制孩子学习,这就会让孩子感到反感,怎么可能学的好呢?所以我很担心,觉得现在的教育培养出来的都是单调的、不丰富的人。目前,我想写一本书,对教育的问题发表一下自己的看法。这是我们精神生活的一个方面——智力生活。

另一个是情感生活,人应该有丰富的情感体验,对爱、对美的体验,这个我就不详细说了。还有一个是信仰生活,对生命意义的追求。我们可以看到,智力生活与"真"相对应,情感生活对应的是"美",信仰生活对应"善"。所以,我们讲的真、善、美,实际上最早是柏拉图提出来的。从人类精神领域来说,"智"与科学相对应,"情"对应于艺术、文学,"意"对应哲学、宗教。人类应该去享受这些东西,而不是单纯地生活在外在世界上。我们的社会是非常浮躁的,人们总是生活在外在世界,而没有自己的内在世界,或者内在世界很单薄。我觉得这是很可悲的,人们的全部生活仿佛就是挣钱和花钱。这就是贫乏,是与"丰富"相反的。如果一个人一辈子都是这样过的,只有物质,而没有精神,纵使他再有钱,我都会说,他是度过了贫穷的一生。

当然,我们可以去争取做一个物质上的富翁,这也是对的,但同时,精神上的丰富是更重要的。只要成为了精神上的富人,即使物质上贫穷一点,我觉得,你还是幸福的。如果把全部的幸福寄托在外在物质上,这是很不可靠的。一旦财产、地位没有了,人就垮了,因此,精神上要有自己的家园,即使外在再变化,都有着自己的生活。这就是我对"丰富"的要求。

怎么样去"丰富"呢?我觉得有三个途径。首先,要养成独处的习惯。我们这个时代,能够忍受独处的人越来越少了,往往把独处看成一种痛苦、一种惩罚,仿佛一个人待着,日子就没法过了。其实,根据我的体验和与精神大师的交流,他们都认为独处是一种特别的快乐,能够和自己的灵魂进行交流,是很快乐的事情。这个过程就是自己过内心生活的过程,好好回顾一下自己走过的路,立足于人生的全局给自己一个坐标。我认为,哲学就是起这个作用的,哲学是一种分身术,可以把一个人变成两个人。肉身的自我可以在社会上奋斗,但一定还要有一个更高的自我,每个人的身上都应该有一个更高的自我。怎样才能有一个更高的自我呢?首先,就是要有独处的习惯,经常反思一下自己。

我承认,能说会道是一种能力,其实我的口才是不好的,我也很害怕做讲座。但是我觉得,独处是一种更重要的能力,如果一个人没有独处的能力,那么他丢掉的是灵魂,会变得浅薄。如果没有交往的能力,丢掉的是利益,那么,我宁可丢掉利益,而不愿丢掉灵魂。尼采说,有的人不喜欢自己,甚至讨厌自己,所以总是要逃到别人那里去。那么,尼采就问,这样的人对别人有价值吗?一个连自己都讨厌的人,到别人那里无非是对他人的干扰。一个人必须丰富自己,这样才能使自己有价值,有了独处,有了内在的东西,然后才能有高质量的交往。如果大家都有内在的丰富,那么这样的交往是高质量的交往,否则的话无非是利益的交换。

第二,通过读书来形成更高的自我。读好书的过程就是接受大师熏陶的过程,自己的灵魂也会越来越充实。所以我强调,一定要读好书。现在外面的书太多了,但很多是"垃圾书",畅销书不一定是好书。我的主张是少看一点畅销书,多看一点经典读物,虽然经典书大部分是不畅销的,但的确是使人受益无穷。我认为,人的趣味很重要,趣味要高。而现在"快餐"太多,追求感官刺激,但读过就完了,对于人的精神是毫无帮助的,这样就没有读书的必要了,还不如去卡拉OK。其实,阅读本身就应该是精神生活,让人感到精神上的愉悦、精神上的启迪,这样的读书才是有意义的,才是真正的阅读。阅读的过程是人的灵魂提升的过程,多和大师们交流,慢慢的,读者和大师的精神就接近了,能从大师的角度去看世界了,这是多大的愉快啊!所以我认为,读书的品位要高,这样才有意义。我们这个时代看重享受人类的物质财富,享受高科技的成果,但在书籍中,积累着人类的精神财富,如果不阅读,这笔财富是不会属于你的。事实上,这些财富是向所有人敞开的,但很多人并没有去享受这笔财富,我觉得这是很可惜的。

我很庆幸自己发现了这么一个宝库,我要感谢上海图书馆,让我感受到书籍的魅力。于是,我从很小的时候就开始爱读书了。上高中时,我住在黄陂路,在上海中学读书,坐50路车,那时的车费是5角钱。我一周回家一次,父亲只给我5角钱的车费,是单程的,但我还是舍不得坐车,靠步行上学放学,一次要走一个多小时,把省下来的车费买书。高中的时候,我特别喜欢高尔基的一段话,他说:"我扑在书籍上,就像饥饿的人扑在面包上。"当时就是这样的感觉,感受到从中莫大的快乐。我的主张就是,不要光享受物质财富,精神财富享得越多越占便宜。一个优秀的人应该养成过智力生活的习惯,让自己的好奇心和求知欲始终处在活跃的状态,另外,要有一种自主学习的能力,所有的大科学家、大学者始终保持着智力活动的习惯,这是一种高品质。

此外,还要保持心灵生活的习惯。我把"智力生活"和"心灵生活"区分开,前者是指动脑子,后者是情感的体验、信仰、对生活意义的思考。一个人的人生目标首先应该是让自己成为优秀的人,我们这个时代注重成功,把成功看成是第一位的。我觉得成功应该是"优秀"的"副产品",要努力成为一个优秀的人,智力生活要始终是活跃的,情感生活要始终是丰富的,只要给予一个合适的环境,这样的人迟早会成功的。如果不是一个优秀的人,只是工于心计,拍马奉承,那么这样的成功是非常平庸的,这对于人生是没有什么意义的。即使在社会意义上不成功,但如果你是一个优秀的人,那么你的人生仍然是成功的、充满意义的。

　　我自己就有这样的体会,现在我有了点小名气,有读者爱读我的书,看似成功了,但是,我觉得这种东西是很表面的。我大学毕业以后,被分配到广西的小山沟里,在那里差不多度过了十年的时间。我喜欢读书、写作,而那是一个很闭塞的地方。我在当地的县委做宣传干事,我的工作就是给县委常委"讲课",所谓的"讲课"就是读报纸,把中央的政策宣传一下。在当时的情况下,如果我想出人头地应该怎么做呢?当然是好好工作,让领导喜欢我。当时有60多个大学生和我一起被分配到这个只有10万人口的县里,而这些大学生中,只有我一个在县委工作,所以很多人都很羡慕我,如果我好好做下去,可以走升官这条路。这也是那个情况下唯一的出路,那时也没有从事科研的可能性,因为所有的研究机构都瘫痪了。但是我发现,这条路不适合我,比如说遇到某些问题,我自己的看法和领导相左时,我会忍不住说出自己的意见,这就让领导很不高兴。另外,我读书的习惯也改不了,那里书也不多,我就从县中学里找书来读。县委宣传部有一套《马克思 恩格斯全集》和《列宁全集》,我把这两套书全都通读了一遍,读完之后没有书读了,我就到县中学里找书。当时,我的同学正好被分配到县中学,我在他们的阅览室里发现了一套不全的《万有文库》,那简直是如获至宝啊!因为我爱读书,我的上司就找我谈话,说我太脱离群众了,应该和群众打成一片。他们都喜欢打牌,而我不喜欢，他们就说，周国平哪会打牌呀，他就会读书。他们特别看不起我，这样，我就觉得自己的仕途是走不成了。这不适合我的性情，那我就按照自己的性情来做吧，所以，最后我也坚持读书和写作，尽管写的东西是不可能发表的，包括写诗、写散文和有关学术方面的。当时想不到"四人帮"会倒台，我以为自己就是一辈子待在那里了，我写的东西也就是自娱自乐而已，但我还是坚持这么做，因为我觉得这是在这样环境中所能过的最有意义的一种生活了。我本来是作为唯一的苗子被选到县委的，结果是没有培养前途，最后被放到了离县城很远的县党校里。我反而很高兴，因为那里没有人打扰我，我可以整天在屋子里看书了。而原本在我下面的其他同学却开始升官了，但我很安心，因为我就是这样一个人，想过这样的生活。如果从成功的意义上来说，我那时是很不成功的，但我觉得自己比别人优秀，我在实现内心的东西，尽管没有在社会上成功。后来我考上了研究生，能够写一点东西了，我觉得和我那段经历是分不开的。我现在回过头去看当时写的东西，发现很多现在写的东西其实在当时已经开始写了，很多想法都是共同的、连贯的，而不是回到北京后突然冒出来的。

  我觉得，一个人首先应该优秀，精神能力、智力能力和情感体验要得到发展和实现，内在的优秀是更重要的。我们可以在条件合适的时候，把这内在的东西表现出来，从而使之成为自己的事业。我觉得每个人都应该有自己的事业，但"职业"不等于"事业"。"职业"仅仅是谋生的手段，也许你的职业很能挣钱或者很有权力，但这还只是"职业"，不是"事业"。什么是"事业"呢？我觉得用人的内在能力来说，有两条标准。第一，要做自己真正喜欢做的事，对事情本身有强烈的兴趣，而不是因为利益，没有利益也要做，就因为喜欢。这是"事业"的一个标准。另一个标准是，由于从事了这份事业，而让人生意义得到了实现，做这件事要让自己感到其中的意义之所在。人的精神能力无非有两种，一是天生的、智力的能力，每个人的能力品质是不一样的，有的人适合从事这方面的事，而有的人就不适合。我觉得，这一点很可能是老天安排好的,人的天赋能力和性格是注定的,但很多人可能没发现自己的能力到底在哪里,能发现自己的能力这是一种幸运。如果做一件事本身让你觉得非常快乐,那么就说明你的能力在这里。杜威说过,兴趣是才能可靠的征兆。如果是因为利益而产生"兴趣",那其实是不算"兴趣"的,我指的是事情本身的吸引。我用这两方面的尺度来衡量我们从事的是不是真正的事业,最幸运的就是职业与事业合一,我感到自己就比较幸运。我认为幸福有两点:一是在做自己喜欢的事,并且能够靠这个养活自己;二是和自己喜欢的人在一起,并且让他们感到快乐。做到这两条,人生就算是幸福了。

三 高贵——人格的骄傲

第三个问题,我来讲讲"高贵"。我们这个时代很少提到高贵,其实高贵在历史上有非常重要的价值,在古希腊、罗马时代,高贵被看做是最重要的价值。但那种高贵不是指地位,而是精神上的高贵,我从古希腊的哲学家身上深深体会到这一点。尼采说过,古希腊的哲学家是具有帝王气派的精神隐士。古希腊哲人的这种高贵有两个最著名的故事,一个是关于第欧根尼的,他是希腊化时代的一个哲学家。他在当时的希腊世界是非常有名的,那时候统治欧亚大陆的是亚历山大大帝,他也是一个非常优秀的君主。第欧根尼提倡人应该过简朴的生活,因此他也没有自己的房子,就住在一个木桶里,或者有时就露宿街头,吃的食物也是非常简单的,基本上靠乞讨维持生计,完全是一个乞丐的样子。一天,亚历山大大帝碰到第欧根尼,大帝对他说,我是大帝亚历山大。第欧根尼回答说,我是狗崽子第欧根尼。狗崽子是第欧根尼的绰号。亚历山大顿时肃然起敬,对他说,先生,我能帮你什么忙吗?第欧根尼说,你能给我做一件事,就是请你走开,不要挡住我的阳光。亚历山大就乖乖地走了,他边走边对侍从说,如果我不是亚历山大,那我愿意做第欧根尼。第欧根尼在物质上过着很简单的生活,但是在灵魂上他是很骄傲的。

还有一个例子是关于阿基米德的。当时他所在的城被罗马军队攻下来了,而他还在街头思考他的问题,在地上画着几何图形。罗马的士兵看到了他,就要抓阿基米德,他不肯走,还在看着他的图形,说,你们不要破坏我的图形。就在这个时候,罗马士兵一剑把他刺死了。阿基米德把对智力的追求看得比生命还重要,这里面就蕴涵着高贵。

奴隶主、贵族中也有人有着高贵的品质。在法国大革命的时候,很多贵族被杀了,包括国王路易十六,但其中很多人在走上断头台时,确实表现得很高贵。一个贵妇人在临刑前不小心踩到了刽子手的脚,马上向他道歉,对不起,请原谅。讲完这话之后,就被杀头了,她一直到死,始终保持着高贵。还有一个贵妇人,排队坐着等待行刑,因为人很多,大家坐着比较拥挤。她旁边的一个老太太一直在哭,她就站起来,让老太太可以坐得舒服一点。相比之下,老太太觉得自己太失态了,就不哭了。贵妇人的镇静,临死前所表现的从容与优雅,是装不出来的,这就是一种内在的高贵。我就觉得我们应该有这种高贵、这种尊严,处处都要体现出这种尊严。

康德认为,人是由两个部分构成的。一个是肉体的存在,是属于自然界的,要服从自然规律,是不自由的,由自然支配。另一方面,人是精神的存在,有灵魂,有头脑。从精神的存在来说,人是自由的,并不服从自然规律,受道德规范约束。道德不是自然界的法则,是人的行为准则,而自然界的生物是没有道德准则的。所以,康德说人是自己行为的立法者。这就是人的高贵之处。实际上,道德法则和自然法则是相违背的。自然法则是趋利避害的、利己的,但道德法则要考虑到别人的利益,这是人的伟大之处,是人的自由之所在。

从这个意义上,康德说人是目的,在任何情况都不能把人作为手段。所谓"人是目的"是指人之所以为人的属性,是区别于他生物的,是道德、精神层面上的高贵,是精神性。而不能把这个意义上的人作为满足物欲的手段,当人为了满足自己的需要,而做不道德的事情,那么这个时候,人就只是"手段"了,而没有把自己作为"目的"。

对待他人也应该这样,不能把他人作为满足自己欲望的手段,把每个人都要看成是有尊严的人、有灵魂的人,让灵魂与灵魂相对待。我觉得,我们这个时代一个很大的问题就是没有尊严感,道德滑坡不能光靠爱国主义教育、集体主义教育,其根本在于尊严问题。真正的道德教育应该建立在灵魂高贵的基础上,要教导人们做高贵的人,做有尊严的人,有尊严的人之间的相互关系必然是道德的。最可怕的就是有尊严的人碰到没有尊严的人,有尊严的人在精神上是有洁癖的。而没有尊严的人相互碰在一起,那就是恶斗。所以,人与人之间应该普及尊严感,这样的社会才会是美好的社会。

最后我想说,我从上海图书馆开始,读了很多书,收获也很多,自己感到,就一个人而言,最重要的是善良、丰富、高贵。我们应该有善良的心、丰富的心灵、高贵的灵魂,这样才是真正的人。我怀念这些品质,也希望现代的人具备这些品质。

今天,我就讲到这里,谢谢大家!